デザコン2019 東京

Design Competition for KOSEN Students
official book

第16回全国高等専門学校
デザインコンペティション 東京大会

デザコン2019 in 東京

一般社団法人全国高等専門学校連合会　編
建築資料研究社／日建学院

CONTENTS
デザコン2019 東京　official book

註
＊本書に記載している「高専」は、高等専門学校および工業高等専門学校の略称
＊高専名は、「高専名（キャンパス名）」で表示
＊応募作品名は、原則としてエントリーシートの記載の通り。一部、提出したプレゼンテーションポスターなどに合わせて修正。作品名が予選と本選のプレゼンテーションポスターで異なる場合は、本選のプレゼンテーションポスターに合わせて修正
＊作品番号は、原則としてエントリー時の番号
＊作品紹介欄の参加学生の氏名は、エントリーシートの記載をもとに、同じ学科や専攻科、学年ごとにまとめて、高学年から順に記載。氏名の前にある◎印は学生代表
＊外国人名は、カタカナ表記の場合は原則として（姓）・（名）で表示。姓を持たない場合は名前のみ表示。アルファベット表記の場合は、本人の申告通りに記載
＊所属、学年の記載は、大会開催時（2019年12月）のもの
＊2～3ページの⑱、⑨、プレデザコン部門の フィールド名-00 は作品番号。「空間」は「空間デザイン・フィールド」、「構造」は「構造デザイン・フィールド」、「AM」は「AMデザイン・フィールド」を示す
＊2020年に開催が決まっていた、東京2020オリンピック・パラリンピック競技大会は、延期となった

大会趣旨

デザコン 2019 in TOKYO

デザインの力で新たな地平を切り開け
—— 新『五輪書』:「デザイン」の奥義を究めよ

田原 正夫（第16回全国高等専門学校デザインコンペティション実行委員会委員長、東京都立産業技術高等専門学校長 [*1]）

デザコンはじめての東京開催

　一般社団法人全国高等専門学校連合会主催「第16回全国高等専門学校デザインコンペティション東京大会」（「デザコン2019 in TOKYO」）を東京都立産業技術高等専門学校品川キャンパスが主管校となって開催した。今大会で16回めを迎えるデザコンでは、はじめての東京開催となる。

　2020年、東京での開催が計画されていた、東京2020オリンピック・パラリンピック競技大会の基本コンセプトの1つに「多様性と調和」があり、これはさまざまな人種、国籍の人々との出会いを通じて新たな価値を創造し、それによって新しい時代を切り開くことを期待したものである。

　こうした多様性との出会いがもたらす可能性はデザコンの世界にも通じており、大会メインテーマを「新『五輪書』」と設定した所以である。剣術の奥義を究めて『五輪書』を著した宮本武蔵と、「五輪」という大舞台で戦う選手。そこにデザインをひたむきに学び、競い合う高専の学生の姿を重ねたのである。

　その期待に応え、参加した学生たちが全力で本大会に臨んだことは大きな喜びであった。

空間デザイン部門 —— 多文化共生空間の創出

　近年、増加の一途をたどる外国人観光客、外国人労働者との円滑な交流や相互理解を深める「多文化共生空間の創出」という今日的なテーマを設定した。現下のこの重要な課題に対して131作品の応募があり、予選を通過した10作品が本選に臨んだ。外国人向けシェアハウス、自然環境とコミュニティとの調和、観光地の再生、さらには外国人住民の増加と少子高齢化という課題を抱える団地住民をつなぐアイディアなど、多彩な提案が見られ、プレゼンテーション、ポスターセッションの各審査過程では、審査員と学生との真剣なやりとりも印象的だった。

構造デザイン部門 —— カミってる!!

　2015年和歌山大会から続いていた「銅」から「紙」へとブリッジ（橋梁模型）の素材を変更した。紙の特性である「軽さ、しなやかさ」と、それに相反した「強さ」が要求される橋梁の構造設計に高専の学生はどのように挑戦するか、それが本部門最大の見どころであった。参加作品の中には質量116.7gという軽量なブリッジを実現し、耐荷性能試験において最終段階までの荷重、合計50kgfに耐え抜いただけでなく、地元の伝統工芸をモチーフとしたデザイン性においても他を圧倒し、正に「カミってる!!」にふさわしい作品（米子高専『逞弓』[54]）も見られた。2017年から参加しているモンゴル高専の活躍も目を引いた。

註 ＊1 東京都立産業技術高等専門学校長：デザコン2019 in TOKYO開催時点
＊文中の作品名は、高専名（キャンパス名）『作品名』［作品番号］で表示。
＊文中では、高等専門学校および工業高等専門学校を高専と省略

創造デザイン部門 —— 彼を知り、己を知る

課題テーマの副題を「未来につながる持続可能な地元創生」として、この部門の中心的課題である「地方創生」のアイディアを競い合った。予選では39作品の応募があり、審査を通過した11作品が本選に臨んだ。

本選では、提出された作品の完成度だけでなく、審査員や他の作品の学生との相互交流を通じて、自分たちの作品が生まれるプロセスそのものを新たに、そしてリアルに発見し直せるかが問われた。ワークショップの本格導入は正に、普段の授業とは違うデザコンという「教育」の場がもつダイナミズムの実践そのものであった。

AMデザイン部門
—— 社会的弱者に向けたスポーツ支援アイテム開発

AMデザイン部門では、東京でのオリンピック・パラリンピック開催をにらみ、各種スポーツを支援するアイテムを3Dプリンタで開発するという課題を設定した。結果、20作品の応募があり、予選を通過した11作品が本選に臨んだ。

言うまでもなく、オリンピック・パラリンピックは人種や性別、障がいの有無に関係なく、多様な人々が出会い、競い合う中で新たな価値を創造する場であり、社会的弱者について考えるきっかけとなる大切なイベントである。参加学生は社会的弱者が抱える問題の解決策に真正面から挑戦していた。

プレデザコン部門 —— 気になる「もの」

高専の3年生以下を対象にした部門である。引き続き「気になる『もの』」という課題テーマの下、従来の4部門の内の3部門と連動した、空間デザイン・フィールド、創造デザイン・フィールド、AMデザイン・フィールドに分かれて実施。フィールドごとに課題テーマを設定し、既成概念にとらわれない自由な発想による提案を募集した。

今大会では、昨年までとは違って、フィールドごとに入賞作品を決めることになった。昨年の倍となる41作品の応募があり、AMデザイン・フィールドでは新たにエッグドロップ競技を実施した。

さらなる成長と発展を

以上のように、参加学生はそれぞれの部門において全力で課題に取り組み、その姿は正に「新『五輪書』」という大会テーマに込められた思いを体現したものであった。今大会での経験をバネに、さらなる成長を期待したい。

最後に、本大会の開催にあたり、支援と協力を受けた文部科学省、国土交通省、経済産業省をはじめ、東京都、大田区、品川区、さらには東京中小企業家同友会大田支部などの経済団体や企業、各部門の審査員に対して謝意を表するとともに、デザコンのますますの発展を切に願う。

空間デザイン部門

発表者

構造デザイン部門

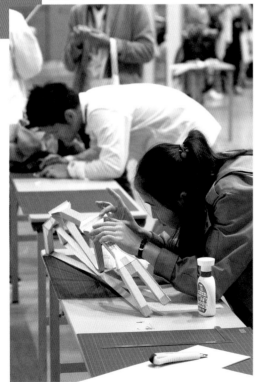

新『五輪書』地之巻

空間
デザイン部門

課題テーマ

多文化共生空間の創出

　日本では、来たる東京2020オリンピック・パラリンピック競技大会を契機に見込まれる外国人観光客の増加、少子高齢化を背景とする深刻な人手不足、日本に居住する外国人の増加といった状況下で、日本人と外国人との交流や相互理解を円滑に進められる共生空間が求められている。「活力あるニッポン」を支えるために「多文化共生空間」を創出する提案を求める。

⑰ 秋田高専

最優秀賞
日本建築家協会会長賞

CRUMBLE —— 個と都市をつなぐ線的な集団形成

伊藤 那央也 [環境都市工学科5年]
担当教員：鎌田 光明 [創造システム工学科土木・建築系]

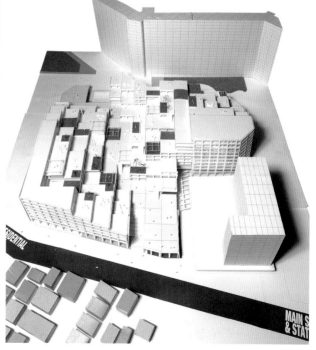

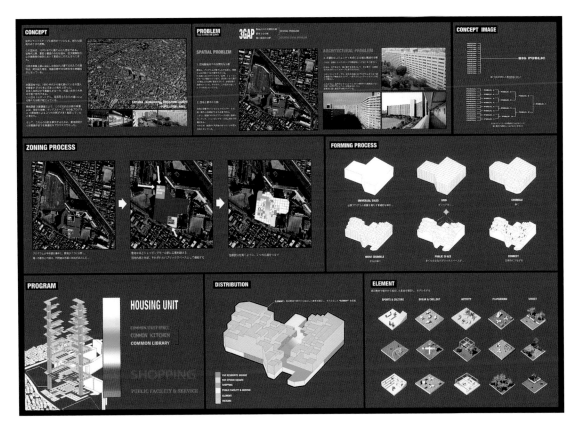

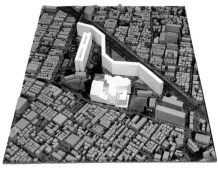

審査講評

▶高度経済成長期に建った大規模集合住宅群の、現在では外国人居住者が半数を占めるに至った閉鎖性の高い空間に、交流を誘発する建築的な要素をランドスケープ（外部環境）と一体化するよう階段状にちりばめた挑戦的な力作である。当時の建築行為を「金銭至上主義」と言い切って挑発している点でも、予選から記憶に残る作品だった。その文章とは対極的に緻密なブラッシュアップを本選までに達成し、多文化共生の本質を提示した唯一の作品である。
(柴﨑 恭秀)

▶1970年代の団地は住居を集合化することで豊かな戸外空間を確保した。今、その共用空間を周辺地域に開き、公共性を示した点を評価する。中心と定めた位置にランドスケープ（広場や庭園）と一体の壇状建築を提案した。この商業を含む多目的に利用する場は、機能的かつ遊びのある空間が展開されている。

この団地では、今や外国人居住者が過半を占める。そこに地域住民や若者など多様な層が加わるよう、さらに動線計画を改善する必要がありそうだ。しかし単刀直入に提案した作者の一途さには、今後、さまざまなことに挑戦できる可能性を感じた。
(平倉 直子)

▶この作品のポイントは、巨大団地の中に現出する「エレメント」と称する多彩な空間が、完全なプライベートでもパブリックでもない、中間的な「セミ・パブリック」な場となっていることであり、それと同時にそこで起こるアクティビティ（活動）は、決して強引な多文化共生ではなく、景観として無理なく共存できている、という点にある。極めて現代的で都市的な「ゆるい」ネットワークを想定しているところがとても現実的で、共感をもてる。
(柳原 博史)

⓪28 石川高専

優秀賞
多様面が囲う宿

◎米林 凌（5年）、北本 猛流、杉山 隼斗（4年）[建築学科]
担当教員：道地 慶子[建築学科]

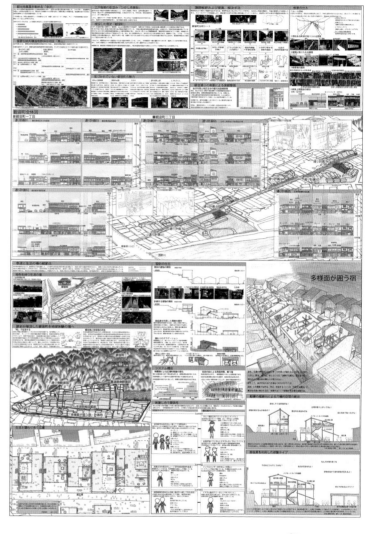

■審査講評

きめ細かいサーベイ（踏破的調査）を下地にした密度の高い提案内容が群を抜いている。ハイレベルでありながらも、従来のファサード（建物正面）改修提案に留まっていた点や、デジタルを駆使したプレゼンテーション（作品表現）の均質性を予選で指摘すると、本選ではそれらを一変させて、オリジナリティの高い提案となり、すべて手描きのポスターに作り替えてきた点に熱意と意欲を感じた。

金沢市の「ひがし茶屋街」に並行して走る観音通りの奥、観音院の手前のエリアを決戦の地に彼らは選んだ。観音通りから東に折れ、あたかも袋小路に見える、ひな壇状に高低差のある町家の連続に、インバウンド（外国人観光客）向けの宿泊施設を町家の2階から後ろの住宅地に向けて展開していく。路地や通り土間がこれらのスペースと網の目状につながって、ミクストコミュニティ[*1]を形成する仕掛けづくりが達成できている。そして町家の2階、または3階を立体的にガラス張り状の宿泊施設につくり替え、通りから見上げると内部の様子が見えるという大胆な攻め方をした。

この部分が彼らの提案の最も挑戦的かつ魅力的なところであったが、町家の2階がセットバックせずに通りに対して迫ってくる点はマイナス要因となった。しかし、この欠点は今後の設計やまちづくりの経験の中で解消できるところであり、いつかこのような提案を実現してほしいと心から願う。

（柴崎 恭秀）

註
＊1　ミクストコミュニティ：多世代がつながり、誰もが生き生きと暮らし続けられる地域社会や共同体

優秀賞

うけたもう —— 継ギ接ギ綯ッテイク

◎佐々木 大和、村主 太陽（5年）、竹中 里来（4年）[建築デザイン学科] ／丹野 太雅[総合工学科Ⅲ類建築デザインコース3年]
担当教員：坂口 大洋[総合工学科Ⅲ類建築デザインコース]

審査講評

「死」というテーマを正面から掲げ、修験道という秘儀めいた行ないを多文化的に開く。何とも挑戦的で挑発的な作品である。そして、憎いほど表現に迷いがなく、完成度が高い独特のグラフィックの世界観に圧倒される。この魅力的な物語世界は、現実世界との境界を曖昧にし、あたかも物語世界に浸りながら現実の中でその断片を探したい気分にさせられる（アニメを見てそのモデルの地を聖地巡礼で訪れたくなるかのように）。
しかしながら、この作品が真にめざしているのは、アニメ的な視覚偏重文化に寄与するためでも、従来型の観光促進でもなく、廃れつつある古道の蘇生を通して、来訪者が濃密な時間を体験し、それを広く多くの人々と共有することである。そして、その傾聴者が次の訪問者になることを期待する。しかし、この連鎖をより確かなものとするためには、さらに精緻なプログラムが必要になるはずだ。そこがこの作品の次の課題である。
（柳原 博史）

審査員特別賞

(065) 呉高専

共生の躯体 ―― 日本で生きる外国人のためのスタートアップ施設

◎川口 翔大、白数 夏生、新原 光一朗［プロジェクトデザイン工学専攻専攻科2年］
担当教員：大和 義昭［建築学科］

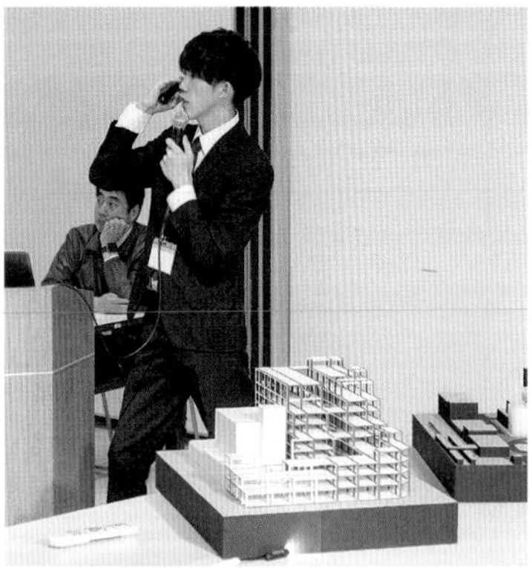

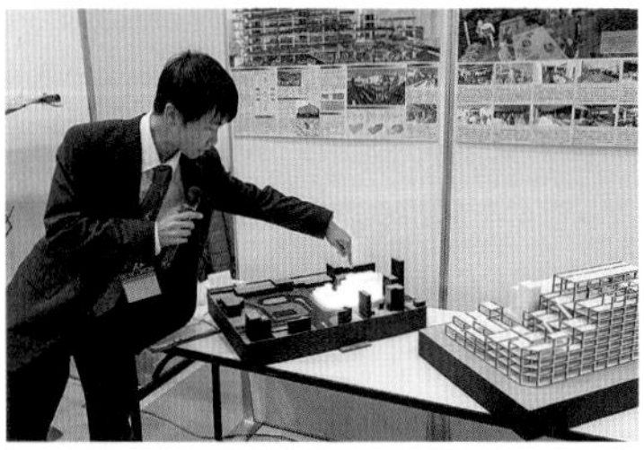

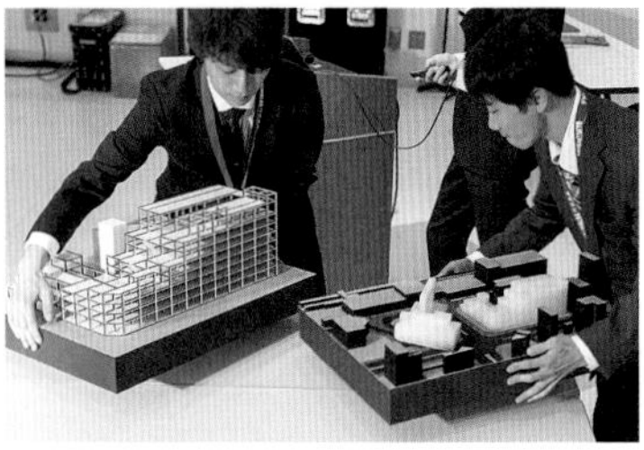

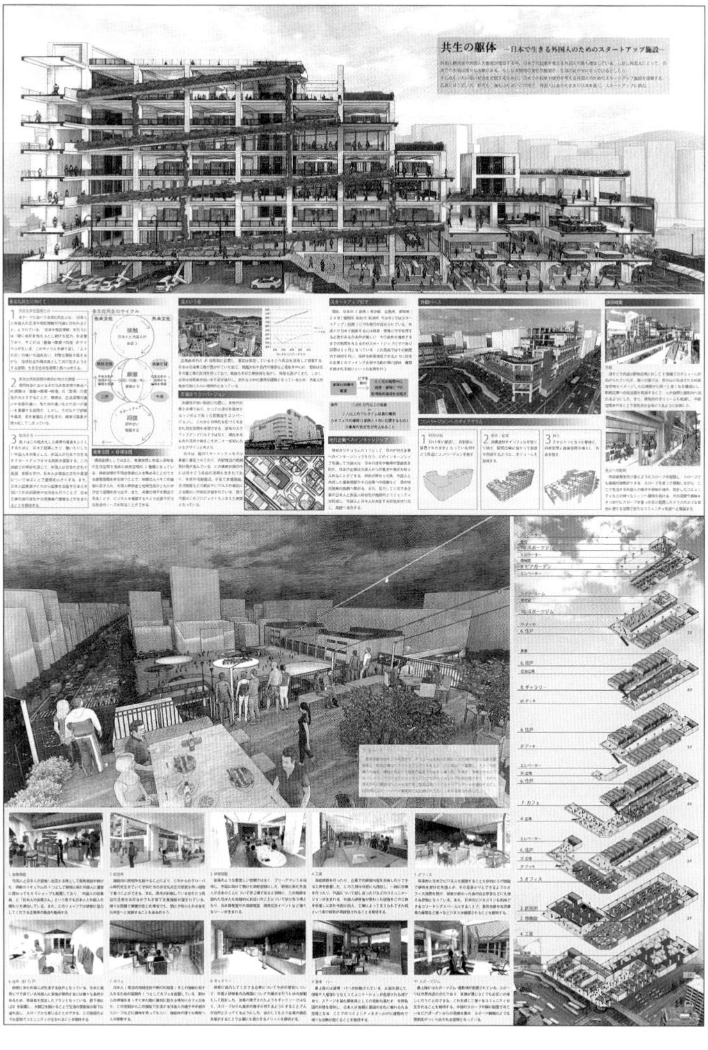

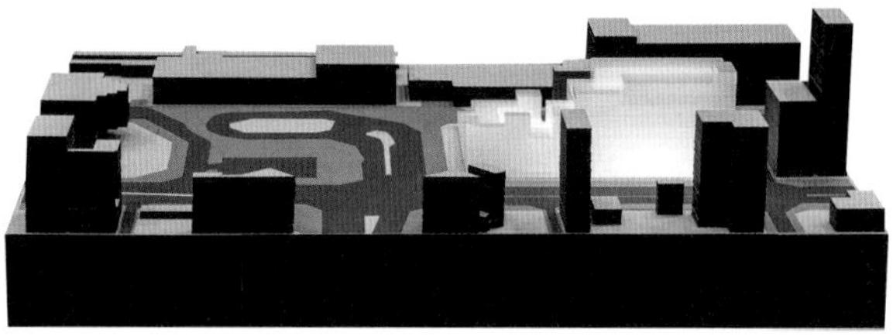

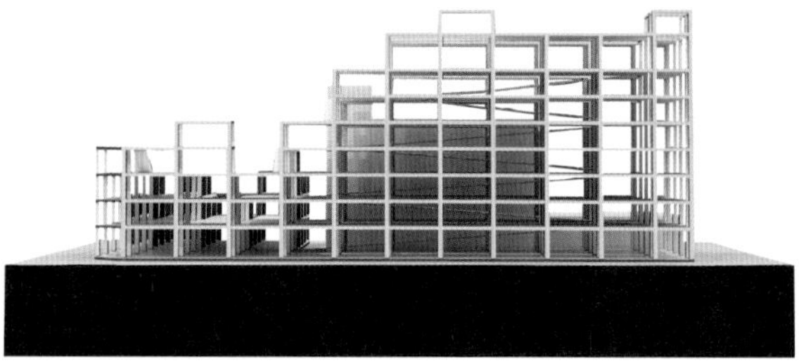

審査講評

駅前の好立地に加え、元百貨店の規則的なラーメン（柱梁）構造で積み上げた空間は、減築やプログラムの再編に適しており、外国人の定住へ向けた早急かつ現実的なテーマに挑戦した点も評価。
駅前広場とつながる壇状広場を提案することで、日本人の利用も促進し、国を超えて理解し合える機会が生まれる。上下階の移動をスロープにした点もさまざまな機能が詰まった空間の「見える化」に有用であろう。生活に必要な住居、商店、病院と起業、就労、修学や公共施設も一体となり、処手続きや相談窓口など総合的に集約された場が実現すれば、日本のモデルケースとなる可能性もある。
外国人の悩みへ対応する負の支援プログラムや制度など、若者ならではの具体的なアイディアを示すとさらに良かった。

（平倉 直子）

096 仙台高専（名取）

「いずぬま」テリトーリオ

加藤 春奈［生産システムデザイン工学専攻専攻科2年］
担当教員：担当教員：坂口 大洋［総合工学科Ⅲ類建築デザインコース］

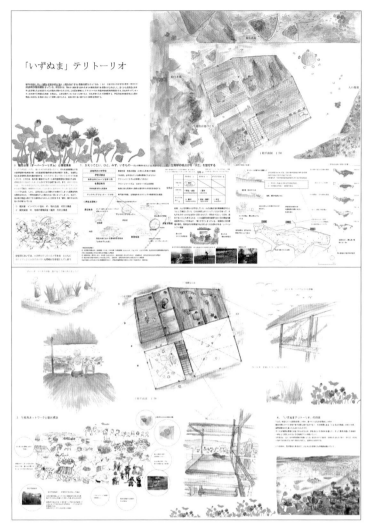

■審査講評

都市と農村、文化と自然を地理的に一体の概念としてとらえる「テリトーリオ」。これを湿地環境に当てはめ、湿地の生態系と人間活動をすべてフラットに多文化と見立て、それらを一体に編み上げようと試みた作品である。模型とポスター、そして口頭での説明のすべてを通じて、湿地環境そのものを前面の主役に据え、人間活動はその中のほんの一部であるかのような印象を与えているところが、他にない特徴である。その分、建築の提案内容に不十分さは残ったが、極めて繊細かつ包容力のある湿地の表情がとてもよく伝わったことで、それをカバーしたように思う。
（柳原 博史）

ため池マーケット

◎九鬼 拓也、多胡 旭、藤本 凌平［建築学科5年］
担当教員：工藤 和美［建築学科］

空間デザイン

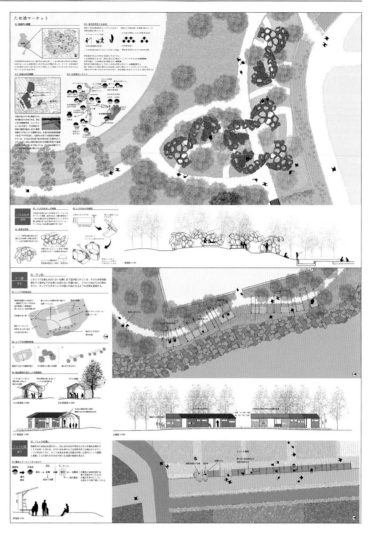

審査講評

産業と結び付き、地域で必然的に維持されてきた「ため池」の圧倒的な存在感への提案である。調査から提案への流れは良い。そして、来訪者を引き付ける仮設的な構築物のデザイン、運営するソフト、提案のまとめ方や表現方法が高く評価された。

本選では人々の利用を促すフォリー（東屋）やプログラムを追加してきたが、デザインへのこだわりや一貫性の面で失速し、惜しまれる結果となった。

しかし、地域の人がため池の存在価値に気づき、何かが始まるきっかけを示した点は大きい。裏山を入会地*1として利用するように、ため池がもたらすものに目を向け続けてほしい。　（平倉 直子）

註
* 1　入会地：村や村落共同体で所有する土地。入会権（共同利用）が設定されている山林や原野など

(018) 秋田高専

暮らしをシェアするまちの市

◎田口 元香 [環境システム工学専攻専攻科2年] ／佐藤 あいな [創造システムＴ学科物質系3年] ／植木 伶羽 [創造システム工学科土木・建築系2年] ／長谷川 楽来 [創造システム工学科1年]　　担当教員：鎌田 光明 [創造システム工学科土木・建築系]

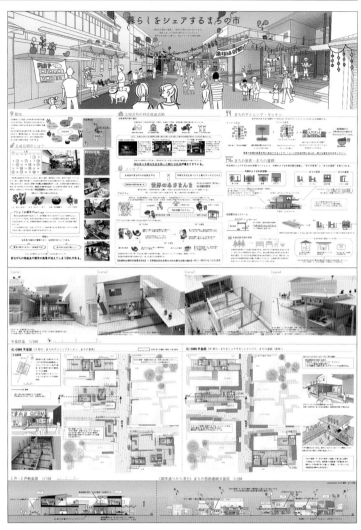

審査講評

この提案は、第一印象で「快活」かつ「楽しげ」、まちづくりとしてはすぐに「始められそう」で、ぜひ「参加してみたい」と思わせる親近感を醸し出している。質疑応答で、絵を描いたのは1年生だということがわかり、さらにビックリの作品であった。

秋田県の五城目町は、15世紀から続く朝市の文化が残る地。ここで国内や海外から移住してきた人々と一緒に「あさまんま（朝ごはん）」を作り、食べることから交流をつくろうという提案である。屋外と室内との中間領域である通りの軒空間、路地やピロティ*1、通り土間などをシェアスペースにして、そこにキッチンをレイアウトし、「作って」「食べて」交流を始める。このシェアスペースは、通りの隅々まで浸透していって、空き家をシェアハウスにリノベーション（改修）した移住体験スペースにつながっていくというように、段階的なコミュニティを形づくろうと試みている点が高く評価できる。また秋田、青森に残る雁木の設え「こみせ（小見世）」を意識した、通りからさらに路地の奥を「覗く」という文化も取り込んでいる。

現状の朝市との共存関係が少しわかりにくい点、「こと」のデザインがこれからという点で、さらなるスタディを期待したい。この提案を五城目町で仕掛けられれば、五城目町はきっと蘇る。（柴﨑 恭秀）

註
＊1　ピロティ：柱だけで上階を支えた吹き抜け空間

商店の「ふるまい」、「かぶき」を演じる

◎和田 純（5年）、田畑 快人（4年）[建築学科]
担当教員：道地 慶子［建築学科］

空間デザイン

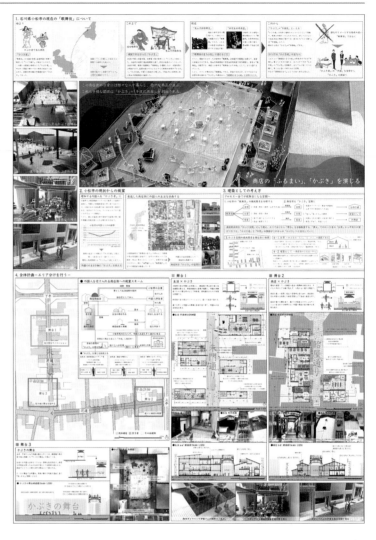

■審査講評

石川県小松市の伝統芸能「曳山子供歌舞伎」を街の中核に据えた空間づくりの提案かと思いきや、この作者がこだわったのは、「かぶきもの（傾奇者）」と言われる人の振る舞いである。「かぶき」を、非日常的な伝統芸能の世界から、日常的な振る舞いや自己表現に引き寄せ、賑わいを失ったアーケード商店街での外国人をも包み込んだ「多文化的かぶき」にすることをめざしている。

アーケード空間が立体的なプレゼンテーション（表現）の舞台に変換され、日常と非日常、正統と異端、メジャーとマイナーが渾然一体となった新しい風景が生まれるという、夢あふれる提案である。

（柳原 博史）

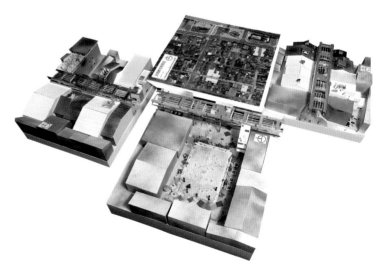

家族が町を染める時

◎武部 大夢、長岡 稜太（5年）、アバロス・隆司アンドレエ（4年）、青柳 篤広（3年）［建築学科］
担当教員：永峰 麻衣子［建築学科］

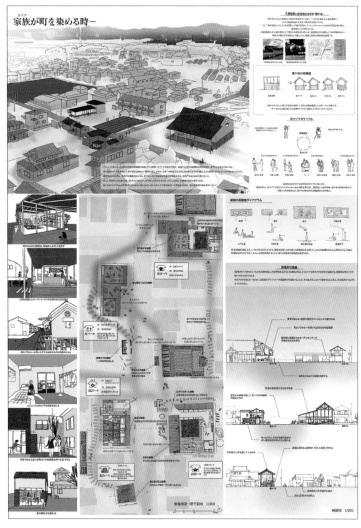

審査講評

地方都市の少しずつ空き家が増えている街で、その空き家を活用して外国人を受け入れる提案である。しかし、1つの空き家に1つの家族が生活するのではなく、それぞれの空き家ごとにキッチンや食堂などにつくり替えて、複数のスペースを複数の家族と住民が共有することでミクストコミュニティ*1を実現しようとしている。

最大の魅力は、近年見られなくなった「縁側」を再構成しているところで、コミュニティの点を線に、さらには空間の連なりとなる「帯」にしようとしているところである。かつてのコミュニティの場であった縁側を、次の時代のコミュニティの場に転換しようとする卓越した提案である。
　　　　　　　　　　　　　　（柴﨑 恭秀）

註
＊1　ミクストコミュニティ：本書12ページ註1
　　　参照

HOZO×HITO

◎和仁 貢介、井上 真宙、森髙 蒼麻、ブリッサ・チューフー［建築社会デザイン工学科4年］
担当教員：森山 学［建築社会デザイン工学科］

空間デザイン

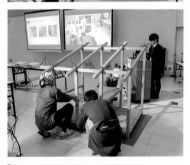

審査講評

具体的に自分たちで空間を組み上げる、という異色の取組みが目を引いた。また、外国人を仲間とし、共同作業を通じてより親しく技術や文化を互いに伝え合う構造もある。

組み立てる空間というものは、日本の季節の祭や神事、伝統の継承にとって有用であるだけでなく、調べていくほどに、大変おもしろくなる課題である。惜しくも、入賞に漏れはしたが、今後も木材活用の可能性、環境問題やモノを大切に扱う思想、内部外部ともに息づく木の柔らかさ、文化の継承など、さまざまな今日的問題につなげていくよう、エールを送りたい。
（平倉 直子）

＊文中の作品名は、高専名（キャンパス名）『作品名』［作品番号］で表示。サブタイトルは省略
＊文中の［　］内の３桁数字は作品番号

「挑戦」力を評価軸に

柴﨑 恭秀（審査員長）

　予選から作品のレベルの高さと表現力に何より驚かされた。また、大学では消えつつある、先輩と後輩のつながりの中での作品づくりにも、高専教育のすばらしさがよく現れていたと思う。作品の多くは、高専がある地域を提案敷地として取り上げている。5年ないし7年の間、1つの地域に関わることができる点も高専教育のすばらしい点であると言えるだろう。各作品からその思いを十分に感じ取ることができた。

　本選で有意義だったのは、初日の審査を終えてから展示の手直しをしている10作品を審査員3人で回って学生たちと話ができたこと。また、2日めには平倉審査員の発案で学生と担当教員に自己紹介をしてもらったことで、作品の魅力に人物の魅力も加わり、各作品への理解をさらに深められたことである。

　選定については、どの作品も最優秀になり得たと振り返って思うところである。評価の視点をどこに据えるかで選定結果も異なったと改めて考える。テーマに対しての問題提起と解決方針、空間の魅力、表現力や世界観に加えて、挑戦というキーワードを審査では伝えたが、特に高齢化や環境問題など、課題が山積する現代社会にあって、高専の学生がリーダーとなってその解決に「挑戦」してほしいという願いを込めてである。

　本選審査の2日間は、私にとって特別な経験であった。参加した学生、運営に当たった教職員各位、審査に加わった平倉審査員、柳原審査員に感謝申し上げたい。

双方が自立しつつパートナーに

平倉 直子（審査員）

　「多文化共生空間の創出」という課題テーマに対して、「日常の暮らしの中で双方が自立し、なおかつパートナーになり得るには」ということに重きを置いて審査した。「旅人として客人として相対する」おもてなしや、違いを認め合うという関係から一歩踏み込み、これからの世界を見据え、身の回りの小さなことを地道にひもといていく、そんな姿勢が見える提案に好感をもった。

　優秀賞（日本建築家協会会長賞）の秋田高専『CRUMBLE』［017］はそのタイトルのように、団地に風穴をあけ、団地を崩すことで、そこに既存の街を呼び込む。

古い団地への外国人の居住の増加を好機ととらえ、地元の住民にも有用な団地への再構築を提案した。熊本高専（八代）『HOZO×HITO』［062］は、モノ作りで汗をかきながら協力する時間が、双方のコミュニケーションを育み、作業以上のものをもたらすであろう。呉高専『共生の躯体』［065］は、外国人のさまざまな希望を自分の身に置き換えて考え、本質的な問題にも取り組み、共生の未来を予感させるプログラムにできれば、もう一段上にいったのではなかろうか。

　いずれにせよ、2日間にわたった各作品のプレゼンテーション（提案の説明や表現）と審査員とのやりとりは、大変意義深いものになった。特に2日めは模型を直に目にし、作者である学生たちの生の声や新しい情報が加わるなど、得るものは多く、提案を最後まで育て続ける様子は大変爽やかで、さすがである。これらの取組みはすぐにではなくても、それぞれの生き方の中で、いつかまた芽吹き、彼らを支えてくれることなると思う。

新たな地域づくりの地平

柳原 博史（審査員）

　審査にあたり、以下の3点に着目をした。①「多文化共生」という課題テーマをどのようにとらえ、どのような解決に向けているか、②デザインの社会性と現実性、そして③作品のオリジナリティと世界観である。

　①は、多文化の対象を日本文化と外国人との共存というテーマでとらえ直し、そこに日本各地の地域的、建築的問題を重ね、解決策を探るというアプローチが多かった。本選に進んだ10作品は、いずれも各地域の特異性と異文化（外国人）とのマッチングを巧みに図り、新たな地域づくりの地平を拓こうとしていて、この点ではどの作品も、優劣がつけ難いと思えた。

　②は、設計（または設計者）に必要な作法をしっかりと押さえ、デザインとしての社会性と、設計案としての実現性が正確に考えられているか、である。実現性という点においては、建築的なハード面のみならず、ソフト面での実現性（運営性や実効性）をも問わざるを得なくなる。その点では、多くの作品でやや疑問が残った。

　最後に③は、作品がどうユニークで、さらにはエポック・メイキングであるか、もしくは作品自体が魅力的な世界観を表しているか、である。①②は、時間をかけて経験的、戦略的に策を講じることが、ある程度可能であるが、③はそれを超えた創造力やチャレンジが問われる。

　本選に進んだ10作品は、いずれもユニークで創造力豊かな作品ばかりであるが、入賞作品はその中でも挑戦的で、比類ない世界観が表れていたように感じた。

空間デザイン

本選審査経過

審査員とのやり取りの中、参加学生が「気づき」を得るシーンも

会場、展示：
作品それぞれの個性あふれる展示

　本選は例年同様2日間の日程で、予選を通過し本選に出場した10作品は、プレゼンテーション、ポスターセッション、公開審査の3つのプロセスを経て審査された。すべてのプロセスは1つの大空間の会場にて行なわれ、長方形の会場は奥と手前のエリアごとに役割が分けられた。2つのスクリーンと約70の座席を設置した奥側をプレゼンテーションと公開審査用のエリアとし、手前側はポスターセッションを行なう展示エリアとして設定。各作品の展示スペースは、幅1,800mm、奥行1,800mm、高さ1,800mmで、展示エリア内に作品番号順に配列した。

　今回は、ポスターセッション用の展示スペースの設営を、本選の前日14:00から許可したため、多くの学生が前日から設営作業を進めていた。参加学生たちは、ポスター、模型、小物などを用いてそれぞれ工夫を凝らして展示準備に取り組んでいた。用意された衝立にポスターを、机に模型を設

置する展示が主流であったが、中には横向きA1判サイズのポスター2枚を縦に連続させることでA0判サイズ（縦向き）として表現した作品［037］や、あえて机を使わずに大きな模型を床に直置きした作品［062］などがあり、各作品の個性が発揮されバラエティに富んだ展示エリアとなった。

　なお、展示準備段階において本選要項の規格に不適格のポスターがあったが、本選当日には改善されて10作品すべてが審査対象となった。

（096）　（088）　（065）　（062）　（037）

プレゼンテーション：
ていねいな作品説明と緊張感ある質疑応答

　審査員長との事前協議により昨年と同様、初日にプレゼンテーションの審査を行なった。初日のプレゼンテーションの目的は審査員が作品の内容をしっかり把握すること、2日めのポスターセッションの目的は審査員と学生が展示物を目前にして充分に議論することである。各審査過程の位置づけを明確にするために、プレゼンテーションの時間配分は学生が作品を説明する発表に重点を置き、発表の時間を例年より長い10分に、質疑応答を4分とした。

　プレゼンテーション用のスクリーンは2つで、向かって左に発表スライド（参加学生が作成）、右に模型のカメラ映像を投影した。このうちカメラ映像は、模型全景の映写に適したビデオカメラと模型細部の映写に適したファイバースコープを発表者の操作により随時切り替え可能とした。各作品とも発表者はこのシステムを使って必要に応じて映像を切り替えながら効果的なプレゼンテーションを行なっていた。一方、発表スライド用のパソコンは各作品ごとに持ち込んだノートパソコン（WindowsやMac）を使った。

　各作品のプレゼンテーションの順番は、初日午前中のオリエンテーション終了直後の抽選により決定した。

　それぞれのプレゼンテーション内容はわかりやすく、かつ充実しており、発表時間が例年よりも長いため聴衆が理解しやすいものが多かった。質疑応答は短時間のために適度な緊張感があり、各作品とも審査員の質問に対して学生たちが的確に答えている様子がうかがえた。

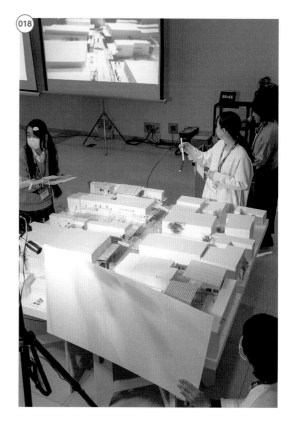

ポスターセッション：
作者を含めて作品を深く理解する審査

　2日めの午前に行なわれたポスターセッションでは、3人の審査員が一緒に各作品の展示ブースを作品番号順に移動し、学生からの作品説明（発表）と質疑応答を通じて審査した。各作品の持ち時間内の時間配分は、発表3分、質疑応答12分。この時間配分は、前日のプレゼンテーションでは発表を重視してその時間を長くしたのに対して、ポスターセッションでは近距離で審査員と学生がやり取りできるメリットを生かし、質疑応答を重視したことによる。

　まず開始前に、参加者全員に対して審査員から挨拶と審査にあたってのコメントがあった。審査員からは、対面の質疑応答であるからこそ、作品に関わったメンバー全員とのやり取りをしっかりしたいとの意向があり、各作品のポスターセッションを始める前に、まず各学生と指導教員の自己紹介があった。当初のタイムスケジュールより進行がやや遅れたものの、休憩時間をとらずに進行することで全体の終了時間はほぼ予定通りとなった。

　このポスターセッションの様子は奥のスクリーンにライブ中継され、会場内の誰もが審査を近くで見ているかのような環境が提供された。

　サイズはA1判で横向き最大2枚という制約がある中で、いずれの作品もよく練られ、作り込まれたポスターに仕上がっていた。また、発表時に、学生たちが補足資料を手にしながら説明する作品もあった。

　持ち時間の前半3分の学生からの発表では、前日のプレゼンテーション審査での審査員とのやり取りを受けて、そこで伝えきれなかった部分や、新しい「気づき」などを含め、

審査員に訴求する工夫を凝らした説明も見られた。続く審査員との質疑応答では、特定の学生に限らず質問内容により臨機応変に担当部分について適切に答えられる学生が発言するケースも多々見られ、提案作成に関わった各メンバーがそれぞれ活躍していた。

　審査員の質問は具現化された作品に内在する学生の考えなどを引き出しつつ、コメントは教育的視点に立った建設的なアドバイスが多く、参加学生が「気づき」を得てうなずく様子も見られた。

⑱

⑧⑧

公開審査：
満票を得た3作品が最優秀賞と優秀賞に

公開審査は、予定通り2日めの13:00から、初日のプレゼンテーションと同じ奥側のエリアで、審査員が聴衆側を向くレイアウトに変更して実施した。審査方法については審査員間で事前に話し合われ、次のように決まった。
①公開審査開始前までに各審査員が推薦する5作品を選び、それぞれに1票を投じる
②投票の結果をもとに、まず3作品を選出し、その中から最優秀作品と優秀作品を選出する
③上位3作品以外から審査員特別賞を選出する

冒頭で審査員長から、各作品のレベルが高いため事前の絞り込みに苦労したいきさつが述べられた。次に各審査員から、それぞれの評価軸を紹介。「テーマ性の魅力、独自の世界観を得られていること、表現力が豊かであること、そして何より挑戦しているかを評価した」(柴﨑)、「人に夢を与え、それを広く伝えていける力を持った作品を推薦したい」(平倉)、「①多文化共生空間のテーマをどの程度具現化しているか、②世界観やオリジナリティがどれだけ表現されているか、③社会的に実現性のあるデザインであるか、の観点で審査した」(柳原)とのコメントがあった。

このあと、審査員が各5作品に投票した。投票の結果は表1の通りで、3票が3作品、2票が2作品、1票が2作品となった。この結果をもとに、まず、満票である3票を集めた3作品[017][028][088]がフォーカスされた。「これら3作品はタイプの違う提案なので、優劣が付けがたい」(柳原)との意見や、「この3作品は迷いなく選出した」(平倉)とのコメントがあり、全審査員一致で、これらを上位3作品として選出する方向が示された。

次に、各審査員から満票を得た上位3作品の選出理由について説明があり、その後の議論を経て、最優秀賞と優秀賞の選定に進んだ。それぞれ方向性の異なる作品であったため審議には時間を要したが、審査員の間で慎重に議論した結果、再投票することなく、各審査員から安定的な支持を得た[017]が最優秀賞に選定された。[028]と[088]は優秀賞となった(表2参照)。

続いて、投票で2得票の2作品[065][096]を中心とした審査員特別賞の審議に移り、投票した各審査員からそれぞれの推薦理由などについて説明があった。平倉審査員には1得票の[062]を推したい意向もあり議論となったが、協議の末、順当に2得票の[065][096]を審査員特別賞とすることになった(表3参照)。以上で入賞5作品が決定した。

最後に、選外の作品について各審査員から講評が述べられ、まとめとして、各審査員から参加学生の将来を見据えた総括コメントがあった。
(松澤 和夫　東京都立産業技術高専〈品川〉)

表1　本選 —— 投票　集計結果(1人5票をめやす)

作品番号	作品名	高専名(キャンパス名)	本選投票				受賞
			柴﨑	平倉	柳原	合計	
006	ため池マーケット	明石高専				0	
017	CRUMBLE	秋田高専	●	●	●	3	上位3作品決定
018	暮らしをシェアするまちの市	秋田高専				0	
028	多様面が囲う宿	石川高専	●	●	●	3	上位3作品決定
029	商店の「ふるまい」、「かぶき」を演じる	石川高専			●	1	
037	家族が町を染める時	小山高専				0	
062	HOZO×HITO	熊本高専(八代)		●		1	
065	共生の躯体	呉高専	●	●		2	
088	うけたもう	仙台高専(名取)	●	●	●	3	上位3作品決定
096	「いずぬま」テリトーリオ	仙台高専(名取)	●		●	2	
	合計		5	5	5	15	

註　＊表中の●は1票(以下、同)
　　＊表中の作品名は、サブタイトルを省略(以下同)

表2　本選 —— 最優秀賞決定(協議)

作品番号	作品名	高専名(キャンパス名)	本選投票				受賞
			柴﨑	平倉	柳原	合計	
017	CRUMBLE	秋田高専	●	●	●	3	最優秀賞[＊1]
028	多様面が囲う宿	石川高専	●	●	●	3	優秀賞
088	うけたもう	仙台高専(名取)	●	●	●	3	優秀賞

註　＊1　最優秀賞：最優秀賞(日本建築家協会会長賞)
　　＊投票で満票の作品を対象に協議の上、上位3作品の賞を決定

表3　本選 —— 審査員特別賞決定(協議)

作品番号	作品名	高専名(キャンパス名)	本選投票				受賞
			柴﨑	平倉	柳原	合計	
017	CRUMBLE	秋田高専	●	●	●	3	最優秀賞[＊1]
028	多様面が囲う宿	石川高専	●	●	●	3	優秀賞
029	商店の「ふるまい」、「かぶき」を演じる	石川高専			●	1	
062	HOZO×HITO	熊本高専(八代)		●		1	
065	共生の躯体	呉高専	●	●		2	審査員特別賞
088	うけたもう	仙台高専(名取)	●	●	●	3	優秀賞
096	「いずぬま」テリトーリオ	仙台高専(名取)	●		●	2	審査員特別賞

註　＊1　最優秀賞：最優秀賞(日本建築家協会会長賞)
　　＊投票で得票した作品を対象に協議の上、決定

空間デザイン

開催概要

空間デザイン部門概要

【課題テーマ】
多文化共生空間の創出

【課題概要】
近年、日本への外国人観光客が増加の一途を辿っており、2020年に開催されることになっていた東京2020オリンピック・パラリンピック競技大会を契機にさらなる増加が見込まれる。さらに、日本の少子高齢化を背景に人手不足が深刻な問題となっており、日本に居住する外国人も増加している。このような状況下で、日本人と外国人の交流や相互理解を円滑に行なえるような外国人との共生空間が求められている。「活力あるニッポン」を支えるために「多文化共生空間」の創出・提案を求める。

【審査員】
柴﨑 恭秀［審査員長］、平倉 直子、柳原 博史

【応募条件】
①高等専門学校に在籍する学生
②4人までのチームによるもの。1人1作品
③創造デザイン部門、AMデザイン部門には応募不可。ただし、予選未通過の場合には、構造デザイン部門への応募は可

【応募数】
131作品（338人、23高専）

【応募期間】
2019年9月2日（月）〜5日（木）

【設計条件】
①対象エリアは、あらゆる地域を自由に想定してよい
②敷地のある実際の地域や場所、そこでの日常、行事やイベント、まちづくり、組織などを調査した上で提案すること
③住宅、公共施設、商業施設、広場など、用途は自由に想定してよい

本選審査

【日時】
2019年12月7日（土）〜8日（日）

【会場】
大田区産業プラザ PiO　2階　小展示ホール

【本選提出物】
①ポスター：
A1判サイズ（横向き）最大2枚（予選で提出したポスターに、追加も差替えも可）、厚さ3mmのスチレンボードに貼りパネル化。予選で提出したポスターをブラッシュアップしたもの
②模型：
幅1,800mm×奥行1,800mm×高さ1,800mmの空間内に収まるもの
③プレゼンテーション用データ
④ポスターの画像データ

【展示スペース】
幅1,800mm×奥行1,800mm×高さ1,800mmの空間
衝立（幅1,800mm×高さ2,100mm、フェルト布地）1枚、テーブル（幅1,800mm×奥行600mm×高さ700mm）1台、電源（コンセント1口、200W程度）を提供

【審査過程】
参加数：10作品（29人、7高専）
日時（実績）：
2019年12月7日（土）
①プレゼンテーション　13:00〜16:15
2019年12月8日（日）
②ポスターセッション　9:15〜12:00
③公開審査　13:00〜14:15

予選審査総評

131の目線を読み解く

柴﨑 恭秀（審査員長）

本部門では「多文化共生空間の創出」を課題テーマとした。急速な人口減少と少子高齢化、インバウンド（訪日外国人旅行者）のニーズの増大、労働力を海外に頼るといった動向の中で、どのような交流を模索すべきかを、今後、社会のリーダーとなる高専の学生に問うことにしたのである。この課題は、さまざまな世代や国籍の人々との障害を越えた交流を模索する点ではミクストコミュニティ（多世代＋異文化交流社会）を探るものであるが、その先に見えるだろう多文化共生をテーマにしている。また、失われつつある地域の記憶や思いをバトンに託して、次の走者（世代）に手渡すのにも現在は相応しい時期だと考えた。

全131の提案は、空き家や団地の再構成、「ハレとケ」、祭事を扱ったもの、建築的な提案から地域の境界や都市と自然の境界をとらえたもの、すでに起こっている外国人との交流を更新する提案など多岐にわたっていた。提案の内容や密度を重視する一方で、世界観をしっかりと示した作品も積極的に選定する審査となった。

作品に潜む熱意とこだわり

平倉 直子

日本全国から応募された全131案は、課題テーマに沿って各地域の魅力やそこで抱える問題点を提示していて、それぞれ見どころがあった。しかし限られた時間で詳細まで読み取る審査は困難を極め、内容もさることながら、個性的な表現手法や伝えたいことを特化した案が記憶に刻まれることになる。他者を引き付けるにはそれだけの裏打ちされた内容があり、熱意やこだわりが込められているからである。予選と本選の審査方法の違いはこうした点であろう。求められていることを踏まえながら、いかに応募者の世界観を発信するか。丹念に必要な要素を積み上げる、学んできたことの集大成としてまとめる、斬新なアイディア、問題を解く方法はさまざまである。

1得票で予選を通過した作品の内で3作品には何か突き抜けたものを感じ、その真意を確認したく本選へと進めることとした。

審査で心がけることは、虫の目と鳥の目という2つの視点を持つことである。

異邦人との共存への違和感と期待感

柳原 博史

全国の高専の学生から送られてきた熱のこもったポスターを見ると、各地の独特の文化、伝統、地理的特性の上に、今回の課題テーマである「多文化共生」をどう埋め込むかを熟思した様子が窺えた。地域的な特性は各々全く異なるが、その特性が一部廃れて、地域性と脈略のない外国人をはじめとするストレンジャー（異邦人）が同居している状況が、全国的に拡大している。

そこに、学生誰もがある種の違和感、または期待感を抱いていた、ということがよくわかった。

こうしてみると、このテーマをこの時期に設定したことは意義深い。地域文化と異邦人をどう融合させ、それを未来に向けた新しい空間に昇華できるのか、それが今回の大きなテーマとなったように思う。

空間デザイン

＊文中の［ ］内の3桁数字は、作品番号

予選審査経過

　予選審査の1週間前に、各審査員宛に全応募131作品の一覧とそれぞれのポスターのA3判縮刷を送付し、審査員は事前に提案内容を確認した。予選当日は2段階で審査を実施。まず、3人の審査員がそれぞれ10作品をめやすに投票して1次選考が行なわれた。そして、1次選考で得票した作品を中心に協議し、予選通過作品を決定する2次選考が行なわれた。

　1次選考では、4つの教室に分かれて展示された全131作品の応募ポスターを審査員は各々のペースで審査し、推薦する作品に投票した。投票を集計した結果、計22作品（3票：1作品、2票：6作品、1票：15作品）に票が入り、このすべてが2次選考に進むこととなった（表4参照）。

　2次選考では、全22作品それぞれについて、推薦した審査員による推薦理由の説明などを皮切りに意見交換が行なわれた。次に、念のため、得票のなかった109作品を再検討したが、追加の推薦はなかった。以上の議論を踏まえ、3人の審査員の合議による、予選通過作品の選出に移った。その結果、まず3票を得た［037］が選出され、加えて［017］［065］［088］の作品が予選通過となった。次に、［006］［018］［028］［029］［096］の5作品が追加選出された。最後に、本選までに案が改善されることを期待して、作品の伸び代を考慮した議論の結果［062］が追加された。

　なお、すべての応募作品は、本選会期中に空間デザイン部門の会場前で大型スクリーンに投影して紹介された。

（松澤 和夫　東京都立産業技術高専〈品川〉）

開催概要（予選）

予選審査

【日時】2019年9月13日（金）10:00〜18:00

【会場】
東京都立産業技術高等専門学校品川キャンパス　専攻科講義室A

【事務担当】
松澤 和夫、大野 学、小林 弘幸、宮田 尚起、川﨑 憲広（東京都立産業技術高専〈品川〉）

【予選提出物】
①プレゼンテーションポスター：A1判サイズパネル（横向き）1枚、3mm厚のスチレンボードに貼りパネル化
②プレゼンテーションポスターの画像データ

【予選通過数】10作品（29人、7高専）

表4　予選 —— 1次選考　投票集計結果（1人10票をめやす）

予選通過	作品番号	作品名	高専名（キャンパス名）	予選1次投票（1人10票をめやす）			
				柴崎	平倉	柳原	合計
	001	余白の再編集 —— 小さな風景の見直しから始まるまちの更新計画	明石高専			●	1
☆	006	ため池マーケット	明石高専		●		1
	015	第二次団地黄金期 —— 明舞団地再生計画	明石高専	●			1
☆	017	CRUMBLE —— 個と都市をつなぐ線的な集団形成	秋田高専		●		1
☆	018	暮らしをシェアするまちの市	秋田高専		●		1
	024	山笠びる	有明高専		●		1
☆	028	多様面が囲う宿	石川高専	●		●	2
☆	029	商店の「ふるまい」、「かぶき」を演じる	石川高専	●		●	2
	030	祭育 —— マツリはオーケストラ	石川高専	●		●	2
☆	037	家族が町を染める時	小山高専	●	●	●	3
	040	街角MERCADO	岐阜高専		●		1
	051	うるかしや	釧路高専	●		●	2
	057	葉木のくらしに三拍子！—— HAKI-PAKU! AKI-PAKU! PAKUPAKU-WORK!	熊本高専（八代）			●	1
☆	062	HOZO×HITO	熊本高専（八代）		●		1
☆	065	共生の躯体 —— 日本で生きる外国人のためのスタートアップ施設	呉高専	●		●	2
☆	088	うけたもう —— 継ギ接ギ絢ッテイク	仙台高専（名取）		●		1
☆	096	「いずぬま」テリトーリオ	仙台高専（名取）		●	●	2
	108	Water boundary —— 新保見こども園	豊田高専	●			1
	113	カキリマアパートメント —— ベトナム人と日本人が共生する栖	舞鶴高専			●	1
	116	拡がる「ウェルハウス」—— 「住み開き」で多文化共生空間に	都城高専			●	1
	118	VRを用いた仮想空間　人と人とを繋げるもうひとつの世界	米子高専		●		1
	132	灯台もと暮らし —— 外国人と地元民でつくる港町コミュニティ	米子高専		●		1
10作品		合計		10	10	10	30

註　＊表中の●は1票を示す　　＊表中の作品は、予選の1次選考通過22作品。票の入らなかった作品は未掲載
　　＊表中の☆印は、予選通過10作品　　＊作品番号014、127は欠番

予選通過作品講評

本選に向けたブラッシュアップの要望

柴﨑 恭秀（審査員長）、平倉 直子、柳原 博史

全作品に対して

　全10作品に共通したブラッシュアップの要望は、まず、課題テーマに据えた多文化共生に関わるポイントをもっと明確に説明してほしいという点である。テーマを広くとらえた提案については、一層、そのポイントを明確にしてほしい。また想定した立地や環境の歴史、背景、地理的な位置などをわかりやすく表現してほしい。具体的にすることが提案の思想や世界観を損なう場合も考えられるが、その場合は思想、世界観をより

わかりやすく表現する工夫をしてほしい。

　本選の2日間にわたるプレゼンテーション（表現）、特に口頭でのプレゼンテーション審査では、手元資料を読むのではなく、聴衆に向かって語りかけるように心がけること。ぜひリハーサルを。プレゼンテーションの語源はプレゼント＝present。自身の気持ちを相手に届ける、贈る（プレゼントをする）ことを意識してほしい。

---

006 明石高専

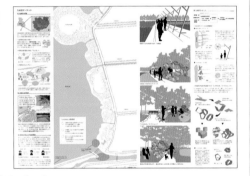

ため池マーケット

アウトプット（最終結果）が具体的で、すぐれた建築提案にまで至っている点が評価できる。現段階では、路上だけに提案しているように感じられるが、水辺や池の中などにも展開していけるとおもしろい。ため池と天満大池についてのわかりやすい説明があるとさらにいい。

---

017 秋田高専

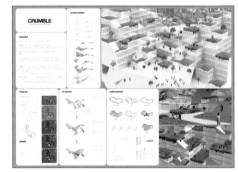

CRUMBLE —— 個と都市をつなぐ線的な集団形成

ストーリーがやや強引だが、思い切った切り口で団地に手を入れた（風穴を開けた）ことは評価できる。プレゼンテーション（表現）に勢いがある分、ソフトを含めたきめ細やかな提案が少ない印象なので、パブリックスペースの具体的な使い方の検討と提案をしてほしい。

---

018 秋田高専

暮らしをシェアするまちの市

新規住人の受入れから地域に浸透していくまでのプロセスが具体的に提案できている点が高い評価となった。移住者の受け皿としての朝市、朝食などのプログラムから建築の形態を作ろうとしている点も理解でき、大変おもしろいが、もうひとつ建築提案としてのリアリティが弱い。さらなる具体的な提案まで辿り着いてほしい。

---

028 石川高専

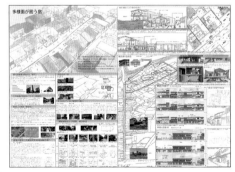

多様面が囲う宿

調査手法から提案までのプロセスがきめ細かく、群を抜いている。しかし、提案内容は従来型かつ詰め込み過ぎで、新しさを感じられない印象に陥っている。訴えたいことは何かをもう一度、自らの目線で整理し、個性を全面に打ち出してほしい。ここから先が見たい、という印象である。

029 石川高専

商店の「ふるまい」、「かぶき」を演じる

アーケード商店街の上部空間を提案した点がおもしろい。一方で、実際のアーケードのスケール（規模）や断面的な関係性の表現については曖昧な印象を受ける。商店街の空き地と空き店舗の活用に、子供歌舞伎の演目、ブラジルやフィリピンの人々を取り込んだ具体的な提案がほしい。

037 小山高専

家族が町を染める時

かつて日本の多くの住宅に見られた縁側を再構成した提案で、日常生活での「気づき」に好感が持てる。日本の縁側を多文化共生の場とすることは、受け入れる側にも無理がなく、実現可能だと評価できる。

062 熊本高専（八代）

HOZO×HITO

「組み立てる」という文化は、日本が古から育んできたものなので、その体系を調査し参照することによって、さらに提案の説得力が増すと思う。異文化交流や世代間交流を実現する上では、考えながら身体を動かすことが一番着実な方法であり、その点でこの提案は評価できる。組み立てた屋台で朝市などに出店し、そこで地域や各国の物品を販売することで、さらに交流が促されるだろう。そこまで発展させた提案がほしい。

065 呉高専

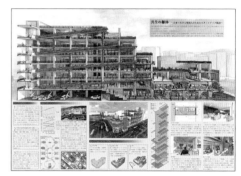

共生の躯体 —— 日本で生きる外国人のためのスタートアップ施設

地域で空き家となった中心市街地の大規模商業施設を抽出した再生のプログラムは非常におもしろい。ただし、規模が大きいため、提案内容だけで空間を埋めるのには無理があるので、全く異なった用途の空間を加えることで文化交流を促進できないか。ここまで完成していることを踏まえ、たとえば、外国人の滞在許可手続きの大変さなどの問題にももう一歩踏み込み、提案内容を充実させると説得力が増す。

088 仙台高専（名取）

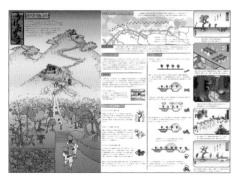

うけたもう —— 継ギ接ギ夠ッテイク

作品の世界観が見事に表現できている。宗教が違っても神々しさなどを感じることは十分あり得るので、地域の死生観に触れることで多文化交流が起こる可能性はあると評価した。世界観を尊重しつつ、ぜひ、次の段階へと突き抜けてほしい。

096 仙台高専（名取）

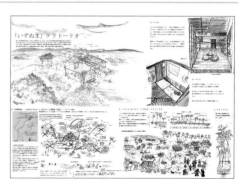

「いずぬま」テリトーリオ

手描きの美しいスケッチ、パース（透視図）が印象的な作品。蓮の花の咲く沼のビオトープ（生物生息空間）と人との関わりを穏やかな時間の流れとともに表現した秀作である。しかし、多文化共生空間ととらえた時には、さらなる提案がほしい。また、建築を提案しているが、水や沼との共生という点でディテール（詳細）がわからない。それぞれをもっと具体的にすることによって、新たな「共生のかたち」が見えてくるかもしれない。

予選 121 作品

余白の再編集 —— 小さな風景の見直しから始まるまちの更新計画

(001) 明石高専

◎石井 大治朗、市岡 翼［建築学科 4年］

tunagu

(002) 明石高専

◎山口 拓也、岸本 大地、吉田 匠吾、
金 智剛［建築学科 4年］

mush

(003) 明石高専

◎杉山 峻涼、寺尾 心作、
大谷 美晴［建築学科 4年］

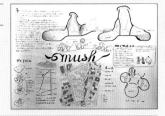

わ —— じるたと育む自然につどう場

(004) 明石高専

◎川畑 礼奈、内匠 光、中倉 梨沙、
溝口 莉那［建築学科 4年］

商いの森で結う —— じけまち商店街にひろがるこども園

(005) 明石高専

◎金田 悠吾、大前 拓海［建築学科 5年］

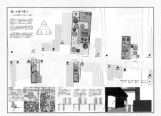

酒破離 —— 姫路城の裏に隠された城下町

(007) 明石高専

石井 丈裕、大島 好喬（4年）、
◎六車 駿介（3年）［建築学科］

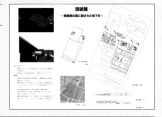

赤穂のかこ、いま、みらい

(008) 明石高専

◎内田 あすか、難波 茜［建築学科 5年］

みらい型シェアハウス

(009) 明石高専

◎近藤 祐衣、谷口 七海［建築学科 4年］

北野工房のまち

(010) 明石高専

◎宇野 涼花、魚住 彰啓、
岡田 枝里香、山田 離絵［建築学科 4年］

受け継ぐ家

(011) 明石高専

◎鳥越 結貴、髙原 幸代［建築学科 4年］

Node

(012) 明石高専

◎清水 健人、亀川 新玄［建築学科 5年］

いなっ子の里

(013) 明石高専

◎山﨑 なずな、前田 恵美［建築学科 5年］

第二次団地黄金期 — 明舞団地再生計画

015 明石高専

◎塩坂 優太、堤 靖弘、宍戸 佑妃、
河部 花梨［建築学科3年］

まちにひろがる、みんなで保育園

016 秋田高専

◎佐藤 綾奈［環境都市工学科4年］／
樋渡 美乃、小玉 陽向、豊島 大翔
［創造システム工学科1年］

結と茅葺の里

019 秋田高専

◎舘岡 浩志（5年）、鈴木 貴大、
伊藤 滉朗（4年）［環境都市工学科］

道で繋がる人とまち

020 秋田高専

◎佐藤 圭太、鎌田 大輝、
佐藤 芽吹［創造システム工学科土
木・建築系2年］

カドの湯

021 秋田高専

◎北嶋 春香［環境都市工学科4年］／
萩原 翠、上田 晴也［創造システム
工学科1年］

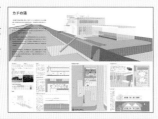

僕は、ここで世界とつながる。

022 有明高専

◎安部 あすか、大山 優衣、
水沼 ひかり［建築学科5年］

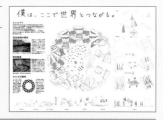

はかたばぶる

023 有明高専

◎播磨 竜太、中溝 俊介、
兵藤 亥途、有里 友吾［建築学科5
年］

山笠びる

024 有明高専

◎國生 有未、古井 悠介、
福島 恵利香、宮本 嶺士［建築学科
5年］

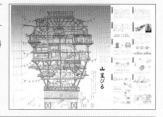

空からのおもてなし

025 有明高専

◎松尾 岳、本梅 伍乃、大仁 一輝、
横田 大河［建築学科5年］

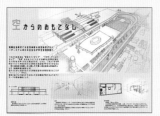

ここに来れば、逢えると思った

026 有明高専

◎有村 南海、石川 佳奈、樋口 琴
絵、
氷室 ひなた［建築学科5年］

We are the represent. You are a represent.

027 阿南高専

清水 宏太［創造技術工学科建設
コース4年］

祭育 — マツリはオーケストラ

030 石川高専

◎奥野 弥櫻（5年）、田畑 奎人（4
年）［建築学科］

穴log funding

(031) 石川高専

◎田辺 柾人、一二三 亮昌（5年）、
相原 哲夫（4年）[建築学科]

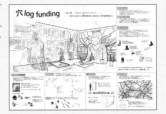

フロアブレイク

(032) 石川高専

◎中野 さつき、中川 哲（5年）、
向井 真琴（4年）[建築学科]

World of Bazaar —— 世界の壁を超えろ

(033) 大阪府立大学高専

◎萩森 夢士、藤田 鳳介（2年）、
大石 夏己（1年）[総合工学システ
ム学科]

留学生×商店街

(034) 大阪府立大学高専

◎岡本 悠利、勝間 悠大 [総合工学
システム学科都市環境コース4年]

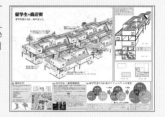

こみゅにtea

(035) 大阪府立大学高専

◎藤岡 優歌、佐藤 充宙 [総合工学
システム学科都市環境コース4年]

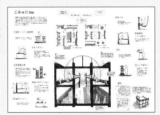

水溜運

(036) 小山高専

◎高橋 碧、江島 ありさ（5年）、
野沢 美友（4年）、赤羽 真菜（3年）
[建築学科]

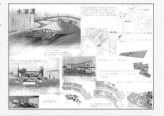

Dining Park

(038) 岐阜高専

井上 晴世 [建築学科5年]

ShareBOX

(039) 岐阜高専

安藤 亜依 [建築学科5年]

街角MERCADO

(040) 岐阜高専

桐山 日菜子 [建築学科5年]

必然的な気まずさ

(041) 岐阜高専

後藤 建太 [建築学科5年]

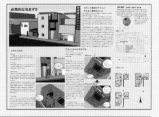

異食交流館

(042) 岐阜高専

杉山 勇斗 [先端融合開発専攻専攻
科1年]

とまる　あつまる　わかりあう

(043) 岐阜高専

◎小川 修汰、坪井 もも [先端融合
開発専攻専攻科1年]

空間デザイン

Media Lodge

(044) 岐阜高専

桂川 太一［先端融合開発専攻専攻科1年］

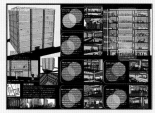

Oへそ──言葉のいらない都市空間

(045) 岐阜高専

長野 雅［建築学科4年］

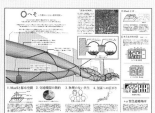

食べにおいで、作りにおいで──料理つなぐ異文化交流

(046) 近畿大学高専

宇田 智哉［総合システム工学科都市環境コース建築系5年］

残すもの遺産 in 三重

(047) 近畿大学高専

浦狩 颯空［総合システム工学科都市環境コース建築系5年］

Widen

(048) 近畿大学高専

大西 壱康［総合システム工学科都市環境コース建築系5年］

近代建築カフェ──旧伊賀市庁舎再生計画

(049) 近畿大学高専

山口 凌生［総合システム工学科都市環境コース建築系5年］

つながり──多文化交流の公民館

(050) 近畿大学高専

松井 洸樹［総合システム工学科都市環境コース建築系5年］

うるかしや

(051) 釧路高専

中尾 光希［建設・生産システム工学専攻専攻科2年］／◎鳥倉 由羽［建築学科5年］／小林 愛里、三浦 裕汰［創造工学科建築デザインコース建築分野2年］

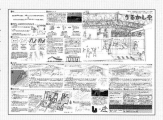

宿泊交流施設

(052) 釧路高専

◎工藤 海月、工藤 嬉［創造工学科建築デザインコース建築分野4年］

外国人と都市軸

(053) 釧路高専

小瀬 啓輔［建築学科5年］

Re: School

(054) 釧路高専

◎宍戸 李衣、伊地知 香月［創造工学科建築デザインコース建築分野4年］

帆立HOUSE

(055) 釧路高専

◎小野寺 脩人、門 佑亮［創造工学科建築デザインコース建築分野4年］

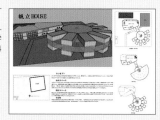

photoレンガ倉庫

056 釧路高専

◎堀川 美波、飛澤 圭亮［創造工学科建築デザインコース建築分野3年］

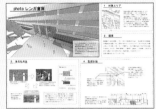

葉木のくらしに三拍子！── HAKI-PAKU! AKI-PAKU! PAKUPAKU-WORK!

057 熊本高専（八代）

◎奥羽 未来、吉塚 聖如由、田代 このは（5年）、山下 あみ（4年）［建築社会デザイン工学科］

ココロばかりのレイホイですが……。なんの！ すごか祭りたい！

058 熊本高専（八代）

◎田中 辰徳、田辺 一香、寺本 花音（5年）、中村 絢夏（4年）［建築社会デザイン工学科］

ENTER And CREATIVE ── Library×Co-working space

059 熊本高専（八代）

高村 周作［建築社会デザイン工学科3年］

マチカド図書ひろば ──「つながり」を支える新しい図書館のかたち

060 熊本高専（八代）

光永 周平［建築社会デザイン工学科3年］

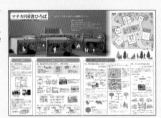

Recreation HILLS

061 熊本高専（八代）

◎江野 雄大、池永 周造、甲斐 陽向［建築社会デザイン工学科4年］

キリトリセカイ

063 熊本高専（八代）

◎市原 望愛、伊藤 七奈星、成松 美幸、松下 菜花［建築社会デザイン工学科4年］

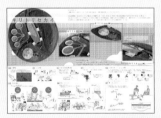

BALLENAS

064 呉高専

◎小谷 龍生、髙橋 太一、錦織 遵［建築学科5年］

Prayce

066 呉高専

◎年盛 文也、大成 優雅、重松 大輝［建築学科4年］

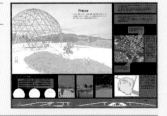

Culture shape park

067 呉高専

前田 丞［建築学科5年］

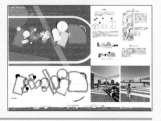

Globetrotting

068 呉高専

三笘 裕［建築学科5年］

ふらっと異文化交流

069 呉高専

◎平田 雄基、福光 真也［建築学科5年］

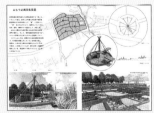

我が道を、辿る。

(070) 高知高専

◎平田 かれん、鍵山 詠冴［環境都市デザイン工学科5年］

Dan Dan Village ── レンタル避難所×へんろ宿

(071) 高知高専

◎岡林 舞、小笠原 彪大、仮谷 舞花、中町 優斗［環境都市デザイン工学科5年］

ICHIBA HOTEL ── 文化を体験し繋げる空間

(072) 高知高専

◎中川 竜之介、久保 大輔、式地 裕哉［環境都市デザイン工学科5年］

海の駅・海の玄関

(073) 高知高専

◎川竹 冬姫、西村 桃花、別役 匠平、松尾 萌香［環境都市デザイン工学科5年］

文化の種を継ぐ家

(074) 高知高専

◎長崎 彩華、坂本 駿、清水 成、宮岡 奨一朗［環境都市デザイン工学科5年］

umiversal

(075) 高知高専

◎池澤 壮太、植田 大地、尾崎 渉、山崎 衣央［環境都市デザイン工学科5年］

つなげる・つながる ── 世帯、世代、国、を超えみんなが繋がる・繋げる住まいへ

(076) 高知高専

◎吉川 文乃、西森 光亮［環境都市デザイン工学科5年］

日本のバスケに新しい形を

(077) 高知高専

松田 彰太［環境都市デザイン工学科5年］

てんてんとひとつなぐ

(078) 高知高専

◎馬越 友佳、椎葉 香野子（4年）、貞廣 光（3年）［ソーシャルデザイン工学科まちづくり・防災コース］

緑川のみちをゆく ── 魚の棚商店街にならう多文化共生のかたち

(079) 高知高専

◎吉岡 海音、曾田 龍司、竹内 由伸［環境都市デザイン工学科5年］／大内 晴貴［ソーシャルデザイン工学科まちづくり・防災コース4年］

檮原ジビエの森 ── 檮原町で回すジビエサイクル

(080) 高知高専

◎高橋 尊、橋村 元気［環境都市デザイン工学科5年］

おやつあらもーど

(081) サレジオ高専

◎金子 花菜、宮坂 侑奈、栁澤 玲美、秋本 美里［デザイン学科4年］

都会のビルの屋上につくる共生ガーデン

082 鈴鹿高専

松田 季良々［材料工学科4年］

つなぐ

083 仙台高専（名取）

◎高橋 一輝［建築デザイン学科5年］／菊池 帆七海、佐藤 陽太［総合工学科Ⅲ類建築デザインコース3年］

書が作る言語交流の道

084 仙台高専（名取）

◎大室 慶明［建築デザイン学科5年］／牛澤 知樹、直井 尚大［総合工学科Ⅲ類建築デザインコース3年］

気印相伝

085 仙台高専（名取）

◎羽田 知樹（5年）、後藤 颯汰（4年）［建築デザイン学科］／佐藤 果穂、吉光 賢太郎［総合工学科Ⅲ類建築デザインコース3年］

鎌倉カラ現代へ ── 歴史創生

086 仙台高専（名取）

◎相澤 幸之伸［建築デザイン学科5年］／庄子 帆花、小林 裕人［総合工学科Ⅲ類建築デザインコース3年］

祈り ── 伝統が結ぶ共生の道

087 仙台高専（名取）

◎櫻井 竜之介（5年）、青山 愛華（4年）［建築デザイン学科］／丹野 きみ香［総合工学科Ⅲ類建築デザインコース3年］

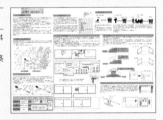

タバコミュニケーション

089 仙台高専（名取）

◎新森 章、小田島 恵［建築デザイン学科5年］

朝市通りでいつも通り

090 仙台高専（名取）

◎加藤 美鈴、千田 ひかる［建築デザイン学科5年］／浅沼 晏、阿部 直樹［総合工学科Ⅲ類建築デザインコース2年］

寮内での多文化交流

091 仙台高専（名取）

◎小栗 昂大、菅野 莉玖、齋藤 紫桜里［総合工学科Ⅲ類建築デザインコース2年］

イナカデ・シュギョウシナハーレ

092 仙台高専（名取）

◎永井 誠人［生産システムデザイン工学専攻専攻科2年］／東條 大輝［建築デザイン学科5年］

みそぐらし

093 仙台高専（名取）

◎針生 瑠奈（5年）、青柳 すず（4年）［建築デザイン学科］／加藤 健吾、泉田 華成［総合工学科Ⅲ類建築デザインコース3年］

Co-LIVE

094 仙台高専（名取）

◎宍戸 奎介［生産システムデザイン工学専攻専攻科2年］／日下 葵［建築デザイン学科5年］／呉 漢穎、奥山 天心［総合工学科Ⅲ類建築デザインコース3年］

釁隙Symbiosis

095 仙台高専（名取）

◎遠藤 空瑠、高橋 凛［生産システムデザイン工学専攻専攻科2年］／鈴木 香澄［総合工学科Ⅲ類建築デザインコース3年］

タナダコク

097 徳山高専

◎守本 愛弓、形山 妙笑（5年）、福田 珠蓮、福田 葉月（4年）［土木建築工学科］

五つ星 —— 憩いの複合施設

098 徳山高専

◎河村 篤志、西村 紗瑳（5年）、山岡 駿介、裏谷 万葉（4年）［土木建築工学科］

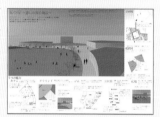

YADORUGI —— 文化の宿る木

099 徳山高専

◎副田 協汰、松村 康平（5年）、有松 大和、中司 圭（4年）［土木建築工学科］

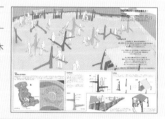

岩国寿司住宅 —— 住民が集う憩いの場

100 徳山高専

◎河部 祐侃、大亀 萌（5年）、前田 明日香、遠藤 優也（4年）［土木建築工学科］

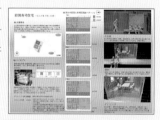

紡ぐ繋ぐ —— 世界中のどこでも行ける現代において日本の地方での住み方を提案するまち

101 徳山高専

◎松岡 美希、田邊 百花、岡部 壌、藤中 亮輔［土木建築工学科5年］

Green Line —— 緑＋縁＝人と人を結ぶ学び舎

102 徳山高専

◎川根 翔太（5年）、石田 華奈、菅田 優希、原 百花（4年）［土木建築工学科］

海辺のグランピング＆住宅

103 徳山高専

◎佐藤 千弥、椿 慎一郎（5年）、原田 知弥、中野 悠我（4年）［土木建築工学科］

3つのおもてなし

104 徳山高専

◎広中 翔（5年）、松原 快、佐村 桃香、中道 香絵（4年）［土木建築工学科］

わのゆ

105 徳山高専

◎清水 瑠磨、大上 喬之（5年）、及川 希、福田 成貴（4年）［土木建築工学科］

Let's "Wa" in Ginkgo Street!

106 徳山高専

◎貞本 侑香里、山田 苑佳（5年）、蔵重 真由子、伊藤 嵩太（4年）［土木建築工学科］

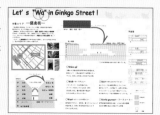

内の内の侵略 —— 日本食拡散の本拠地

107 豊田高専

仲村 広大［建設工学専攻専攻科1年］

Water boundary —— 新保見こども園

(108) 豊田高専

山本 康二［建設工学専攻専攻科1年］

靚 —— 青く光る空間、鯖江市役所

(109) 福井高専

田中 大輝［環境都市工学科5年］

エトランゼのためのさえずりの森

(110) 福井高専

内藤 祐大［環境都市工学科5年］

つつじクインテットハウス —— 5つの文化が交わるケアハウス

(111) 福井高専

中出 優花［環境都市工学科5年］

森の電車の異文化体験

(112) 福島高専

◎猪狩 智也、髙橋 晃樹、平田 雄大、佐藤 優花［建設環境工学科5年］

カキリマアパートメント —— ベトナム人と日本人が共生する栖

(113) 舞鶴高専

◎河野 奏太、小松 千紗（5年）、松井 嶺磨、橋本 宗磨（2年）［建設システム工学科］

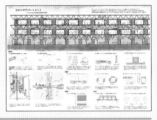

窯×釜×comer

(114) 舞鶴高専

◎田中 大智（4年）、谷口 未来（3年）、中村 梓、江田 雪乃（2年）［建設システム工学科］

Kyomachi Park —— 駐車場から広がる京町温泉の日常

(115) 都城高専

◎外園 初音、片平 千陽、片平 真梨恵［建築学科5年］

拡がる「ウェルハウス」—— 「住み開き」で多文化共生空間に

(116) 都城高専

◎矢野 和樹［建築学専攻専攻科2年］／勝田 悠日［建築学科3年］

シュミハウス

(117) 米子高専

和田 虎之慎［建築学専攻専攻科1年］

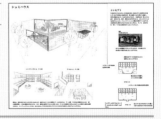

VRを用いた仮想空間　人と人とを繋げるもうひとつの世界

(118) 米子高専

小椋 一磨［建築学専攻専攻科1年］

食に包まれる家

(119) 米子高専

永田 孝一［建築学専攻専攻科1年］

ハンドメイド美術館

(120) 米子高専

武甕 由里恵［建築学科4年］

Share Office

(121) 米子高専

◎川邉 悠人、眞山 尚輝、
松本 大輝、室之園 景大［建築学科
4年］

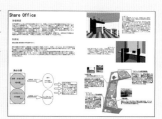

眠らないオフィス街 —— 共有からの共生

(122) 米子高専

◎山田 ゆかり、川上 智聖［建築学
科4年］

連続する郵便局

(123) 米子高専

◎新田 彩乃、兼本 星空［建築学科
4年］

コンビニエンスカフェバー

(124) 米子高専

◎山内 悠実佳、國谷 真由［建築学
科4年］

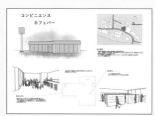

地産地消型コミュニティ —— スーパーマーケットが世界を繋ぐ

(125) 米子高専

◎和田 奈津子、増田 美悠、
亀尾 祐来［建築学科4年］

水都米子 —— 雨、湿気、堀、様々な水の恩恵

(126) 米子高専

◎永友 日向、中山 龍聖［建築学科
5年］

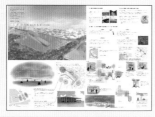

kawato tomoni

(128) 米子高専

◎大下 万優子、藤井 梨花［建築学
科4年］

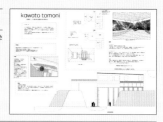

地域に開く学生寮

(129) 米子高専

西尾 拓朗［建築学科5年］

第2の故郷へ

(130) 米子高専

◎渡邊 真帆、山岡 桃子、
宇山 維乃［建築学科5年］

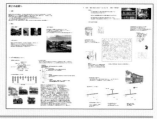

湯かける縁

(131) 米子高専

八塚 玲奈［建築学科4年］

灯台もと暮らし —— 外国人と地元民でつくる港町コミュニティ

(132) 米子高専

◎田中 偉央利、藤山 颯太［建築学
科4年］

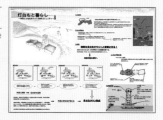

Know Each Other —— お互いを知る　日本人×外国人

(133) 米子高専

太田 綾香［建築学科4年］

空間デザイン

◊ 審査員長

柴﨑 恭秀
しばさき　やすひで

建築家、会津大学短期大学部　教授

1966年　群馬県長野原町生まれ
1990年　筑波大学芸術専門学群建築デザイン
　　　　専攻卒業
1992年　筑波大学大学院芸術研究科建築デザ
　　　　イン専攻修士課程修了
1992-97年　日建設計　在籍
1998-2005年　柴﨑アーキテクツを設立、主宰
2000-11年　工学院大学工学部（現・建築学部）
　　　　建築系学科　兼任講師
2005-15年　会津大学短期大学部産業情報学
　　　　科　准教授
2015年-　同　教授

◆主な建築、まちづくりなど
建築に『深沢ガレージハウス』（2010年／2011
年度グッドデザイン賞）、『長野原のアトリエ』
（2011年／2012年度グッドデザイン賞）、『猪
苗代のギャラリー』（2013年／2014年度グッド
デザイン賞〈ベスト100、特別賞「復興デザイン
賞」〉）、『三島町宮下地区屋号サインプロジェクト』
（2011年／2012年度グッドデザイン賞）など

◆その他の主な受賞
第31回福島県建築文化賞正賞（2014年）、日
本建築学会作品選奨（2015年）、日本建築仕上
学会学会賞作品賞（2017年）など

◆その他の主な活動
2011年の東日本大震災では、福島県木造応急
仮設住宅総括アドバイザーを務める。現在、ふ
くしま住宅建築賞審査委員長（2016年-）、会津
若松市景観審議会会長（2018年-）などを務める

◆主な著書
『空間要素——世界の建築・都市デザイン』（共
著、2003年、井上書院）、『世界で一番やさしい
エコ住宅』（共著、2011年、エクスナレッジ）、
『建築家の名言』（共著、2011年、エクスナレッ
ジ）、『まちを再生する99のアイデア——商店街
再生から震災復興まで』（2012年、彰国社）、『仮
設住宅アーカイブス——福島の応急仮設住宅』
（2014年、会津大学）など

平倉 直子
ひらくら　なおこ

建築家、平倉直子建築設計事務所　代表

1950年　東京都目黒区生まれ
1973年　日本女子大学家政学部住居学科卒業
1978年-　平倉直子建築設計事務所を設立、主宰
1989-2017年　日本女子大学、関東学院大学、
　　　　早稲田大学、東京大学など
　　　　非常勤講師（設計課題を担当）
2008-16年　東京大学新領域創成科学自然環境
　　　　デザインコース　非常勤講師（鹿
　　　　沢園地や東京大学富士癒しの森研
　　　　究所での実習授業）

◆主な建築
『羽沢の住まい』（1993年／東京建築賞〈住宅
部門〉最優秀賞）、『三田交番（あかりの交番）』
（1995年／目黒区景観賞）、『常盤台の住まい』
（1997年／第10回日本建築家協会新人賞、
1997年日本建築学会作品選奨）、『都賀の住ま
い』（1998年／2001年度千葉市優秀建築賞）、
『鹿沢インフォメーションセンターと森の小径』
（2003年／2006年日本建築学会賞〈業績部
門〉、同作品選奨、土木学会デザイン賞2009
優秀賞）など

◆その他の主な活動
2000年環境省より設計委任を受けた群馬県自
然環境課が行なったプロポーザルコンペで「上
信越高原 国立公園鹿沢園地 自然学習歩道施設
整備計画」の設計者に選出される。園地の調査、
利用企画、展示サイン（ソフト）から、自然学習
歩道、インフォメーションセンター他、施設計
画（ハード）を一貫して計画設計、監理を行なう。
柏市の景観デザイン委員会　景観アドバイ
ザー、東京都の景観審議会、目黒区の景観アド
バイザーをはじめ、各種自治体による景観賞の
審査委員などを務め、地域固有の歴史や文化、
技術の形成促進に関わる

柳原 博史
やなぎはら　ひろし

ランドスケープ・アーキテクト、
株式会社マインドスケープ　代表

1966年　神奈川県横浜市生まれ
1990年　東京造形大学造形学部視覚伝達デザ
　　　　イン学科卒業
1992年　筑波大学大学院芸術学研究科環境デ
　　　　ザイン学専攻修士課程修了
1992-95年　上山良子ランドスケープデザイン
　　　　研究所　在籍
1998年　Architectural Association School
　　　　of Architecture 大学院（イギリス、
　　　　ロンドン）修了
2002年-　大西瞳とマインドスケープを共同設
　　　　立、共同主宰
2007年　明治大学農学部農学科　非常勤講師
2014年　静岡文芸大学デザイン学部デザイン
　　　　学科　非常勤講師
2015年-　会津大学短期大学部産業情報学科
　　　　非常勤講師

◆主なランドスケープ・デザイン
『芝生のガーデンファニチュア「Peddy」プロ
ジェクト』（2005年-）、『MURAYAMAプロジェ
クト（基本構想）』（東京都、2007年）、『朱家角
西鎮プロジェクト指定設計者設計競技』（RIA上
海と共同設計、中華人民共和国上海市、2008
年／最優秀賞）、『寧波市環球広場タワー』（中華
人民共和国寧波市、2009年）、『グリーンコーポ
篠原環境整備計画（改修、住民ワークショップ）』
（横浜市、2010年）、『方正集団別荘会所プロジェ
クト』（中華人民共和国北京市、2011年）、『蘇
州市呉中区浜湖CBD新都市開発』（中華人民共
和国蘇州市、2012年-）、『メイワ・サンピア「あ
おぞらファーム」（実施設計、実験ワークショッ
プ）』（新潟市、2013年）、『ふくしま医療機器
開発支援センター』（福島県郡山市、2014年）、
『上海龍華中路開発プロジェクト』（中華人民共
和国上海市、2015年）、『横浜市関内地区・みど
りアップ推進会による「みどりアップ計画」』（横
浜市、2016年-）、『万博公園どろんこ保育園園
庭』（茨城県つくば市、2017年／2018年度キッ
ズデザイン賞）など

構造
デザイン部門

課題テーマ

カミってる!!

　今回は、ブリッジ（製作物）の素材を、2015年和歌山大会以降続いてきた「銅」から「紙」へ変更した。素材が「銅」から「紙」へ替わることによって、材質が変わるだけでなく、素材の形状も線状から面状へと変わる。

　「紙」がもっている強さ、軽さ、しなやかさを十分に活かし、耐荷性、軽量性、デザイン性に「カミってる」ブリッジをめざした新たな挑戦に期待する。新『五輪書』水之巻の奥義を極めてほしい。

▶本選 62作品

2019.10.22-10.25
応募（エントリーシート提出）

2019.11.25-11.29
プレゼンテーションポスターのデータの提出

2019.12.07
仕様確認
審査員審査

2019.12.08
耐荷性能試験
学生情報交換会
審査員講評

▶受賞 6作品

最優秀賞（国土交通大臣賞）
(54)米子高専『逞弓（たくみ）』

優秀賞
㉕米子高専『金剛扇』

優秀賞（日本建設業連合会会長賞）
⑯モンゴル高専『信憑』

審査員特別賞
㊶呉高専『海凪——MINAGI』
⑬徳山高専『双穹（そうきゅう）』

日刊建設工業新聞社賞
㊴石川高専『双舞（そうぶ）』

⑤④ 米子高専　質量：116.7g　総得点：97.00

最優秀賞
国土交通大臣賞

逞弓
（たくみ）

和田 虎之慎［建築学専攻専攻科1年］／◎野田 夏希、森岡 咲里(5年)、中合 遥香、渡部 快翔(4年)、實松 義仁(3年)［建築学科］
担当教員：北農 幸生［建築学科］

審査講評

圧縮力に強い弓のような形状のアーチを採用し、アーチの支持部の広がりを抑えるために、側面に紙を面状に貼り付けたユニークな構造形式になっている。アーチは板目表紙を曲線に沿って重ねて制作し、三角形の閉断面[*1]とすることで、強さと軽さを両立している。面材には紙の縦と横による強度の違いにも配慮がある。また、面材とアーチの接続部の工夫をして、強度を確保するために面材のクラフト紙をアーチに巻き付けて接着している。このような構造上の工夫と紙の特性を生かした製作方法により、強度と軽量化を両立できたことが最優秀賞につながった。

（岩崎 英治）

＊1　閉断面：橋軸と直角方向（道の幅方向）の断面形状が角形や円筒形など周囲が閉じた形状になっているもの。H形は開断面

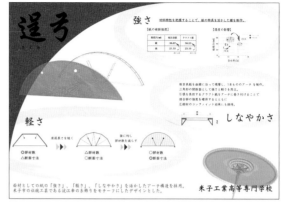

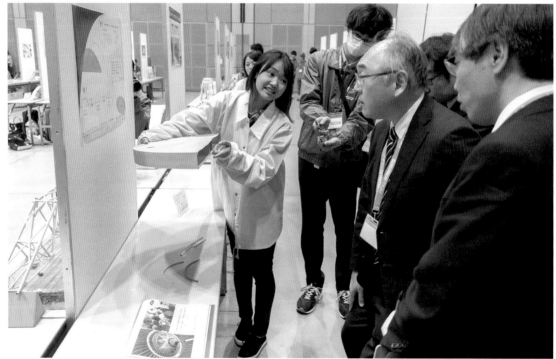

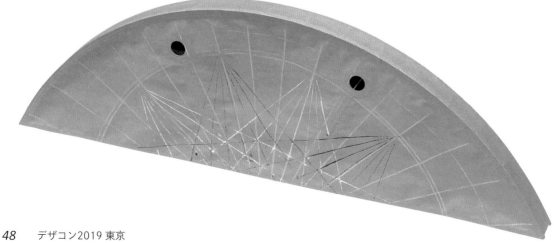

＊本書48〜53、66〜79ページの氏名の前にある◎印は学生代表
＊高専名の左にある2桁数字は作品番号
＊総得点が同点の場合は、軽量点が高い方を上位とする
＊総得点と軽量点が同点の場合は、同順位とする

（00）：数字は作品番号（本書48〜53、66〜79ページ）

㉕ 米子高専

質量：150.4g　総得点：93.00

優秀賞

金剛扇

◎糸田 響、赤江 大笙、井料 恵莉菜、川端 龍矢、齋藤 真珠、持田 侑乃 [建築学科4年]
担当教員：北農 幸生 [建築学科]

審査講評

圧縮力に強い弓のような形状のアーチを採用し、アーチの支持部の広がりを抑えるために、細長い引張材[*2]を取り付けたタイドアーチと呼ばれる構造形式になっている。この構造では、荷重の載荷位置がアーチ上になるので、アーチと引張材で荷重を効率的に分担するために、扇の骨組のような放射状の部材を配置している。アーチには大きな圧縮力が作用するため、使用可能な3種類の紙を組み合わせて座屈しにくい箱状の断面を工夫したアーチ部材を作成している。また、引張材はクラフト紙を用いて接合部の接着面積を確保し、板目表紙を組み合わせることで引張力が均一になるように工夫している。こうした構造上の工夫と紙の特性を生かした製作方法により、強度と軽量化を両立したことが優秀賞につながった。

（岩崎 英治）

*2　引張材：引っ張り方向に働く外力のみを負担する部材

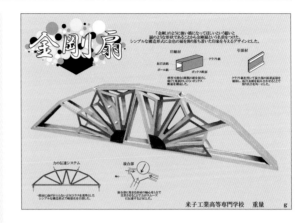

米子工業高等専門学校　重量　　　g

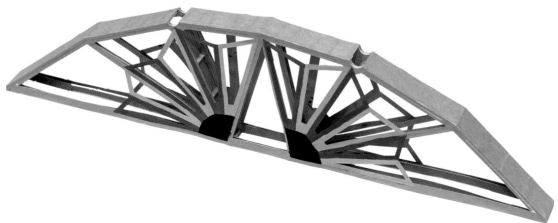

優秀賞
日本建設業連合会
会長賞

信憑

◎イデルボルド・モンフオリギル、モンフオリギル・モンフトゥシグ、ブルガンタミル・ビルグンダライ、
ブヤンヒシグ・スヘバト、バンバル・ツェウェンドルジ（4年）、ミャグマルジャブ・グンジ（3年）[建築学科]
担当教員：エルデネスレン・ガントゥルガー [建築学科]

審査講評

圧縮力を受ける部分には3本の圧縮材を用い、支点部の広が
りを抑えるために、細長い引張材[2]を取り付けた山形ラー
メン構造形式[3]になっている。この構造は、荷重の載荷位
置が山形ラーメンの折曲がり部分にあり、3本の圧縮材と引
張材を用いた最小部材数で構成されているため、スッキリし
たデザインになっている。部材数が少ないため、それぞれの
部材には大きな力が作用する。そこで、圧縮材[4]は紙を重
ねて閉断面[1]を作り、圧縮力による全体のゆがみを防ぐた
めに隔壁と呼ばれる補強材を取り付けるよう工夫している。
また、荷重載荷による転倒を防ぐとともに、軽量化するため
に、幅を狭くし、支点部には転倒防止の配慮が工夫されてい
る。こうした構造上の工夫と紙の特性を生かした製作により、
強度と軽量化を両立できていることが優秀賞につながった。

（岩崎 英治）

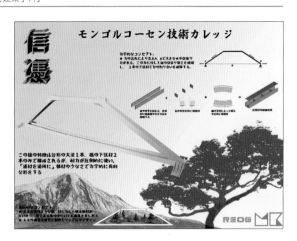

＊1　閉断面：本書48ページ註1参照
＊2　引張材：本書50ページ註2参照
＊3　山形ラーメン構造形式：トラスを使わず、ラーメン構造の柱と梁で山
　　形に組む構造形式。ラーメン構造とは、直方体に組まれた垂直材（柱）
　　と水平材（梁）を剛接合した構造のこと
＊4　圧縮材：圧縮方向に働く外力のみを負担する部材

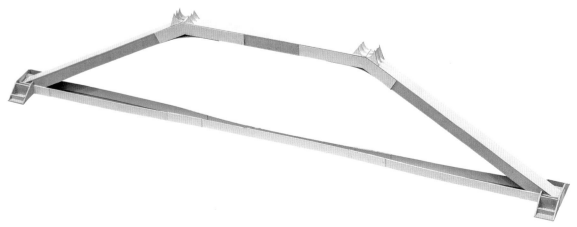

審査員特別賞

㊶ 呉高専

質量：179.3g　総得点：87.00

海凪 —— MINAGI

◎栄井 志月、河本 真拓、樋口 彰悟（4年）、樋掛田 琉偉、藤野 凌雅、松下 芽生（3年）[建築学科]
担当教員：松野 一成 [建築学科]

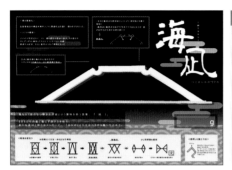

審査講評

圧縮力を受ける部分には3本の圧縮材[4]を用い、支点部の広がりを抑えるために、細長い引張材[2]を取り付けた山形ラーメン構造形式[3]になっている。この構造は、荷重載荷位置が山型ラーメンの折曲がり部にあり、3本の圧縮材と引張材を用いた最小部材数で構成されるため、スッキリしたデザインになっている。部材数が少ないため、それぞれの部材には大きな力が作用する。そこで、試作を繰り返して、圧縮材の最適な断面を決定している。このような構造の工夫により、強度と軽量化を両立できたことが審査員特別賞につながった。　　　（岩崎 英治）

* [2]　引張材：本書50ページ註2参照
* [3]　山形ラーメン構造形式：本書51ページ註3参照
* [4]　圧縮材：本書51ページ註4参照

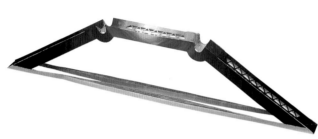

審査員特別賞

⑬ 徳山高専

質量：219.4g　総得点：84.00

双穹（そうきゅう）

◎河村 篤志（5年）、西川 侑華（4年）、貞本 舞、高木 拓海（3年）、元永 真菜、長谷川 京香（1年）[土木建築工学科]
担当教員：海田 辰将【土木建築工学科】

審査講評

「への字」型の2つのラーメン部材[5]が互いに支え合い、ラーメン部材の支点部の広がりを抑えるために、細長い引張材[2]を下部に取り付けたユニークな構造体になっている。2つのラーメン部材は圧縮力に強い箱型の断面にし、曲げモーメント[6]を受ける部分は断面の面積を大きくし、支点部と2つのラーメン部材が接する箇所では、断面を細い形状にすることで軽量化を図っている。また、断面のゆがみを抑えるために、隔壁と呼ばれる板を箱内部に取り付ける工夫もしている。見た目がスッキリし、2つのラーメン部材が互いに支え合うユニークな構造形式により、強度と軽量化を両立したことが審査員特別賞につながった。（岩崎 英治）

* [2]　引張材：本書50ページ註2参照
* [5]　ラーメン部材：柱と梁の部材。本書51ページ註3「山形ラーメン構造形式」参照
* [6]　曲げモーメント：力の作用した点や軸を中心に回転する方向に部材を変位させようと作用する力

㊴ 石川高専　　　　　　　　　　　　　　質量：532.1g　総得点：76.00

双舞
（そうぶ）

◎内井 一茶、東 凌雅、思川 奈津実（5年）、飯田 至、堀内 翔太、吉田 絢香（4年）［建築学科］
本間 小百合［建築学科］

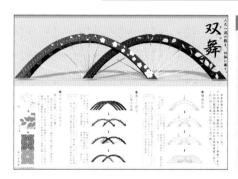

審査講評

2つのアーチで構成され、一方のアーチ支点部を他方のアーチから伸ばした複数の引張材[*2]で支えるユニークな構造になっている。荷重の作用位置をアーチの頂点に設けて、他方のアーチの支点をこの荷重の作用位置の直下に置くことで、アーチのバランスを保つ工夫をしている。また、アーチ部材は2枚の厚板を横支材[*7]により接続。横支材の向きを他方の

アーチの支点に向かう引張材の方向に合わせるよう配慮し、力の流れを明確にすることにより、強度を確保している。さらに、石川県のイメージを与える伝統的な配色の工夫を凝らしていることから、日刊建設工業新聞社賞につながった。（岩崎 英治）

＊2　引張材：本書50ページ註2参照
＊7　横支材：アーチの両側面をつなぐ直角
　　　方向（道の幅方向）のつなぎ材

構造デザイン

本選審査総評

紙でこその新たな試行錯誤や創意工夫

岩崎 英治（審査員長）

素材変更で、ユニークな構造形式が多々登場

　和歌山大会以降、4回続いた銅線から紙に素材が変更され、今大会の課題テーマは、3種類の決められた規格の紙と木工用接着剤で製作した橋梁模型の耐荷性、デザイン性、軽量性を競うものであった。

　審査において、応募62作品は競技得点と審査員評価点の合計で評価された。競技得点は、耐荷性と軽量性の点で採点され、作品の構造性、出来栄えとプレゼンテーションの内容により、3人の審査員による審査員評価点が付けられた。この時、作品の出来栄えには配色も加味した。

　作品の出来栄えに配色が加味されたためか、色合いやイラストを意識した作品が目立ったように思われる。しかし、本来、構造デザインを競う部門なので、力学的な理屈に合った構造性の工夫にも、もっと取り組んでほしかった。また、1高専2作品まで出展可能となっているが、この場合にはコンセプトを変えることになっている。しかし、外見上、同高専で似通った作品がいくつかあった。今後はもっと挑戦的な取組みが望まれる。

　左右対称な2カ所に静荷重（固定荷重）を載荷する条件のため、昨年に比べると難易度は下がった。また、素材が紙に変更になったことで、面的な部材の作成が容易になり、銅線を用いた昨年までの作品に比べて、採用する構造形式の傾向が大きく変わり、ユニークな作品も多数見られた。

力学的に合理的なデザインが上位に

　応募作品を、構造形式で分類すると、支点部の広がりを抑えるために下部に引張材[*1]を取り付けた弓状の形状で構成されたタイドアーチ構造形式、同様に支点の広がりを抑えるために下部に引張材を取り付けた山型ラーメン構造形式[*2]の作品が多かった。また、支点部の広がりを抑えるために、側面に紙を面状に貼り付けたユニークな構造形式もあった。

　惜しくも耐荷性能試験の途中で破壊した作品の中にも、工夫されたものが多数あった。これらの作品の破壊傾向をまとめると、部材の接合部で破断、アーチやラーメン部材の支点部の座屈による破壊、両支点に接した部材の広がりを抑えるタイ材[*3]の接着部の破断、剛性が小さく変形が大きくなったものが多かった。このような破壊傾向をもとに、問題点を改善すると、より耐荷性にすぐれた作品になるだろう。

　一方、試作を繰り返して、耐荷性と軽量化を追求したことにより、力学的に合理的なデザイン性を有した作品が、総合点で上位となったと考えられる。

　今年はモンゴルの2高専からも3作品が出展され、国際性と活気に満ちた大会となった。素材が紙になったことで、新たな試行錯誤や創意工夫を要する課題であったが、参加したすべての作品に関わった学生たちが、デザコンを通じてチームワークの大切さや創造性を養う貴重な経験ができたのではないかと考える。

註　*1　引張材：本書50ページ註2参照
　　*2　山型ラーメン構造形式：本書51ページ註3参照
　　*3　タイ材：タイロッド。張力によって構築物に強度を持たせる構造部材

表1　総合順位

上位17作品

作品番号	作品名	高専名 (キャンパス名)	質量 (g)	載荷点 [50点]	軽量点 [20点]	係数	競技 得点 [70点]	審査員 評価点 [30点]	総得点 [100点]	順位	受賞
54	逢弓	米子高専	116.7	50	20	1	70.00	27	97.00	1	最優秀賞*1
25	金剛扇	米子高専	150.4	50	17	1	67.00	26	93.00	2	優秀賞
16	信憑	モンゴル高専	148.9	50	18	1	68.00	19	87.00	3	優秀賞*2
41	海凪	呉高専	179.3	50	13	1	63.00	24	87.00	4	審査員特別賞
28	紡弓	呉高専	175.9	50	14	1	64.00	21	85.00	5	
06	迫餅	新居浜高専	188.5	50	12	1	62.00	23	85.00	6	
13	双弩	徳山高専	219.4	50	10	1	60.00	24	84.00	7	審査員特別賞
37	兜橋	新モンゴル高専	154.9	50	16	0.95	62.70	21	83.70	8	
01	アーチ・マイテル選手	舞鶴高専	262.3	50	6	1	56.00	23	79.00	9	
05	絵になる橋	新居浜高専	247.9	50	8	1	58.00	20	78.00	10	
38	弓橋	新モンゴル高専	163.5	40	15	1	55.00	21	76.00	11	
02	橋の耐荷重を知る人よ	舞鶴高専	266.5	50	5	1	55.00	21	76.00	12	
48	賢	福井高専	280.8	50	3	1	53.00	23	76.00	13	
39	双舞	石川高専	532.1	50	0	1	50.00	26	76.00	14	日刊建設工業 新聞社賞
47	TRY-angle	福井高専	295.4	50	1	1	51.00	23	74.00	15	
53	さどめんこ	秋田高専	402.9	50	0	1	50.00	24	74.00	16	
52	TRIFORCE	秋田高専	283.4	50	2	1	52.00	21	73.00	17	
08	Salamander	群馬高専	356.4	50	0	1	50.00	21	71.00	18	
24	藤	明石高専	431.8	50	0	1	50.00	21	71.00	18	
42	神戸大橋	神戸市立高専	1195.0	50	0	1	50.00	21	71.00	18	
14	百載武弓	徳山高専	298.9	50	0	0.95	47.50	23	70.50	21	
62	For the Earth	明石高専	345.8	50	0	1	50.00	20	70.00	22	
51	馬龍組	石川高専	225.5	45	9	0.95	51.30	18	69.30	23	
17	「シンプルな橋」を目指して	仙台高専（名取）	893.9	50	0	1	50.00	19	69.00	24	
21	白山小町	国際高専	637.4	50	0	1	50.00	19	69.00	24	
32	登龍門	福島高専	827.8	50	0	1	50.00	19	69.00	24	
36	名橋「紙粋」	福島高専	499.1	50	0	1	50.00	19	69.00	24	
46	PUENTE PONTE BRIDGE	長野高専	1251.2	50	0	1	50.00	19	69.00	24	
61	紙工鬼斧	大阪府立大学高専	748.6	50	0	1	50.00	19	69.00	24	
19	Cute! FROG bridge	鹿児島高専	468.0	50	0	0.95	47.50	21	68.50	30	
26	こんにちは イン TOKIO	都城高専	299.5	50	0	1	50.00	18	68.00	31	
49	無敵X	和歌山高専	2716.1	50	0	1	50.00	18	68.00	31	
55	アーチからトラスへ改修中	阿南高専	892.7	50	0	1	50.00	18	68.00	31	
43	ハリー	津山高専	421.2	50	0	0.95	47.50	20	67.50	34	
15	Kumu	仙台高専（名取）	336.0	50	0	1	50.00	17	67.00	35	
03	ハニカミ	有明高専	309.7	50	0	0.95	47.50	19	66.50	36	
09	TENACITY	群馬高専	557.7	50	0	0.95	47.50	19	66.50	36	
20	五彩	国際高専	450.4	50	0	0.95	47.50	19	66.50	36	
29	カムイ	釧路高専	575.1	50	0	0.95	47.50	19	66.50	36	
57	津軽改橋	八戸高専	1516.0	50	0	0.95	47.50	19	66.50	36	
22	トラーチ橋	香川高専（高松）	2329.9	50	0	1	50.00	16	66.00	41	
45	白鳥Shea橋	苫小牧高専	1871.1	50	0	0.95	47.50	18	65.50	42	
44	港	東京都立産業技術 高専（品川）	894.2	50	0	1	50.00	15	65.00	43	
50	無敵TP	和歌山高専	2192.0	50	0	1	50.00	15	65.00	43	
56	四国の右端の桁橋	阿南高専	907.5	50	0	1	50.00	15	65.00	43	
18	Reinforce R	小山高専	138.2	20	19	0.95	37.05	27	64.05	46	
11	岐阜の富士	岐阜高専	807.5	50	0	0.95	47.50	16	63.50	47	
30	THE ORIGIN	長野高専	1525.5	50	0	0.95	47.50	16	63.50	47	
34	paper strength	近畿大学高専	409.4	50	0	0.95	47.50	16	63.50	47	
60	+PLUS	サレジオ高専	1502.4	45	0	0.95	42.75	20	62.75	50	
12	Layer Bridge	岐阜高専	1045.8	50	0	0.95	47.50	15	62.50	51	
23	Resilience Bridge	香川高専（高松）	1065.9	45	0	0.95	42.75	17	59.75	52	
40	紐	神戸市立高専	1646.1	45	0	0.95	42.75	15	57.75	53	
10	OR橋	豊田高専	601.2	40	0	1	40.00	16	56.00	54	
04	TOTHM'S ARCH	有明高専	324.3	30	0	1	30.00	25	55.00	55	
58	Gambrel	釧路高専	300.0	35	0	1	35.00	19	54.00	56	
35	紆余委蛇	近畿大学高専	251.1	30	7	0.95	35.15	17	52.15	57	
59	Cool Poko	大阪府立大学高専	695.6	35	0	1	35.00	17	52.00	58	
27	橋持つかんな!!	都城高専	279.1	30	4	0.95	32.30	17	49.30	59	
33	ウリエルノース橋	松江高専	192.0	20	11	1	31.00	18	49.00	60	
07	TRI△NGLE	長岡高専	1311.7	35	0	0.95	33.25	13	46.25	61	
31	アッセンブリッジ	松江高専	715.2	20	0	0.95	19.00	21	40.00	62	

註　*1　最優秀賞：最優秀賞（国土交通大臣賞）　　*2　優秀賞：優秀賞（日本建設業連合会会長賞）
　*軽量点：軽量順で上位20作品に得点。1位：20点、2位以降は1点ずつ減じた点数。
　*係数：載荷装置への設置時間制限規定に関する係数。90秒を超えた作品は、（載荷点＋軽量点）に0.95を乗じる
　*競技得点＝（載荷点＋軽量点）×係数　　*総得点＝競技得点＋審査員評価点　　*総得点が同点の場合は、軽量点が高い方を上位とする
　*総得点と軽量点が同点の場合は、同順位とする　　*表中の作品名は、サブタイトルを省略

本選審査経過

紙製ブリッジによる対決
軽量点と審査員評価点が勝敗の分岐点に

企画：
4年間続いた「銅線」を卒業し「紙」へ

　「銅」を素材とするブリッジの課題は、2015年の和歌山大会以降、4年間続いてきた。2017年岐阜大会では、固定荷重（集中荷重）に加えて移動荷重にも耐える課題となり、2018年北海道大会では、素材は「銅」のままで、載荷条件に張り出し部の作成とブリッジの重量制限が追加された。

　東京大会の主催側は、2017年岐阜大会を下見した時から、2018年北海道大会で素材を変更するとの噂に耳を傾けて動向を見守りつつ、素材変更の道を検討していた。依然として「銅」はコストがかかる点が問題となっていた。また、2017年以来、デザコンに参加してきたモンゴルの高専は、現地で「銅」の入手が容易でなかったという。2018年北海道大会の募集要項が4月に公開され、素材は「銅」のままだと知ってからも、まだ東京大会の素材をどうするか悩んでいた。2018年9月頃、いよいよ東京大会のフライヤー制作に着手せねばならず、決断を迫られた。熟慮の末、東京ならではのチャレンジをしたいという考えの下、素材に「紙」を選択した。「紙」であれば安価で、モンゴルでも簡単に入手でき、「銅」と比べて加工も容易である。

　課題テーマは「紙」と「神」をかけて、2016年の流行語大賞「神ってる」に因んで選定した。後に述べるように、「カミってる!!」は最終段階をクリアした作品に対する声援になった。

　「紙」を素材とするブリッジは2008年高松大会以来であり、以後の大会で発展し続けることを期待して、当初は、可能な限り制限の少ない競技内容にしたいと考えていた。しかしながら、結果的には、公平な競技を担保するために、ある程度の制限を設けることになった。一方で、紙の長所

を生かし、製作物の着色を認めた（本書63ページ～参照）。

　載荷条件を決めるにあたり、従来の載荷装置を利用すること、受賞作品の保全に留意した。また、安全面に配慮し、移動荷重をやめて固定荷重（集中荷重）のみを載荷することとした。ブリッジの水平スパン長は、2018年北海道大会同様に900mmのままであるが、900mmぴったりで設計された作品がやや短くて両支点に載らないと困るので、どちらかと言えばスパン長が長くなるよう、公差*1 0～＋5mmを指定した。載荷治具*2を取り付ける位置は左右対称とし、2018年大会の載荷治具の一部を変更する程度とした。

　審査員審査では、審査員の独自の審査基準で参加作品を評価する。その評価点が勝敗の分かれ目となるため、参加学生の要望もあり、募集要項に評価項目を明記した。

　また、2018年大会では、軽量順で上位10作品までに与えた軽量点を10作品分増やし、上位20作品までとした。

　今回の大会では、従来の電子メールによる手続きと併行して、ウェブによる手続きも採用。結果、募集要項に対する質疑は、電子メールで3件、ウェブで6件あった。エントリーとポスター事前提出は、電子メールで13作品、ウェブで49作品あった。クラウドサービス「Google Form」の利用によって、入力データがスプレッドシートで手に入ったため、一括のデータ処理が容易であった。その反面、個々のデータに目を通すことがないため不備を見つけにくかった。

註　＊1　公差：基準値から許容される最大値と最小値の差
　　＊2　治具：加工したり組み立てる時、部品や工具の作業位置の指示、誘導に使う器具の総称。本書64ページ図2参照

仕様確認：
穴に載荷棒を通せるか、がポイントに

仕様確認前のオリエンテーションでは、参加学生の目の前で、実際に仕様確認に使用する装置を並べて、仕様確認の方法と考え方をていねいに説明した。製作限界をチェックするアクリル製ボックスにブリッジを入れるのは参加学生、ボックスの蓋を閉め、最初に載荷棒を挿入するのはスタッフ、もし載荷棒が通らなかったら参加学生が挿入、といったように参加学生とスタッフの役割を明確にし、参加学生が確認結果に納得できるように工夫した。また、載荷棒が通らない場合には、スタッフが寸法を測るなどして、どの程度の修正が必要なのか、参加学生が具体的な数値を把握できるようにした。

1回めの仕様確認でクリアした作品は44作品、修正して2回めで10作品、3回めで7作品、8回めで1作品であった。主な不備は、穴状の空間に載荷棒が通らないことで、ずれが大きいものでは、穴と載荷棒の位置が、載荷棒径の半分ずれていた作品もあった。また、載荷棒の下部のみ覆うような作品には、2点の載荷棒の距離が仕様と合わないものも見られた。

質量計量では、不安定な計量治具に注意しつつ、3回測定したうちの最小値を採用した。これも参加学生から直接、スタッフに計量数値を報告させることで、参加学生が納得した結果となるよう心がけた。

10:30からのオリエンテーション終了後、10:50から仕様確認を開始。11:45で午前の部を終了し、昼食休憩をはさんで、予定通り12:30に午後の部を再開した。予定の

14:30を少し過ぎた頃、ほぼすべての作品が仕様確認をクリアした。14:30を超えたのは2作品で、14:50には全参加作品の仕様確認が終了した。

審査員審査：
素材が変わっても驚きの完成度

予定通り14:30に開始し、17:10に終了した。開始時に各作品の展示ブースに発表する学生以外の人々が残っていたため、それらの人たちが退いてから、審査員審査を順次開始した。この時には、ほぼすべての作品が仕様確認を終了しており、2018年同様、審査員3人が一緒に各作品の展示ブースを作品番号順に巡って審査した。各作品ごとに参加学生1人がプレゼンテーションを行ない、作品のコンセプトや工夫した点を審査員にアピールした。時間配分は、2018年同様、プレゼンテーション1分以内、その後の質疑応答30秒を目安に進められた。今回の審査員審査では「プレゼンテーション」「作品の構造性」「作品の出来栄え（配色も含む）」の3項目で作品を評価した。

紙の素材の初回ということもあって、学生たちは、紙の特徴を考慮した加工、組立て、力学的特徴など、多面的な観点から作品をアピールしていた。また、紙は作品の製作が容易なため、ほぼすべての作品が着色され、中には民芸品として販売できそうな完成度の高いものもあった。

構造デザイン

耐荷性能試験：
3／4が全過程をクリア

耐荷性能試験実施前のオリエンテーションで、参加学生たちに入場から退場までの動きをていねいに説明した。その際、「載荷治具*2を取り付ける時、取り付け台を使わずに、直接載荷台で取り付けてよいか」という質問が出たので、許可した。また、ブリッジのスパン長さを載荷前に確認する許可も与えた。

耐荷性能試験は、例年通り、作品の質量の大きい順に、4台の載荷装置を用いて、4作品同時に行なった（表2参照）。客席後方からも載荷の様子がよく見えるように、各載荷台背後のスクリーンの中央に200インチの大型スクリーンを吊り下げ、各載荷台を4台のカメラで撮影したライブ映像を4分割して、マトリクス配置した画面に放映した。この映像はデザコン公式フェイスブックでライブ配信された。

9：10より耐荷性能試験をスタート。第1グループの4作品が準備を整え、待機エリアでヘルメット、ゴーグル、軍手を身に付けた各作品3人が載荷装置の前へ進み、ブリッジを載荷治具取り付け台に置く。司会の「設置開始」の声とともに、4作品一斉に載荷台への設置作業が始まった。設置に与えられた時間は90秒。載荷治具などによる初期荷重は7kgf*3で、その後、載荷段階に突入する。

30kgfまでは10kgfずつおもりを載荷し、続いて50kgfまでは5kgfずつおもりを載荷する。載荷段階ごとに10秒間の載荷状態を保持できれば成功だ。各作品が最終段階をクリアした時には、司会者に合わせて、会場から「カミてる！！」の声援が自然と起こり、大変盛り上がった。各グループの耐荷性能試験終了後には、各作品の学生へインタビューを実施。作品のアピール点、作品名の由来、着色のこだわり、試験を終えての感想、来年への豊富などを語ってもらった。

全62作品のうち47作品が50kgfのおもりに耐えて最終段階を成功した。2018年は60作品中20作品、2017年は57作品中27作品が最終段階を成功したことに比べて、今回はかなり高い割合であり、学生たちの設計能力の高さ

を改めて感じた。

なお、2017年と2018年の大会では、試行として、競技終了後に、複数の参加チームが作品を持ち寄って学生間で情報交換できる場を設けてきたが、今回は、これを学生情報交換会として正式に実施した。昼食休憩後の審査の間に、仕様確認時の作業エリアと作品展示エリアの一部を利用して開催。多数のチームが自主的に作品を提供しくれた。各作品ごとに1〜2人の学生が自作について熱く語り、聞き手の学生たちは注意深く耳を傾けていた。学生が互いに切磋琢磨する特別な機会として、今後も継続を願っている。

註　*2　治具：本書57ページ註2、64ページ図2参照
　　*3　kgf：重量キログラム。重さ、重力、力、荷重など物体にかかる力を表す単位。地球上では、10kgfは10kgの物体にかかる力（重力）

表2　耐荷性能試験の載荷順

載荷順	載荷装置 A				載荷装置 B				載荷装置 C				載荷装置 D			
	作品番号	高専名(キャンパス名)	作品名	質量(g)	作品番号	高専名(キャンパス名)	作品名	質量(g)	作品番号	高専名(キャンパス名)	作品名	質量(g)	作品番号	高専名(キャンパス名)	作品名	質量(g)
①	49	和歌山高専	無敵X	2716.1	22	香川高専(高松)	トラーチ橋	2329.9	50	和歌山高専	無敵TP	2192.0	45	苫小牧高専	白鳥Shea橋	1871.1
②	40	神戸市立高専	紐	1646.1	30	長野高専	THE ORIGIN	1525.5	57	八戸高専	津軽改橋	1516.0	60	サレジオ高専	+PLUS	1502.4
③	07	長岡高専	TRI△NGLE	1311.7	46	長野高専	PUENTE PONTE BRIDGE	1251.2	42	神戸市立高専	神戸大橋	1195.0	23	香川高専(高松)	Resilience Bridge	1065.9
④	12	岐阜高専	Layer Bridge	1045.9	56	阿南高専	四国の右端の桁橋	907.5	44	東京都立産業技術高専(品川)	港	894.2	17	仙台高専(名取)	「シンプルな橋」を目指して	893.9
⑤	55	阿南高専	アーチからトラスへ改修中	892.7	32	福島高専	登龍門	827.8	11	岐阜高専	岐阜の富士	807.5	61	大阪府立大学高専	紙工鬼斧	748.6
⑥	31	松江高専	アッセンブリッジ	715.2	59	大阪府大高専	Cool Poko	695.6	21	国際高専	白山小町	637.4	10	豊田高専	OR橋	601.2
⑦	29	釧路高専	カムイ	575.1	09	群馬高専	TENACITY	557.7	39	石川高専	双舞	532.1	36	福島高専	名橋「紙粋」	499.1
⑧	19	鹿児島高専	Cute! FROG bridge	468.0	20	国際高専	五彩	450.4	24	明石高専	藤	431.8	43	津山高専	ハリー	421.2
⑨	34	近畿大学高専	paper strength	409.4	53	秋田高専	さどめんこ	402.9	08	群馬高専	Salamander	356.4	62	明石高専	For the Earth	345.8
⑩	15	仙台高専(名取)	Kumu	336.0	04	有明高専	TOTHM'S ARCH	324.3	03	有明高専	ハニカミ	309.7	58	釧路高専	Gambrel	300.0
⑪	26	都城高専	こんにちはイン TOKIO	299.5	14	徳山高専	百載武弓	298.9	47	福井高専	TRY-angle	295.4	52	秋田高専	TRIFORCE	283.4
⑫	48	福井高専	賢	280.8	27	都城高専	橋持つかんな!!	279.1	02	舞鶴高専	橋の耐荷重を知る人よ	266.5	01	舞鶴高専	アーチ・マイテル選手	262.3
⑬	35	近畿大学高専	紆余委蛇	251.1	05	新居浜高専	絵になる橋	247.9	51	石川高専	馬龍組	225.5	13	徳山高専	双穹	219.4
⑭	33	松江高専	ウリエルノース橋	192.0	06	新居浜高専	迫餅	188.5	41	呉高専	海凪	179.3	28	呉高専	紡弓	175.9
⑮					37	新モンゴル高専	兜橋	154.9	25	米子高専	金剛扇	150.4	16	モンゴル高専	信憑	148.9
⑯	38	新モンゴル高専	弓橋	163.5	18	小山高専	Reinforce R	138.2	54	米子高専	逞弓	116.7				

註　＊各載荷装置ごとに、仕様確認での作品質量の大きなものから順に載荷　＊表中の作品名は、読みがな、サブタイトルを省略
　　＊表中の作品番号47作品は、載荷の全過程をクリア

審査講評：
参加学生の安定した技術力と応用力

今回の課題テーマのコンセプトは、面状の素材とどう向き合うか、である。2018年までに蓄積した線状素材のノウハウを活かして、面状素材を一旦、線要素に置き換えるか、あるいは、面状のまま膜要素、平板要素、曲面板要素などとして扱うかで設計の考え方が変わってくる

薄っぺらい紙のイメージが先行し、大人1人分の重さに耐えるような橋を想像し難いようで、部外者に話すと「本当にできるのか」というような回答がよく返ってきた。そのような世間の心配をよそに、学生たちは着々と作品の軽量化に励み、100g台の重さのブリッジでトップ争いを現実化したことは大変すばらしいことである。

載荷点50満点の作品が3／4であるため、勝敗を分けたのは、やはり軽量点と審査員評価点の獲得であった。最優秀賞の米子高専『逞弓』[54]は、質量116.7gの最軽量で、軽量点が20点、審査員評価点が27点の最高点である。その栄光の陰には、最終16グループでの名勝負があったからこそ、である。質量138.2gで2番目に軽い小山高専『Reinforce R』[18]は、軽量点が19点、審査員評価点が27点と米子高専『逞弓』[54]と同点で、耐荷性能試験まで両者の差はわずかであった。残念ながら、小山高専『Reinforce R』[18]は設置に90秒以上かかり、30kgfで失敗して載荷点は20点に留まり46位に終わったが、その健闘を称えたい。耐荷性能試験で全載荷をクリアした47作品のうち、14作品が軽量点を獲得した。一方、全載荷をクリアできなかった15作品のうち、軽量点を獲得した6作品は、ぎりぎりの強度設計に挑んだ結果、敗れたものと思われる。

構造形式で見ると、山形トラス構造[*4]・ラーメン構造[*5]、アーチ構造[*6]に加え、側面や底面に膜状に紙を張った作品や、2つのアーチ構造を組み合わせた作品もあった。

そして、載荷点45点が4作品、40点が2作品、35点が3作品、30点が3作品、20点が3作品だった。2018年までは、総得点が同点の場合、測定質量の軽い作品を上位にしてきたが、今回は、軽量点の高いほうを上位とした。そのため、中ほどの順位では、複数の作品が同順位となった。紙を素材とした最初の大会であり、かつ着色も認めたことから、どのくらいの数のどのような作品が応募されるか、期待と不安が入り混じっていた。しかし、結果的に、2018年の57作品を超える62作品の応募があった。そして、いざ会場に並べられた作品を見ると、いずれも個性豊かで、完成度が高く、学生の発想の柔軟さ、適応能力の高さに感服するばかりだった。また、今年もモンゴルから3作品の応募があったが、すべて上位争いに絡んできた。そして、モンゴル高専『信憑』[16]がモンゴル勢初の優秀賞（日本建設業連合会会長賞）に輝いた。

デザコン初の東京開催の大会に、参加してくれた学生と指導教員は約350人に及んだ。大勢の人々に本大会を楽しんでもらえたことを信じ、参加者の協力で無事に大会が終了できたことに感謝する。

（稲村 栄次郎　東京都立産業技術高専〈品川〉）

註　*4　山形トラス構造形式：三角形の組合せで構成する部材を上側に出っ張った形状（山型）に組み上げた構造形式
　　*5　ラーメン構造形式：本書51ページ註3「山形ラーメン構造形式」参照
　　*6　アーチ構造形式：アーチ形に部材を組み上げた構造形式

開催概要

構造デザイン部門概要

【課題テーマ】カミってる!!

【課題概要】
ブリッジ（製作物＝作品）の素材を、2015年和歌山大会以降続いてきた「銅」から「紙」へ変更。使用できる「紙」は、秤量の違う指定の3種類の製品のみ。接着剤は指定の木工用接着剤2種類のみ。ブリッジを指定の画材で着色してもよい。素材を「銅」から「紙」へ替えることによって、材質が変わるだけでなく、素材の形状も線状から面状へと変わる。「紙」がもっている強さ、軽さ、しなやかさを十分に活かし、耐荷性、軽量性、デザイン性に「カミってる」ブリッジの発見を目標とする

【審査員】岩崎 英治［審査員長］、中澤 祥二、中込 淳

【応募条件】
①高等専門学校に在籍する学生
②個人または6人以内のチームによるもの（登壇者：仕様確認は人数不問、審査員審査1人、競技3人以内）。1人1作品、各校2作品まで
③同一高専で同形、同一コンセプトの製作物は認めない
④他部門には応募不可

【応募数】62作品（305人、36高専）

【応募期間】
質疑：2019年5月7日（火）〜14日（火）
回答：2019年5月下旬より公式HPにて公開
エントリーシート提出：
　2019年10月22日（火）〜25日（金）
プレゼンテーションポスターのデータ提出：
　2019年11月25日（月）〜29日（金）

【事前提出物】
①エントリーシート：高専名、作品名、コンセプト、チームメンバー氏名、学科名、学年、指導教員氏名など
②プレゼンテーションポスターのデータ（後述「本選提出物」②のPDFデータ）

本選審査

【日時】2019年12月7日（土）〜8日（日）

【会場】
大田区産業プラザPiO　1階　大展示ホール（入口側：展示、審査員審査／奥＝メインステージ：仕様確認、耐荷性能試験）

【本選提出物】
①ブリッジ（製作物＝作品）：指定どおりのもの（本書64〜65ページ参照）
②プレゼンテーションポスター：A2判サイズ（横向き）1枚（パネル化不要）。高専名、作品名、コンセプト、作品の写真、アピールポイントを記載

【審査過程】（実績）
参加数：62作品（305人、36高専）
日時：2019年12月7日（土）
　仕様確認　10:50〜11:45、12:30〜14:50
　審査員審査　14:30〜17:10
日時：2019年12月8日（日）
　競技＝耐荷性能試験　9:10〜12:25
　学生情報交換会　12:25〜14:20
　成績集計と審査　12:30〜14:20
　審査員講評　14:20〜14:45

構造デザイン部門
応募要項と競技内容（要約）

ブリッジ（製作物＝作品）の設計・製作条件

1. 構造形式
単純支持形式の構造体

2. 載荷条件
固定荷重（集中荷重）を与える載荷方式
固定荷重：ブリッジを載荷装置に載せ、ブリッジの左右対称の位置に載荷する。順次、おもりを作用させる（図4参照）
製作限界内のSa点に径22φの丸鋼を通し、その両端に外側から載荷治具[*1]（図2参照）を組み込み、丸鋼の両端にナットを取り付け、製作限界の幅200mmを確保する。Sb点でも同様にし、載荷治具の他端同士をSc点で径22φの丸棒を通してその両端にナットを取り付ける。このSc点を通す丸鋼の中央に付いた吊りピースに載荷ワイヤ先端のフックをかけることにより荷重を載荷する（図1、写真1参照）

3. 支持条件
ブリッジを載せることができる支持部はRa点、Rb点の2カ所（図1、図3参照）
①Ra点：水平方向の移動が固定された「ピン支持」
②Rb点：リニアガイド（ミスミ製SXR28）を組み込んで水平方向に移動可能な「ローラー支持」
ブリッジを載荷台に設置する際、ブリッジが支点と接することができるのは、支持部の直角二等辺三角形（1辺20mm）の山形鋼頭頂部のみとする。また、載荷により製作物が変形した場合は、山形鋼の他の面に接触しても構わない

4. 寸法
図1に示す製作限界内に収まる寸法とする。支点間の水平スパン長900mmの単純支持形式の構造体（ブリッジ）である。ただし、載荷装置の水平スパン長の公差[*2]は、0～＋5mmとする

5. 質量
質量測定には、エー・アンド・デイ製「EK-4100i（秤量4,000g、最小表示0.1g）」を使用（計量用台の質量は600g）。質量は、製作物と計量用台の合計質量をこの計量器で計量できる範囲内（製作物の質量：3,400g以下）

6. 使用材料
①使用可能な材料は、紙と木工用接着剤
②紙は次の3製品に限る。必ずしも全製品を使用する必要はない。同等品の使用は不可
　1）アサヒ（紙）　包装用クラフト紙（厚口）
　　寸法900mm×27mまたは1,200mm×27m、秤量70g／m²、厚さ約0.095mm、ラミネート加工なし
　2）コクヨ　板目表紙A3判
　　寸法424×303mm、秤量500g／m²、厚さ約0.6mm、両面白色
　3）ジョーホク　工作用ボール紙（カルトナージュ）
　　寸法320×440mm、秤量1,350g／m²、厚さ約2mm、両面グレー
③木工用接着剤：主成分が酢酸ビニル樹脂系エマルジョン形で、次のいずれか
　1）コニシ　ボンド木工用　CH18
　2）セメダイン　木工用（605）

7. 部材の加工・接着
①紙を任意形状に切ったり、折ったり、よじったり、丸めたりしてもよい
②一度溶かすなど使用材料の原形をとどめないような使い方は不可
③接着剤での紙同士の接着は可
④複数枚の紙を接着剤で貼り合わせてもよい。ただし、単に紙自体の強度を増すなど、接着以外の目的での含浸処理は不可

8. 製作物の着色
以下の画材を用いて、製作物の表面を着色してもよい
①トンボ鉛筆の色鉛筆（油性）
②三菱鉛筆（uni）のプロッキー（水性）
③サクラクレパスのマット水彩（水性）

9. 初期荷重
載荷治具、スプリングフック、載荷ワイヤ、おもり受けなどの総質量7kgが初期荷重として作用するが、耐荷荷重には含めない

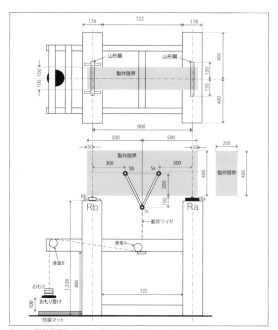

図1：載荷装置平面図／立面図（単位：mm）

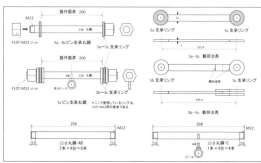

図2：載荷治具（単位：mm）

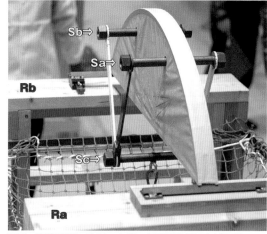

写真1：耐荷性能試験／載荷台へのブリッジ設置状態（米子高専［54］）

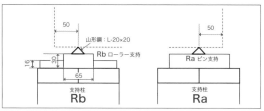

図3：載荷台支持柱（単位：mm）

競技内容　▶競技＝耐荷性能試験

製作したブリッジの耐荷性能を競う

1. 載荷順

仕様確認の際に計測した質量の大きい順に、4台の載荷装置を使い4組のブリッジ（製作物）に同時に載荷する（本書61ページ表2参照）

2. 載荷装置への設置

①ブリッジ（製作物）を載荷台に設置する際は「設置開始」の合図から90秒以内に設置すること
②載荷治具の設置を完了した時点で手を挙げ、競技審判に設置完了の合図をすること
③時間内に設置が完了しない場合は、載荷点と軽量点に0.95を乗じた値が競技得点
④設置完了後、競技審判が載荷条件を満足しているかを確認。確認終了後、載荷競技を開始

3. 載荷方法（図4参照）

①初期荷重は7kgf[*3]とし、追加で50kgfまでおもりを載荷する
②30kgfまでは、10kgf刻み、30kgf以降は5kgf刻みで載荷
③各載荷段階では、載荷後10秒間の耐荷状態を確認後、次の載荷段階へ移る
④耐荷状態とは、おもり受けが防振マットに接していない状態のこと

4. 競技の継続不能状況

Sc点に変位がない状態で、おもり受けと防振マットの距離は100mm（図1参照）。おもり受けが防振マットに接した場合、製作物に破断が生じていなくても崩壊しているものとみなし、競技を終了

審査方法

「耐荷性能試験」「審査員審査」を通して、製作されたブリッジの耐荷性能、軽量化、デザイン性などを競う
応募作品（ブリッジ〈製作物〉、プレゼンテーションポスター）は、①競技得点と②審査員評価点を合計した③総得点により評価する
③総得点より、得点順位を得る。なお、同点の場合は、軽量点が高い方を上位とする

①競技得点
競技得点は、載荷点と軽量点の合計に係数を乗じた値とする
●載荷点：耐荷荷重のkgf数を点数とする（50点満点）
●軽量点：軽量順で上位20作品に得点を与える（20点満点）。1位の作品に20点、2位以降には1点ずつ減じた点数（＝21−順位）を与え、最小軽量点を0点とする。製作物の質量が同じ作品には同軽量点を与える。ただし、製作物を載荷装置にセットし、耐荷性能試験に入る前に耐荷状態でなくなった場合は軽量点の対象としない
●係数：載荷装置への設置時間制限規定に関する係数。90秒以内に設置を完了した場合は1、90秒を超えて設置を完了した場合は0.95

競技得点＝（載荷点 ＋ 軽量点）×係数

②審査員評価点
●審査員評価点は30点満点とする
●審査員は、製作物の設計主旨、構造、デザイン性（配色を含む）などについて展示されている作品を巡回し、審査
●審査中、各作品ごとに参加学生1人が審査員に対し1分以内に発表し、質疑（30秒程度）に答える（写真4参照）
●審査は「プレゼンテーション」「作品の構造性」「作品の出来栄え（「配色」含）」の3項目で評価
●競技（耐荷性能試験）前に各作品の得点を該当者のみに伝達

③総得点

総得点＝競技得点＋審査員評価点

写真2：耐荷性能試験／30kgfの載荷待ち（福井高専［47］）

各回の載荷荷重	合計固定荷重	得点	累計得点
10kgf	10kgf	10点	10点
10kgf	20kgf	10点	20点
10kgf	30kgf	10点	30点
5kgf	35kgf	5点	35点
5kgf	40kgf	5点	40点
5kgf	45kgf	5点	45点
5kgf	50kgf	5点	50点

図4：載荷手順フローと得点

写真3：耐荷性能試験／最終段階での載荷合計＝50kgf（福井高専［48］）

写真4：審査員審査（岐阜高専［12］）

註　＊1　治具：本書57ページ註2、64ページ図2参照
　　＊2　公差：本書57ページ註1参照
　　＊3　kgf：本書60ページ註3参照

本選 56 作品

㉘ 呉高専

質量：175.9g　総得点：85.00

紡弓——つむぎ

◎難波 宗功、椿 彩、長沖 嶺、平本 晴也［プロジェクトデザイン工学専攻専攻科2年］
担当教員：河村 進一［環境都市工学科］

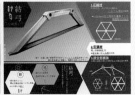
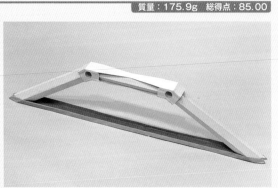

---

⑥ 新居浜高専

質量：188.5g　総得点：85.00

迫餅

◎羽藤 篤志、杉田 悠宇樹（5年）、神野 昂（4年）［機械工学科］
担当教員：松田 雄二［機械工学科］

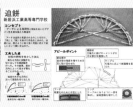

㊲ 新モンゴル高専

質量：154.9g　総得点：83.70

兜橋
かぶときょう

◎バヤルサイハン・ツェングーン、スヘボルド・アノジン、
ツェンドアュシ・ノミンダリ、エルデネダライ・スルドバト、バトトゥムル・チンバト、
バトトルガ・エンフトルガ［土木建築工学科5年］
担当教員：バヤルサイハン・ナランバータル、ワタヌキ・ヒサシ［土木建築工学科］

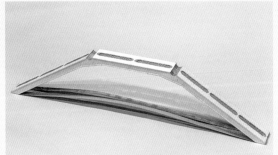

---

① 舞鶴高専

質量：262.3g　総得点：79.00

アーチ・マイテル選手

◎長瀬 朝暉（5年）、長澤 華美（4年）、浜村 虎太郎（3年）、田中 佑以子（2年）、
藤田 裕之、小谷 和輝（1年）［建設システム工学科］
担当教員：玉田 和也［建設システム工学科］

---

⑤ 新居浜高専　　　　　　　　　　　　　質量：247.9g　総得点：78.00

絵になる橋

◎島田 裕介、中迫 篤規（5年）、白石 憲吾（4年）［機械工学科］
担当教員：松田 雄二［機械工学科］

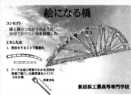

㊳ 新モンゴル高専　　　　　　　　　　　質量：163.5g　総得点：76.00

弓橋

◎アワルゼド・テヌーン、ツォグバヤル・ノムントゥグス、
ムンフタイワン・ムンフオリギル（4年）、バター・アリウンボルド、
フレルバータル・エルフレン（3年）、バドラフヨロール・インドラ（2年）［土木建
築工学科］
担当教員：バヤルサイハン・ナランバータル、ワタヌキ・ヒサシ［土木建築工学科］

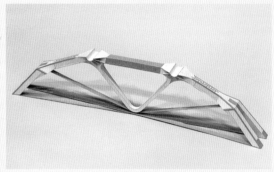

---

② 舞鶴高専　　　　　　　　　　　　　　質量：266.5g　総得点：76.00

橋の耐荷重を知る人よ

岡下 大陸（5年）、藤田 凱（4年）、◎松山 倫大、蔵内 瑚都里（2年）、下山 慶、
稲葉 壮希（1年）［建設システム工学科］
担当教員：玉田 和也［建設システム工学科］

㊽ 福井高専　　　　　　　　　　　　　　質量：280.8g　総得点：76.00

賢—— masaru

小田桐 奈海（3年）、◎渡辺 瑚乃羽（2年）、小形 光祐、谷本 大空（1年）［環境都
市工学科］／若竹 悠希［物質工学科2年］／水島 教輔［機械工学科2年］
担当教員：吉田 雅穂［環境都市工学科］

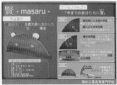
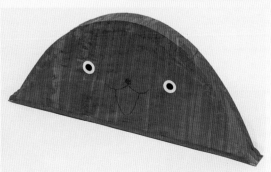

㊼ 福井高専

質量：295.4g　総得点：74.00

TRY-angle

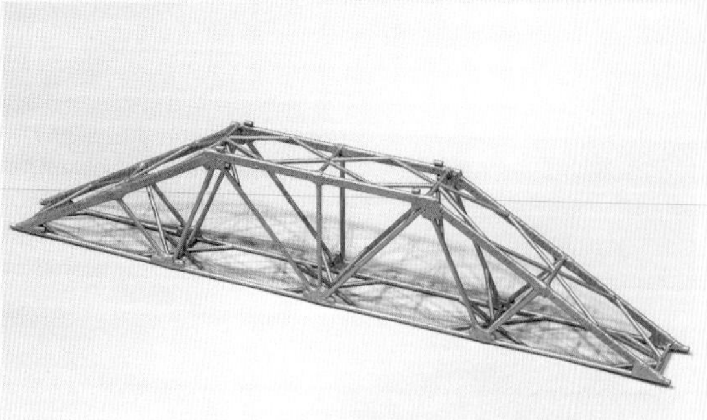

酒井 大翔、佐治 糸音（4年）、◎田中 こころ（2年）、高木 皓也（1年）［環境都市工学科］／大澤 介成［電気電子工学科2年］／新屋 慶都［物質工学科1年］
担当教員：樋口 直也［環境都市工学科］

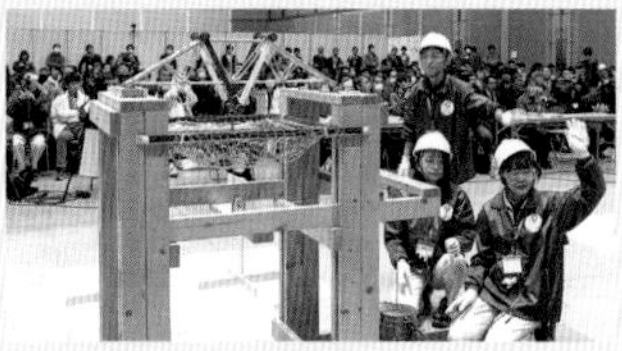

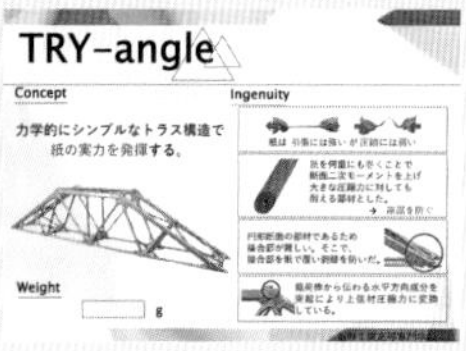

(53) 秋田高専

質量：402.9g　総得点：74.00

さどめんこ

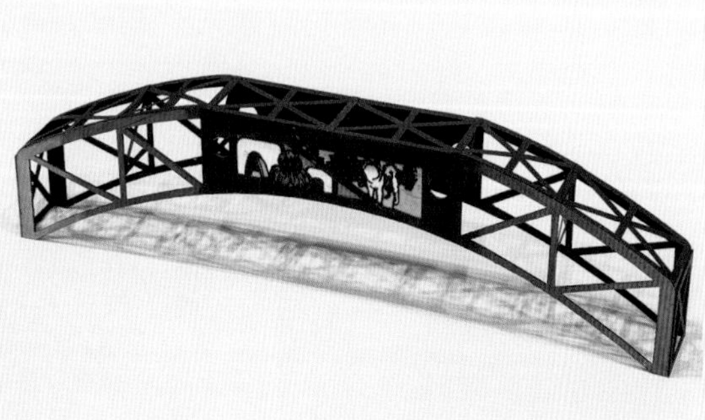

◎舘岡 浩志（5年）、北嶋 春香（4年）［環境都市工学科］／◎安藤 星空、小林 葵（3年）、鎌田 大輝（2年）［創造システム工学科土木・建築系］／上田 晴也［創造システム工学科1年］
担当教員：寺本 尚史［創造システム工学科土木・建築系］

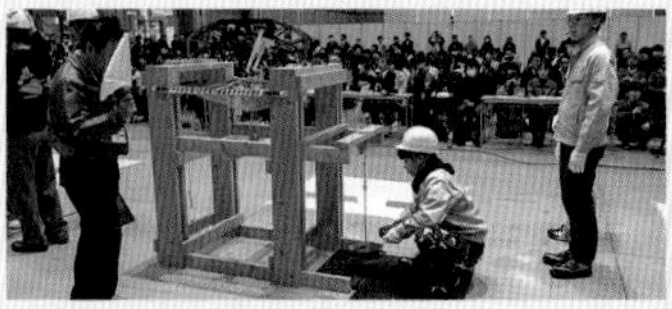

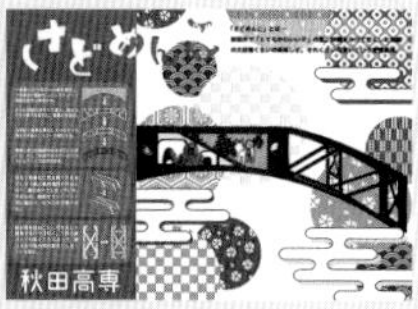

(52) 秋田高専

質量：283.4g　総得点：73.00

TRIFORCE

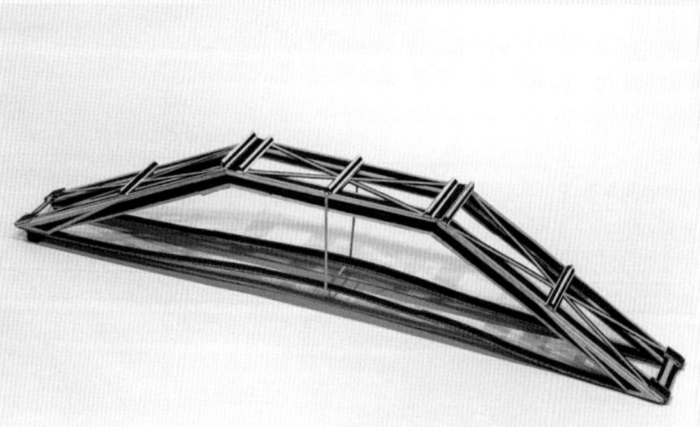

白川 光聖［環境システム工学専攻専攻科2年］／◎中塚 大雅［環境都市工学科5年］／種倉 栞（3年）、小川 太一（2年）［創造システム工学科土木・建築系］／荻原 翠、樋渡 美乃［創造システム工学科1年］
担当教員：寺本 尚史［創造システム工学科土木・建築系］

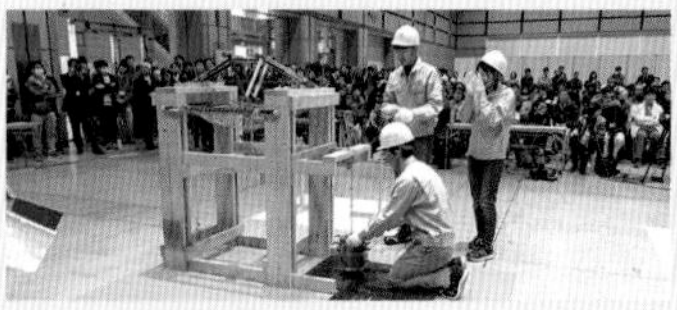

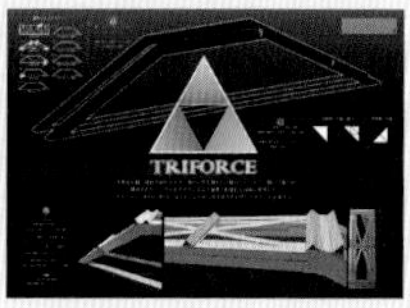

(08) 群馬高専

質量：356.4g　総得点：71.00

Salamander

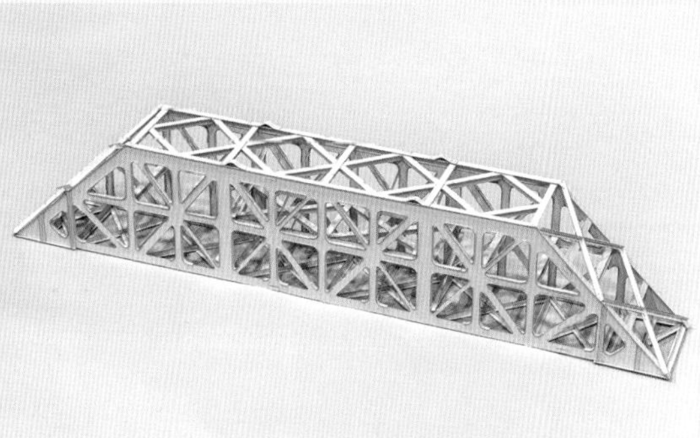

◎井澤 亮介、小暮 建斗、鈴木 るうか、大塚 望菜美（4年）、町田 宇輝（2年）［環境都市工学科］／佐藤 義明［電子メディア工学科2年］
担当教員：井上 和真［環境都市工学科］

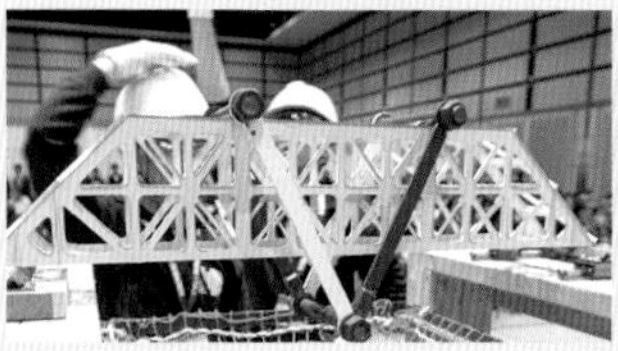

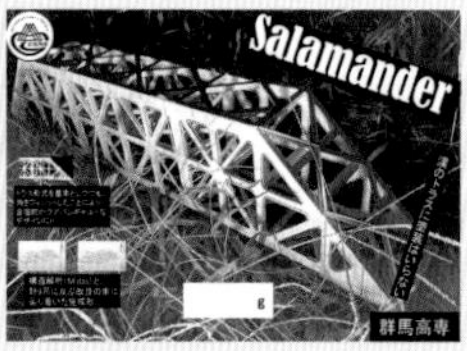

㉔ 明石高専

質量：431.8g　総得点：71.00

藤

◎逢阪 咲穂、内海 太樹、西村 祐希（4年）、石原 由貴、酒澤 一輝、中山 旭（3年）［都市システム工学科］
担当教員：三好 崇夫［都市システム工学科］

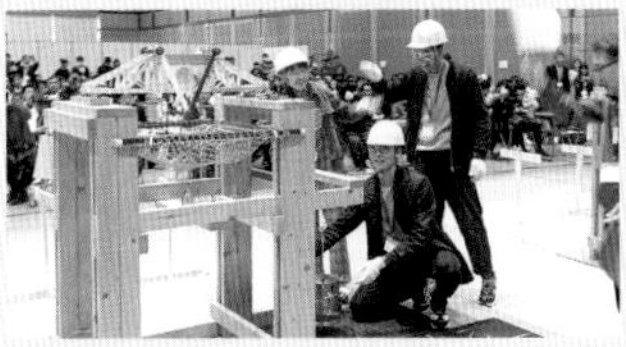

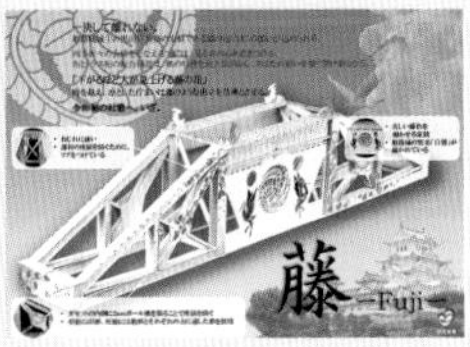

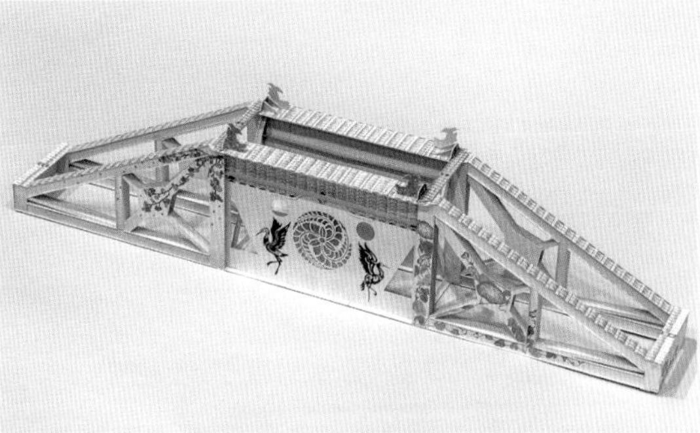

㊷ 神戸市立高専

質量：1195.0g　総得点：71.00

神戸大橋

◎三原 拓也、橋本 遼佑、村山 莉花子（3年）、藤田 潮央（1年）［都市工学科］
担当教員：上中 宏二郎［都市工学科］

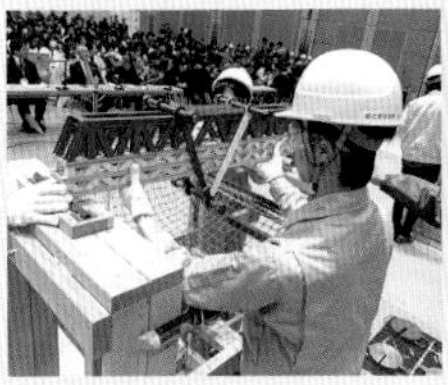

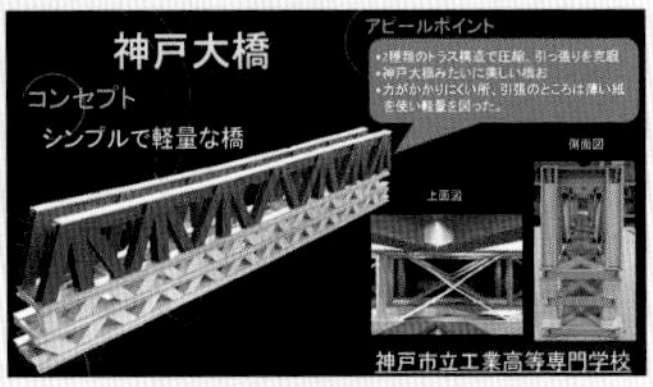

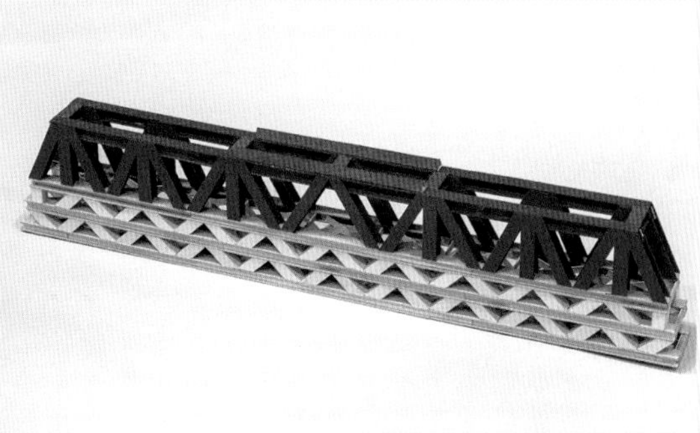

⑭ 徳山高専

質量：298.9g　総得点：70.50

百載武弓

◎中村 智哉（5年）、原 百花（4年）、角井 夕莉、北村 俊樹（3年）、井上 綾、窪田 結（2年）［土木建築工学科］
担当教員：海田 辰将［土木建築工学科］

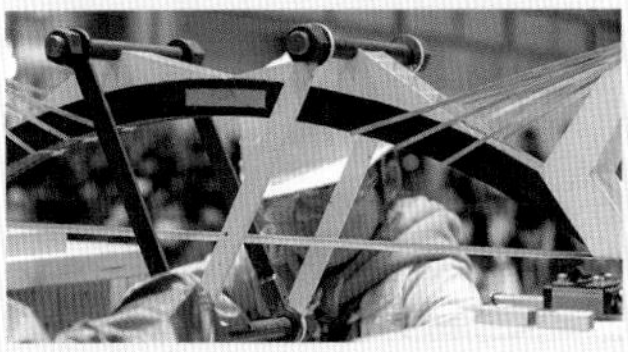

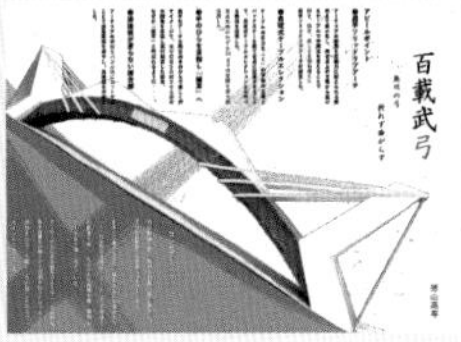

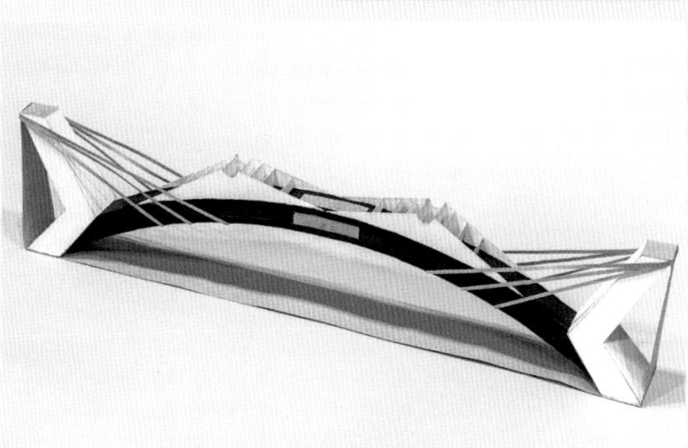

(62) 明石高専

質量：345.8g　総得点：70.00

For the Earth

◎岡崎 真子、奥村 晃弥、庄司 信彦、田中 亮太、増田 隼也［都市システム工学科4年］／杉山 峻涼［建築学科4年］
担当教員：三好 崇夫［都市システム工学科］

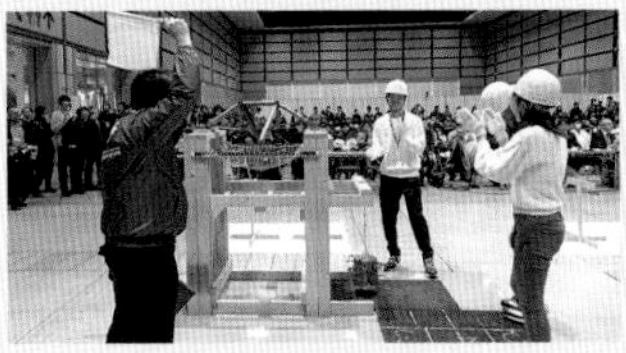

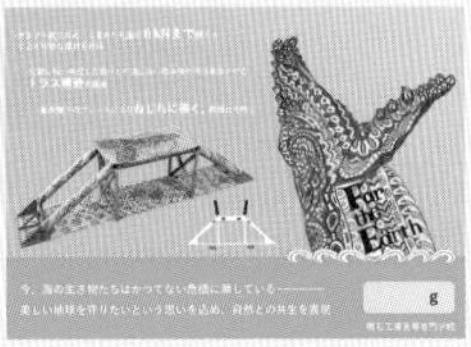

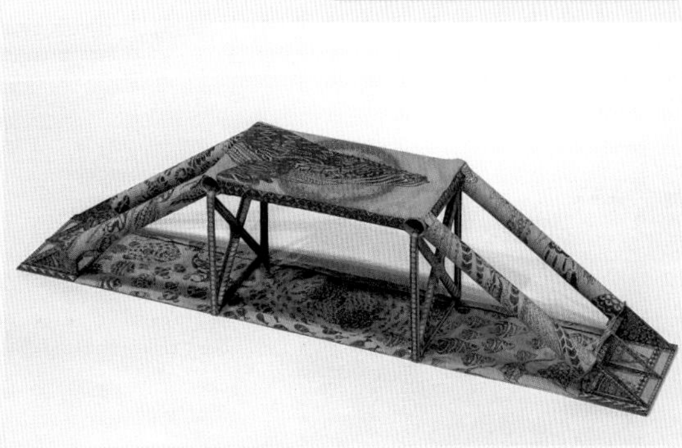

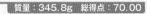

(51) 石川高専

質量：225.5g　総得点：69.30

ばりゅーせっと
馬龍組

◎木村 惇暉、神島 茉季、刀祢 毅音、中島 聖弥、三國 凪生［建築学科4年］
担当教員：船戸 慶輔［建築学科］

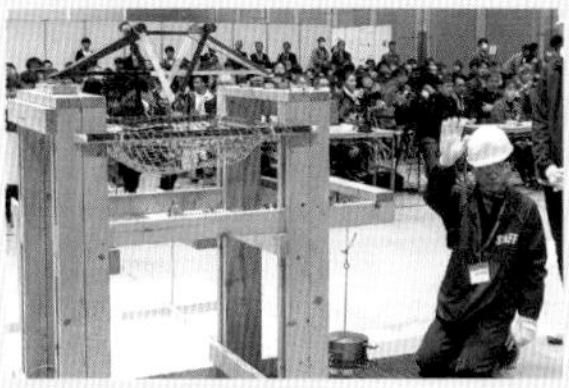

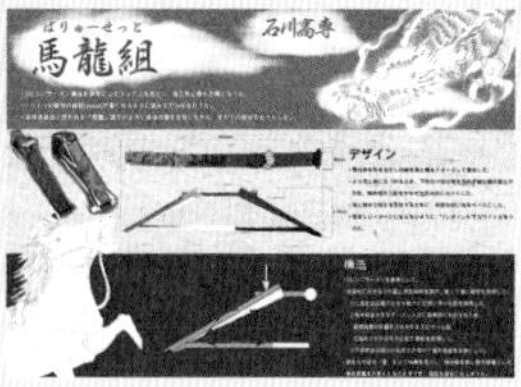

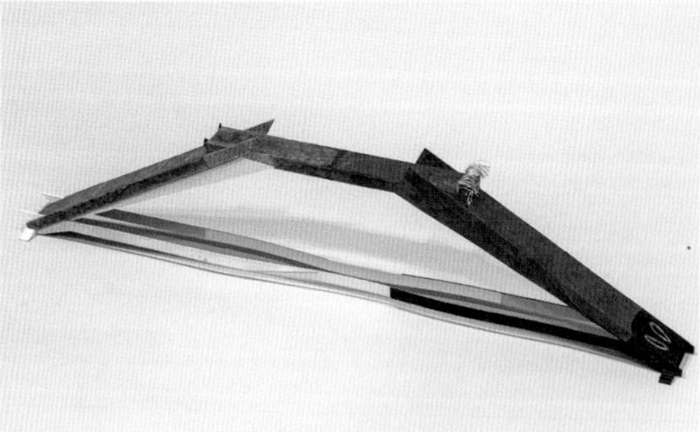

⑰ 仙台高専（名取）

質量：893.9g　総得点：69.00

「シンプルな橋」を目指して

◎平河内 拓真、中村 真史［建築デザイン学科5年］／木幡 大暉、渡邉 天翔、
木村 花音［総合工学科Ⅲ類建築デザインコース3年］／堀 瑠采［総合工学科Ⅲ類1年］
担当教員：飯藤 將之［総合工学科Ⅲ類建築デザインコース］

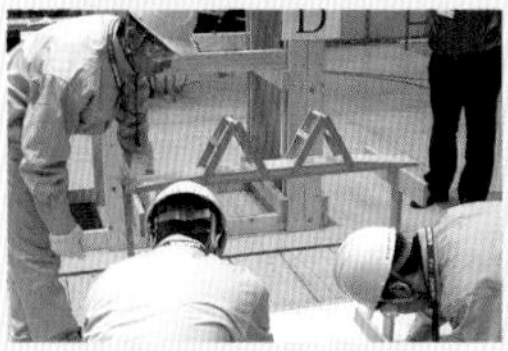

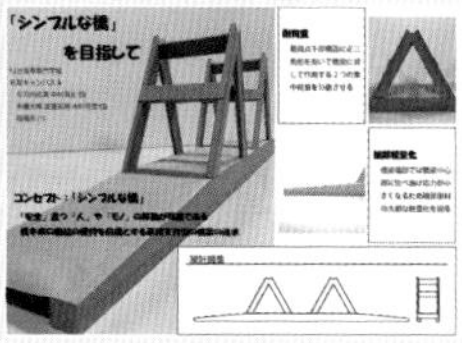

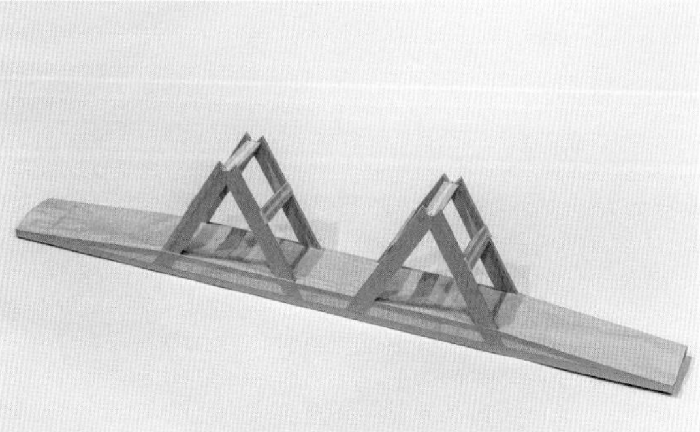

㉑ 国際高専

質量：637.4g　総得点：69.00

白山小町

◎横山 将大、北野 紘香、杉田 直、谷内野 貴稔［機械工学科5年］
担当教員：金井 亮［機械工学科］

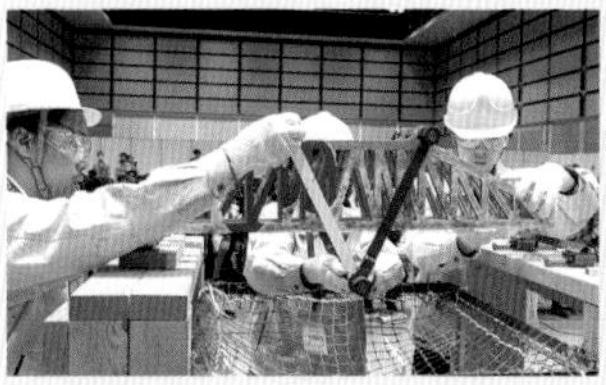

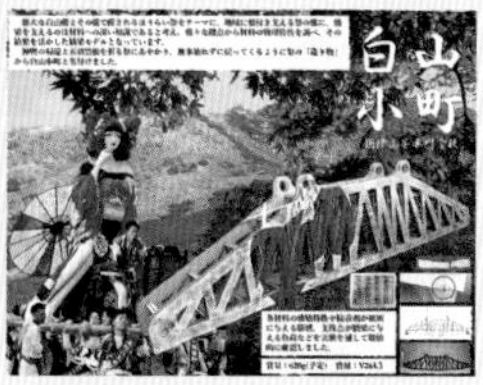

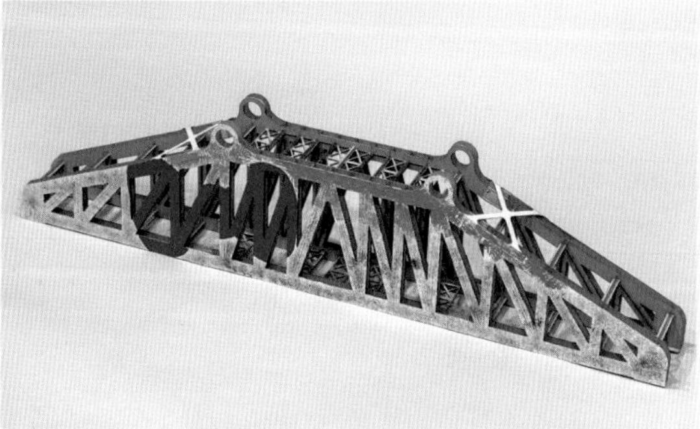

㉜ 福島高専

質量：827.8g　総得点：69.00

登龍門

◎水野 典冶、高橋 怜奈、比佐 玲香（3年）、芳賀 海音、浜田 怜、水竹 栄人（2年）
［都市システム工学科］
担当教員：橘 一光［都市システム工学科］

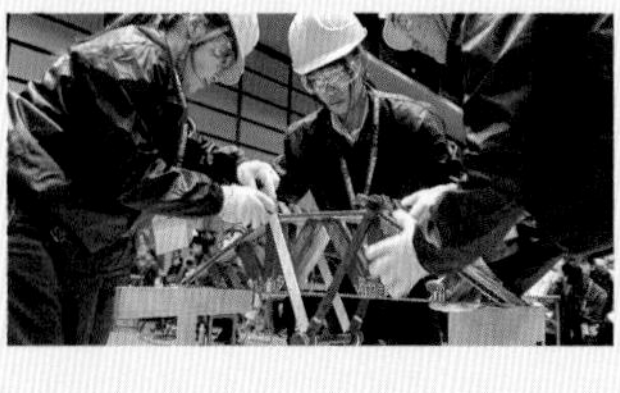

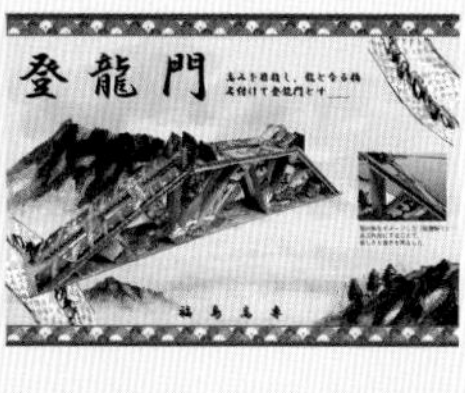

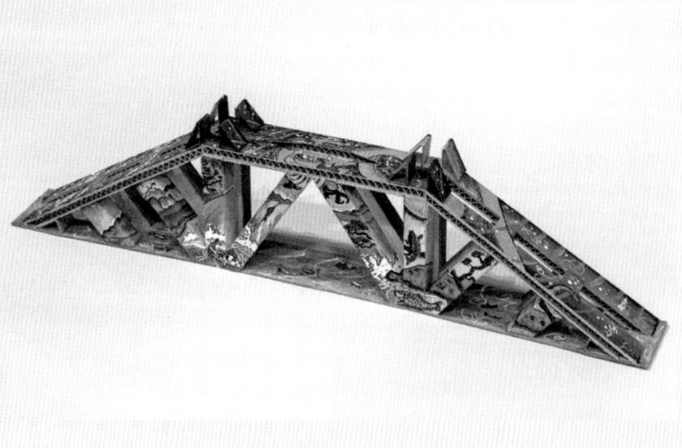

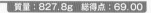

㊱ 福島高専

質量：499.1g 総得点：69.00

名橋「紙粋」

原田 一宏（5年）、◎佐藤 玄佳、岩崎 幸乃（4年）［建設環境工学科］／今井 晴子、川上 萌依、堺 ゆり［都市システム工学科3年］
担当教員：橘 一光［都市システム工学科］

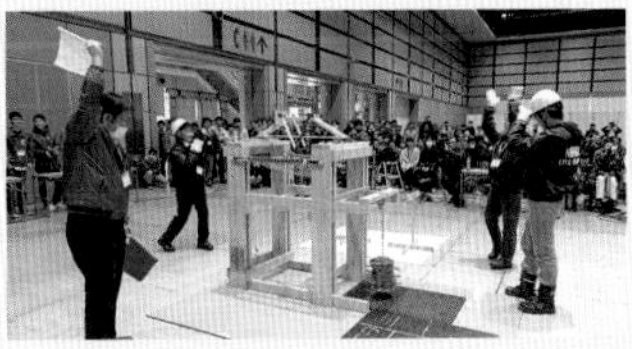
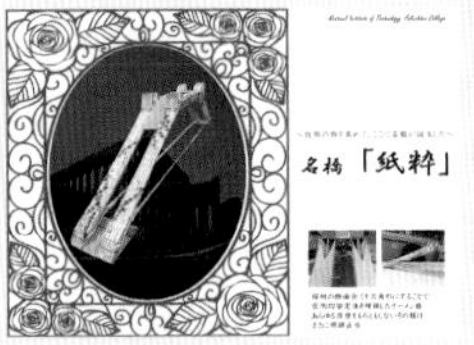

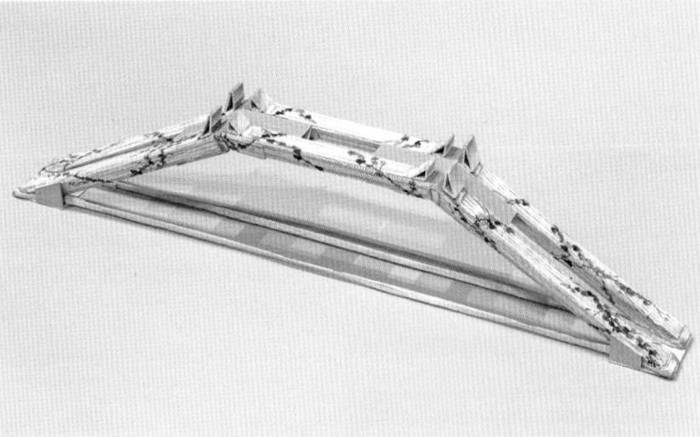

㊻ 長野高専

質量：1251.2g 総得点：69.00

PUENTE PONTE BRIDGE
——ペンテ・ポンテ・ブリッジ

◎籾山 遥希、宮島 俊介、岩渕 和生、山田 虹輝、寺田 修一郎、花岡 古都乃［環境都市工学科4年］
担当教員：奥山 雄介［環境都市工学科］

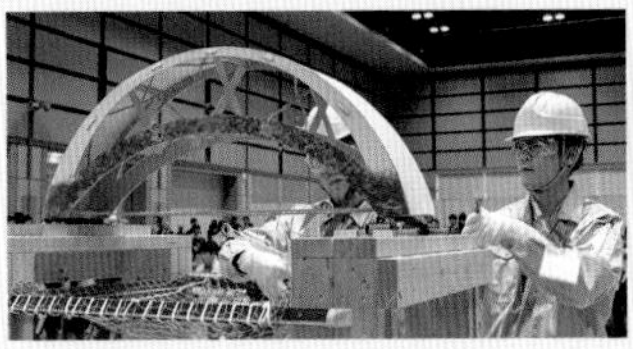
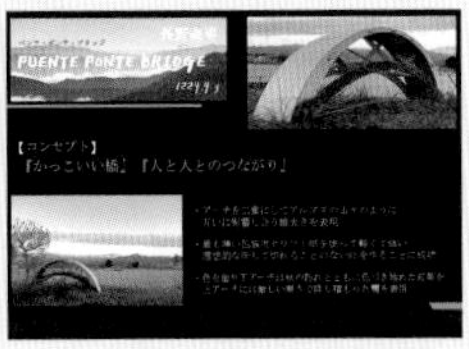

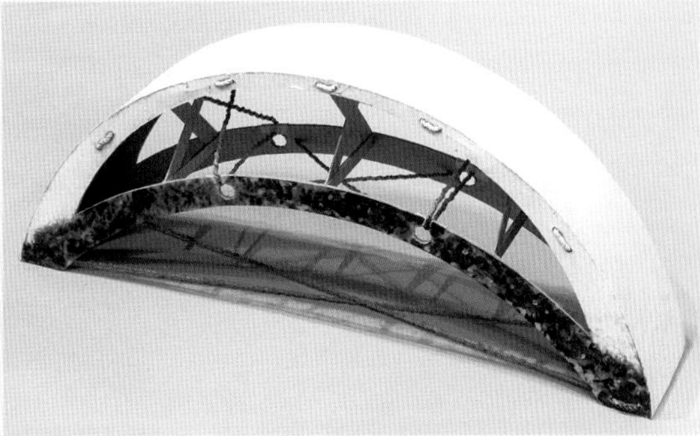

(61) 大阪府立大学高専

質量：748.6g 総得点：69.00

紙工鬼斧

◎油﨑 徹、山口 豪、中 雄太、佐藤 充宙、藤村 瑞希、八木 美帆［総合工学システム学科都市環境コース4年］
担当教員：岩本 いづみ［総合工学システム学科都市環境コース］

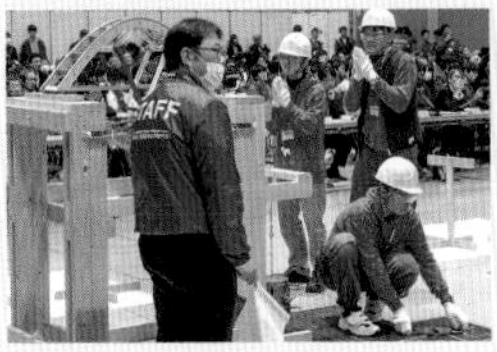
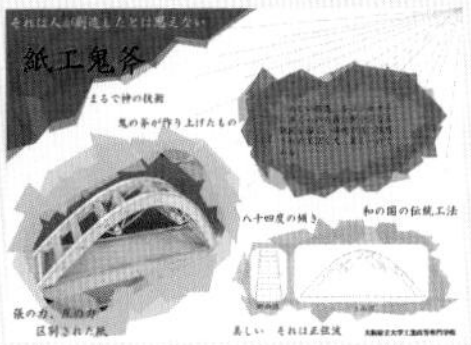

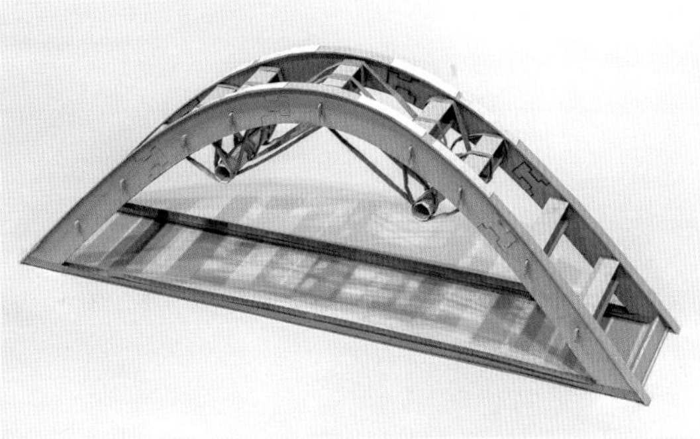

⑲ 鹿児島高専

質量：468.0g 総得点：68.50

Cute! FROG bridge

◎松下 静香、榎園 麻実、田中 由愛、德永 寿祐、松木 万奈、山口 和彦［都市環境デザイン工学科5年］
担当教員：川添 敦也［都市環境デザイン工学科］

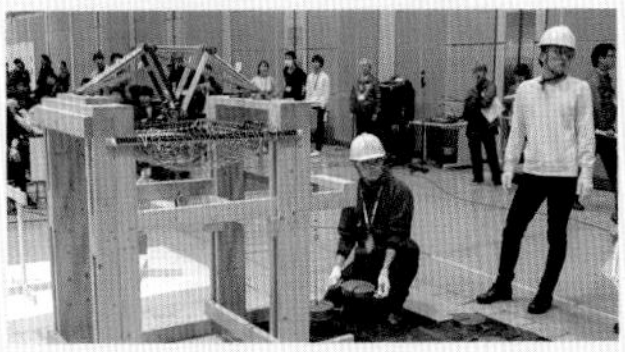
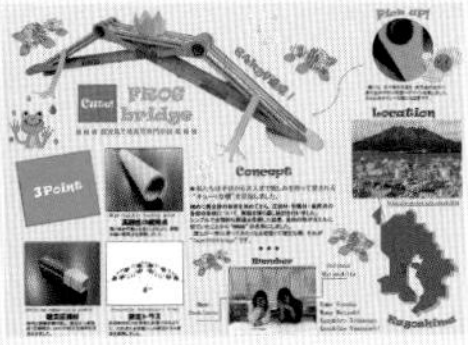

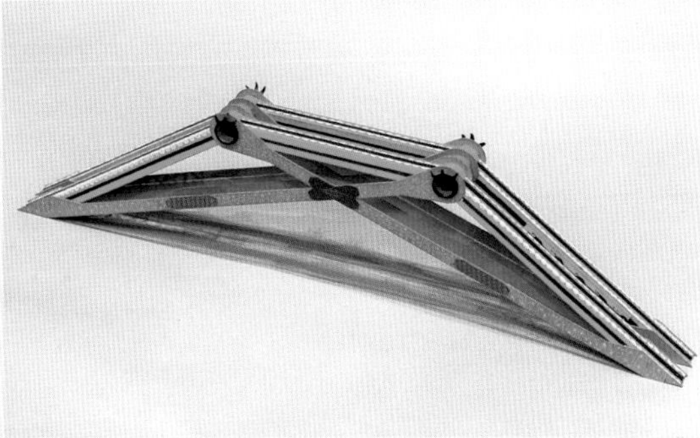

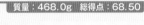

㉖ 都城高専

質量：299.5g　総得点：68.00

こんにちは　イン　TOKIO

◎本村 一馬、立元 廉（5年）、榎園 りさ子、花岡 夏美、福重 莉乃香、向原 夢月（3年）［建築学科］
担当教員：加藤 巨邦［建築学科］

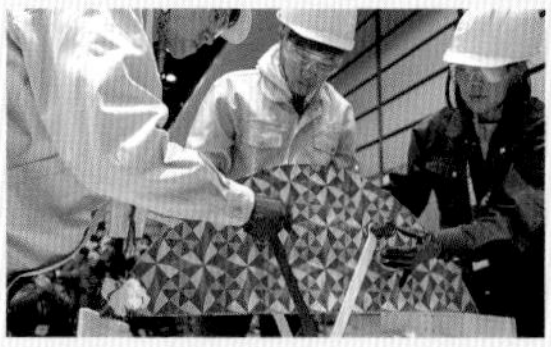

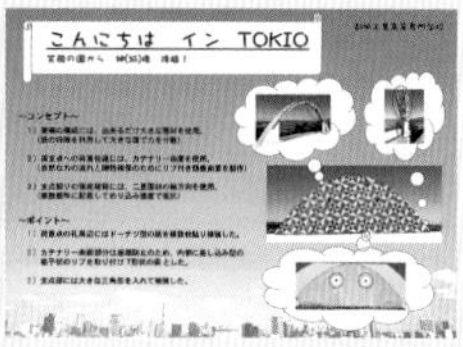

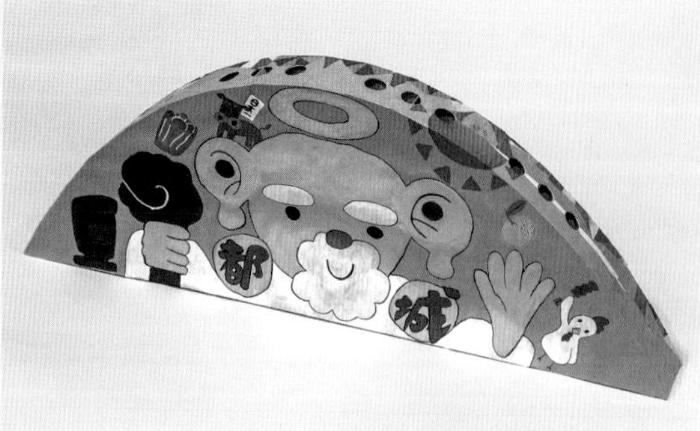

㊾ 和歌山高専

質量：2716.1g　総得点：68.00

無敵X

◎瓜生田 航平、舛田 隼（4年）、妻木 優弥、片嶋 将人、堀内 悠、坂本 祐輔（3年）［環境都市工学科］
担当教員：山田 宰［環境都市工学科］

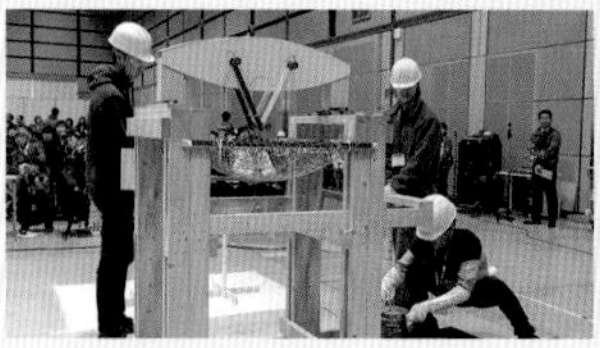

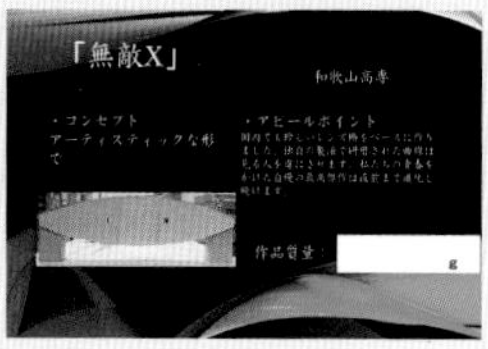

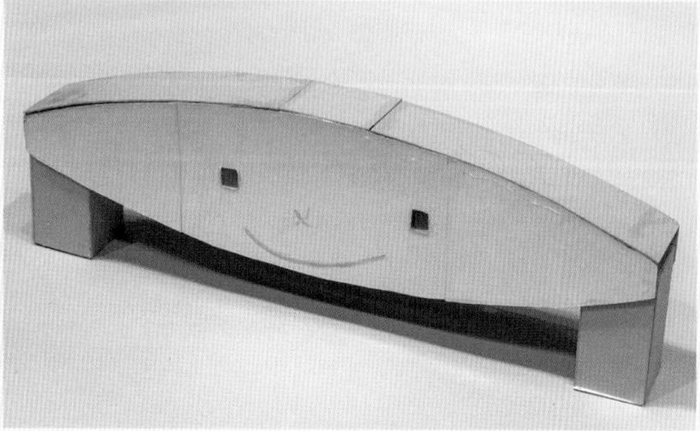

(55) 阿南高専

質量：892.7g　総得点：68.00

アーチからトラスへ改修中

◎鎌田 夏綺（5年）、白石 智也（4年）、国原 鈴乃（2年）［創造技術工学科建設コース］
担当教員：笹田 修司［創造技術工学科建設コース］

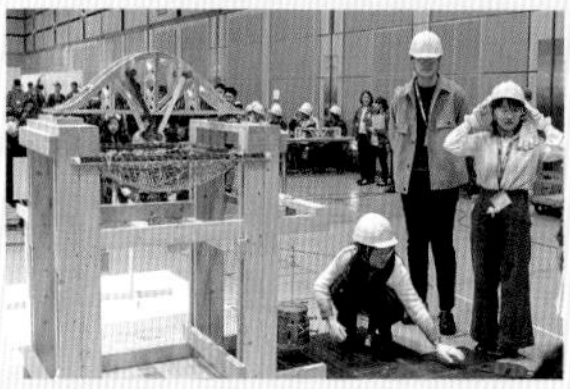

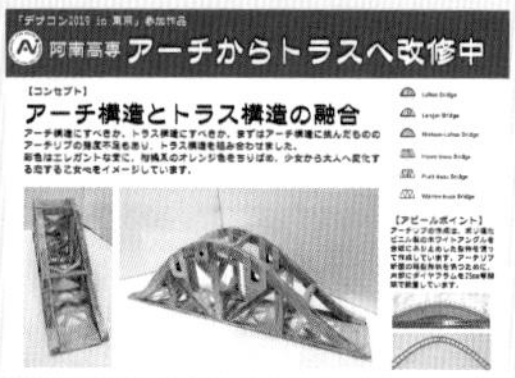

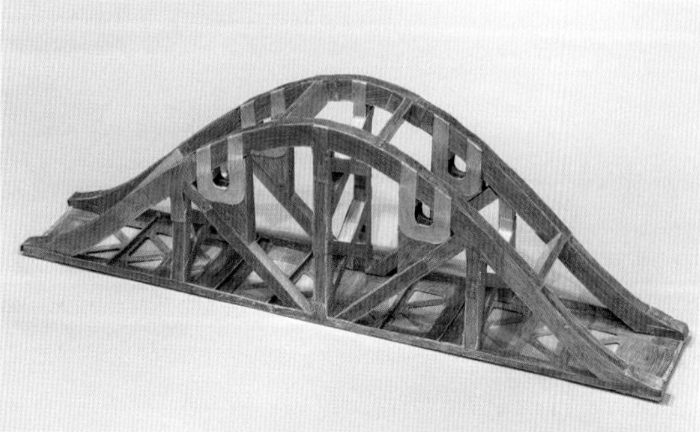

㊸ 津山高専

質量：421.2g　総得点：67.50

ハリー

◎村上 匠、上野 敬祐、山本 敦也［機械工学科5年］
担当教員：塩田 祐久［総合理工学科機械システム系］

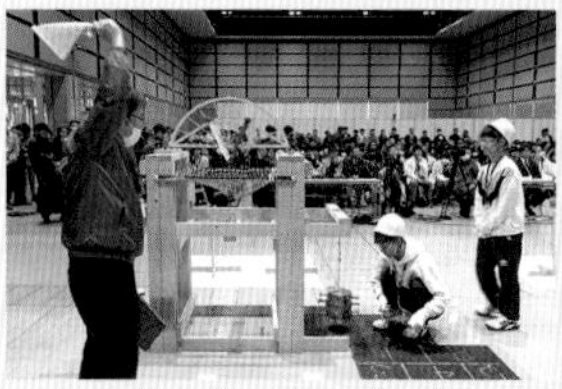

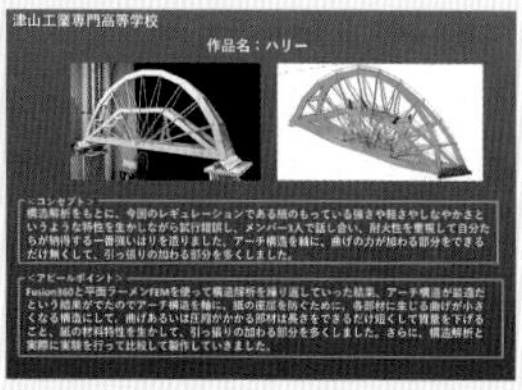

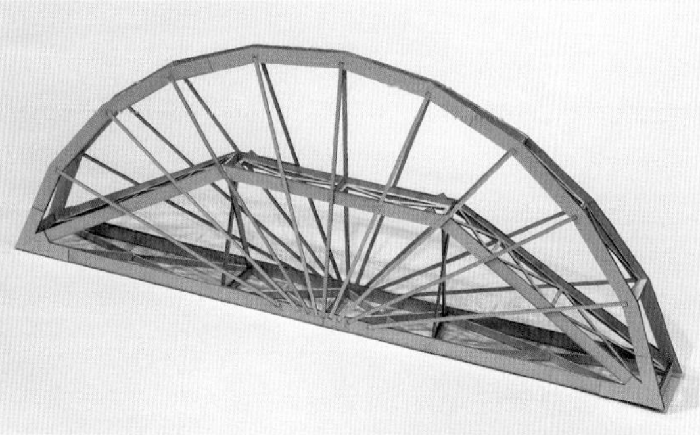

⑮ 仙台高専（名取）

Kumu

◎釘野 裕大、阿部 彩加、遠藤 翼、丹治 基規、長郷 淳一［建築デザイン学科4年］／佐藤 琉人［総合工学科Ⅲ類1年］
担当教員：飯藤 將之［総合工学科Ⅲ類建築デザインコース］

質量：336.0g　総得点：67.00

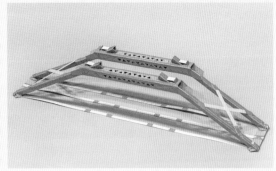

⑬ 有明高専

ハニカミ

◎西江 太成［専攻科建築学専攻専攻科2年］／松藤 直樹、開 祐之介［建築学科5年］／太田 瑞貴、麦田 佑真［創造工学科建築コース4年］
担当教員：岩下 勉［創造工学科建築コース］

質量：309.7g　総得点：66.50

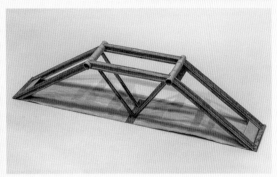

⑨ 群馬高専

TENACITY

◎久保田 雅也、小泉 翼、岩城 奈知（4年）、浅見 健斗（3年）、木暮 悠暁（2年）、佐竹 海聖（1年）［環境都市工学科］
担当教員：井上 和真［環境都市工学科］

質量：557.7g　総得点：66.50

⑳ 国際高専

五彩

◎北村 駿登、松原 拓也、若林 玲汰［機械工学科5年］
担当教員：金井 亮［機械工学科］

質量：450.4g　総得点：66.50

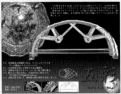

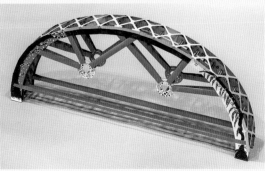

㉙ 釧路高専

質量：575.1g　総得点：66.50

カムイ

小瀬 啓補［建築学科5年］
担当教員：西澤 岳夫［創造工学科建築デザインコース建築学分野］

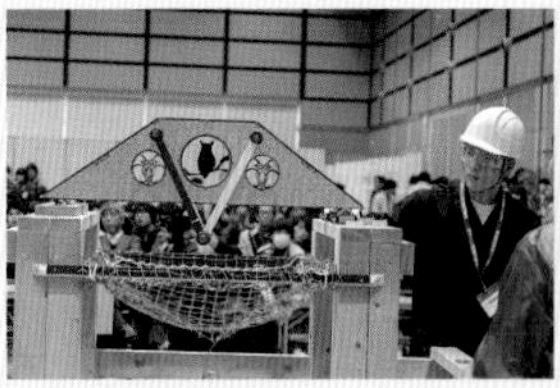

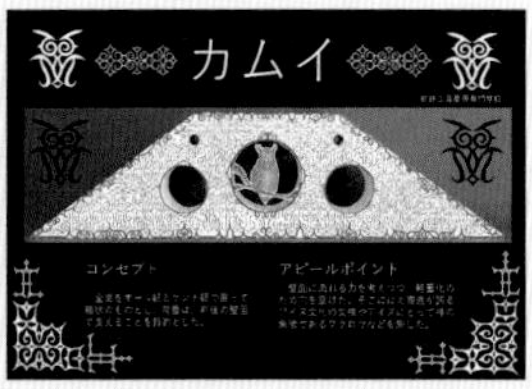

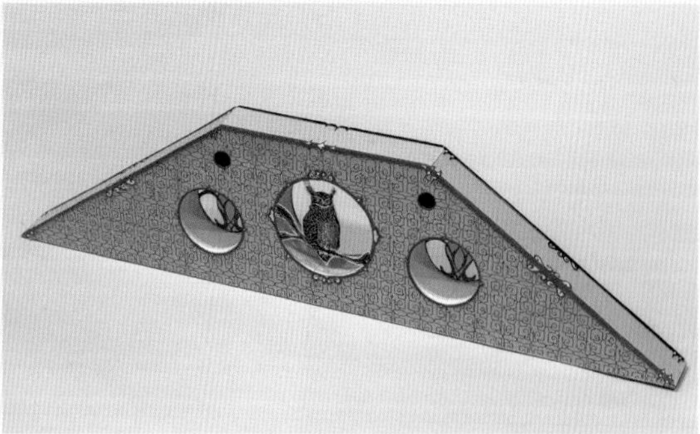

(57) 八戸高専

質量：1516.0g　総得点：66.50

津軽改橋

◎小笠原 舜太、会津 優［環境都市・建築デザインコース専攻科1年］／荒屋 桜、福田 竜也、三ツ木 祐貴（5年）、畠山 櫻子（2年）［環境都市・建築デザインコース］
担当教員：丸岡 晃［環境都市・建築デザインコース］

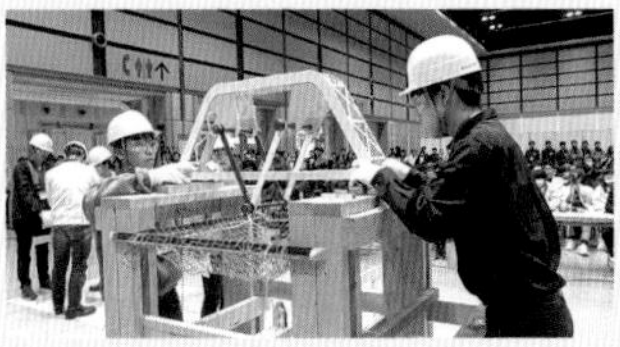

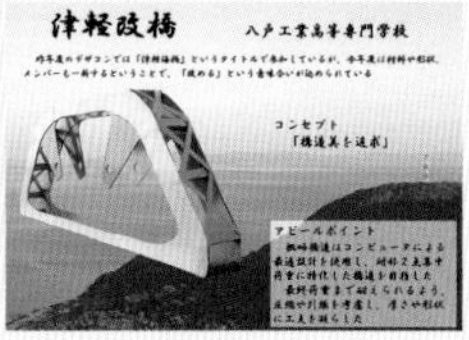

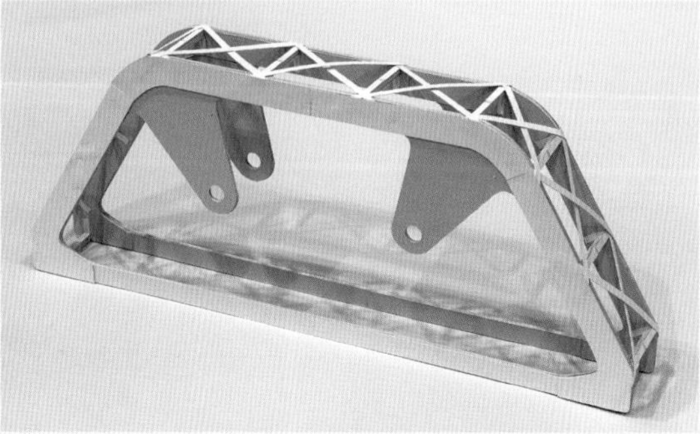

㉒ 香川高専（高松）

質量：2329.9g　総得点：66.00

トラーチ橋

◎松原 華音（4年）、泉 陽彩、笠松 久人、西岡 一樹、天野 唯翔、敷地 泰成（3年）［建設環境工学科］
担当教員：高橋 直己［建設環境工学科］

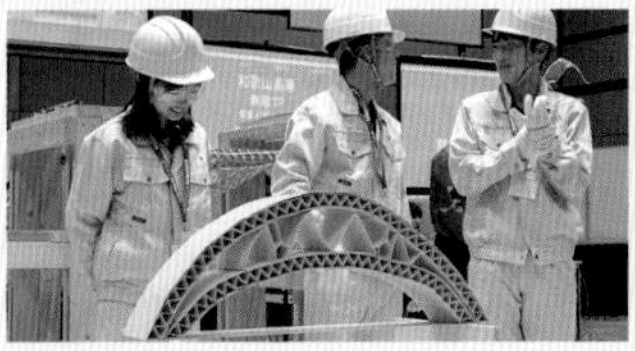

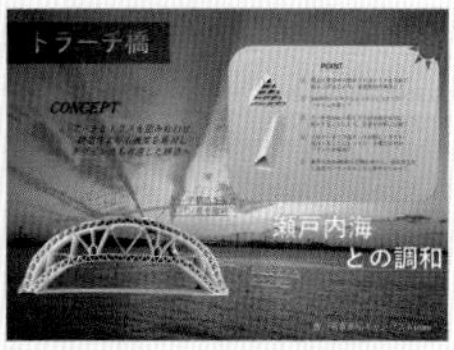

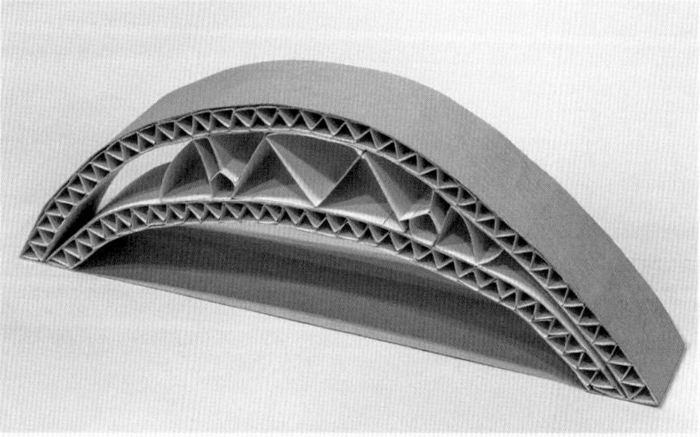

㊺ 苫小牧高専

質量：1871.1g　総得点：65.50

白鳥Shea橋

◎佐々木 拓海［環境都市工学科5年］／角田 洋太郎［機械工学科5年］／権藤 由衣、合田 拓真［創造工学科都市・環境系2年］／林 憲伸［創造工学科1年］
担当教員：高澤 幸治［創造工学科機械系］

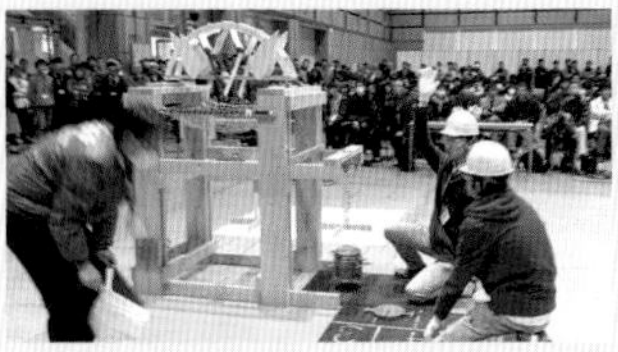

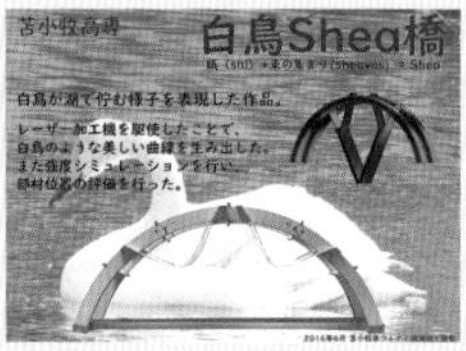

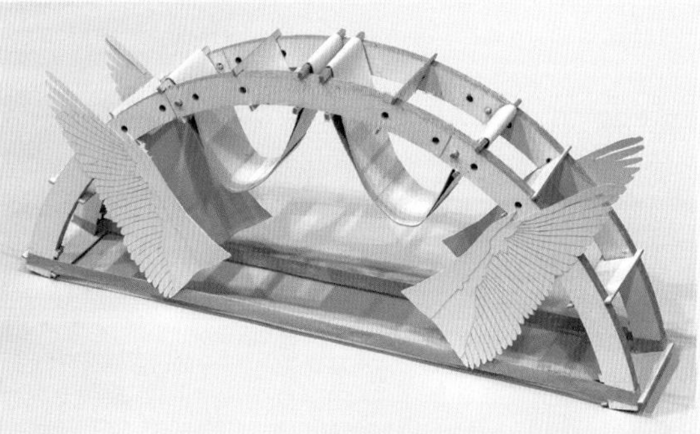

㊹ 東京都立産業技術高専（品川）

質量：894.2g　総得点：65.00

港

◎板倉 正明、鈴木 玲二、須藤 健、坂内 港、穂積 玲奈、矢島 慧［ものづくり工学科生産システム工学コース4年］
担当教員：上島 光浩［ものづくり工学科生産システム工学コース］

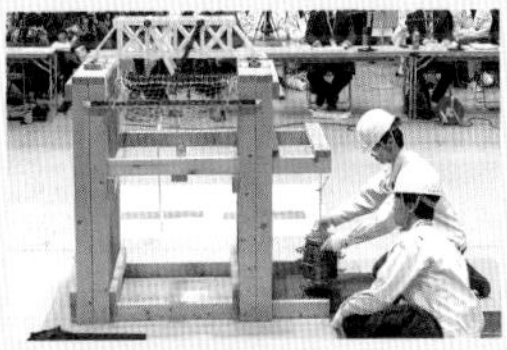

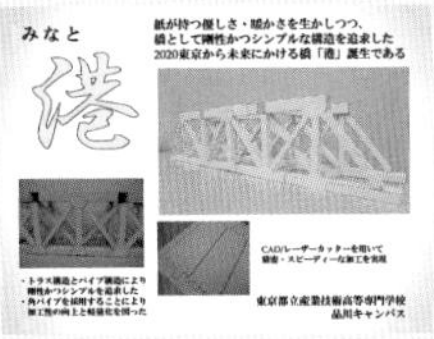

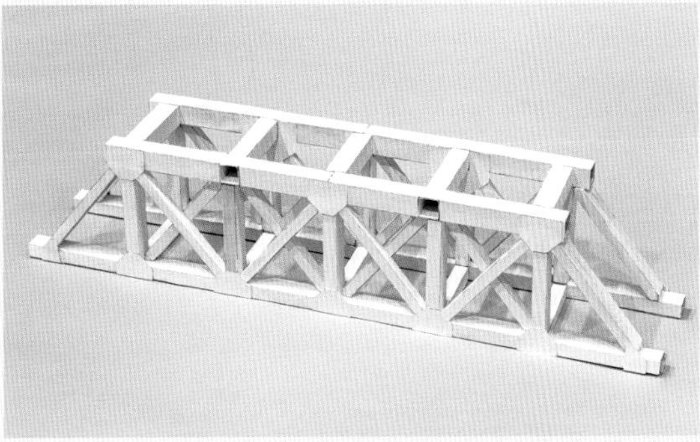

㊿ 和歌山高専

質量：2192.0g　総得点：65.00

無敵TP

◎荻野 元、大久保 虎乃助、樫井 倖太朗、下村 晃広（4年）、秋山 拓、泰間 健斗（3年）［環境都市工学科］
担当教員：靍巻 峰夫［環境都市工学科］

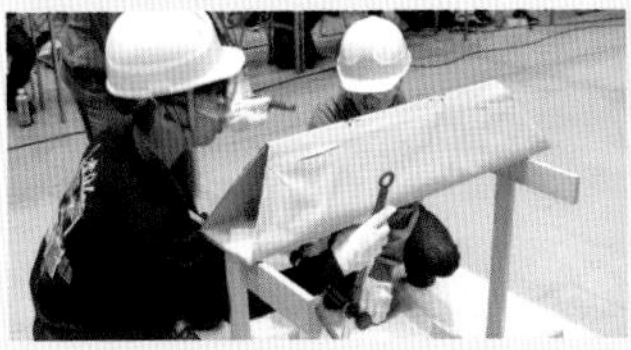

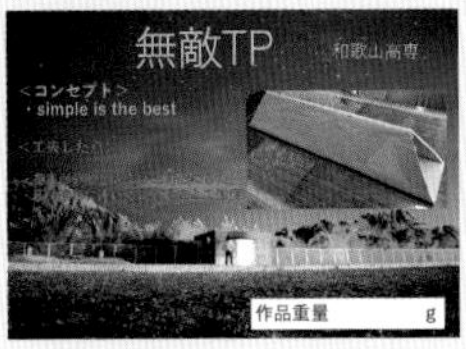

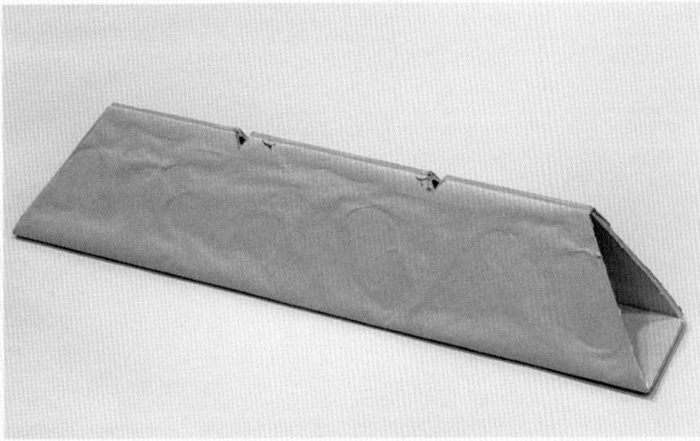

(56) 阿南高専

質量：907.5g　総得点：65.00

四国の右端の桁橋

◎井上 直哉（5年）、大藪 一基（4年）、南 里佳（2年）［創造技術工学科建設コース］
担当教員：笹田 修司［創造技術工学科建設コース］

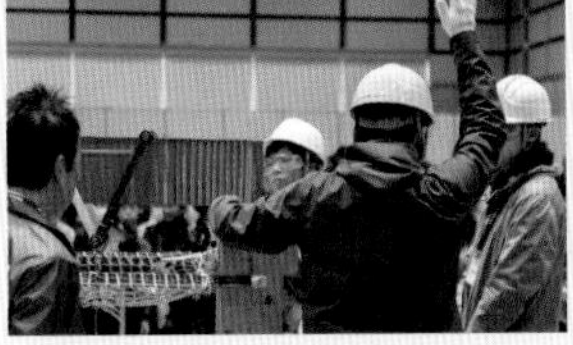

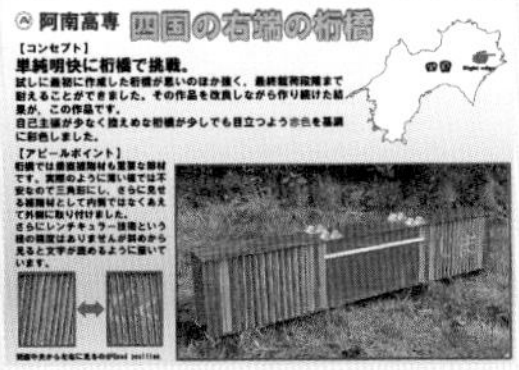

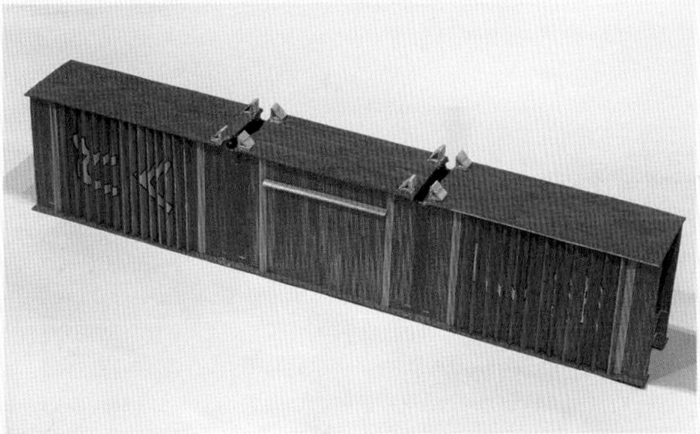

⑱ 小山高専

質量：138.2g　総得点：64.05

Reinforce R

◎織田 大輝（4年）、福田 大樹、石原 響、額田 しおり、青木 和洋（2年）［建築学科］
担当教員：堀 昭夫［建築学科］

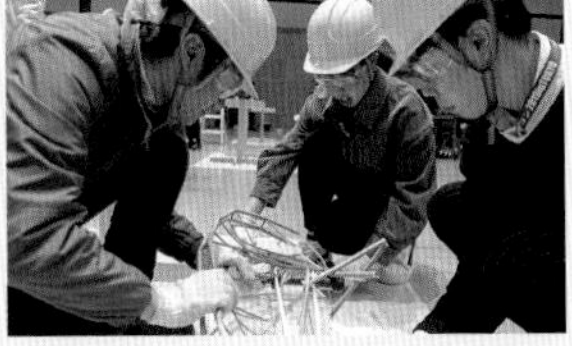

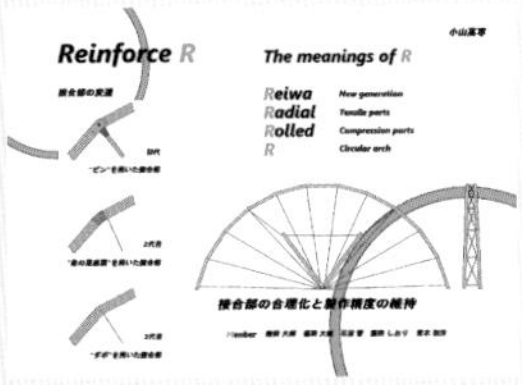

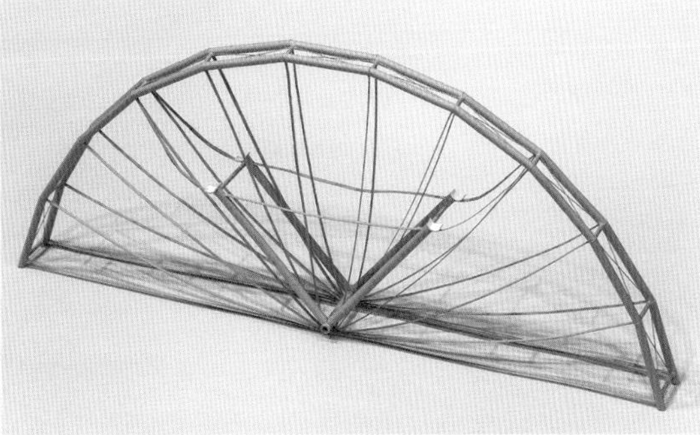

⑪ 岐阜高専

質量：807.5g　総得点：63.50

岐阜の富士

◎安江 歩夢、木村 彩乃［先端融合開発専攻専攻科1年］
担当教員：廣瀬 康之［環境都市工学科］

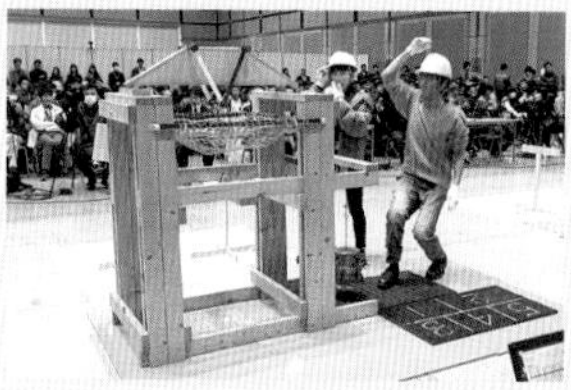

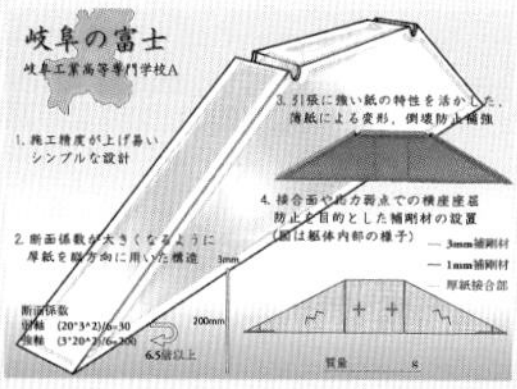

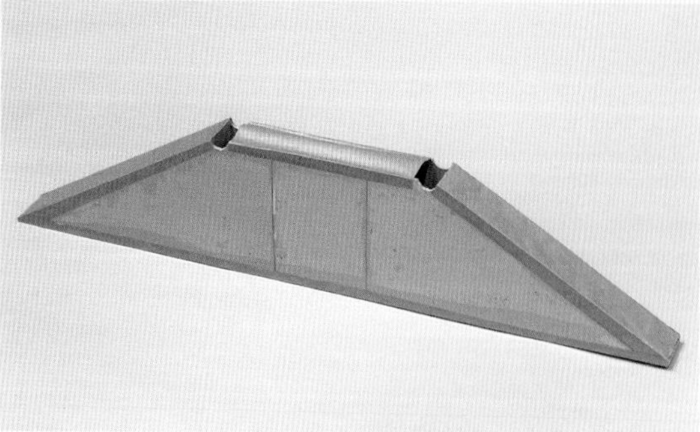

㉚ 長野高専

質量：1525.5g　総得点：63.50

THE ORIGIN

◎蒲生 麗、鎌田 幸太、土屋 翔、丸山 寛斗、森 皓平［環境都市工学科5年］
担当教員：奥山 雄介［環境都市工学科］

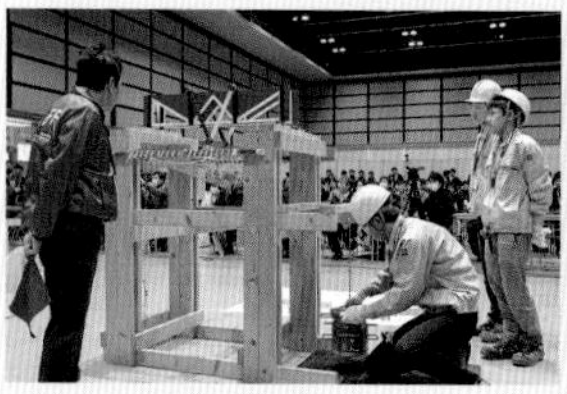

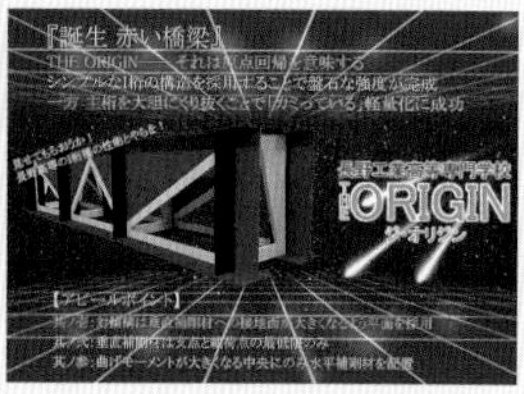

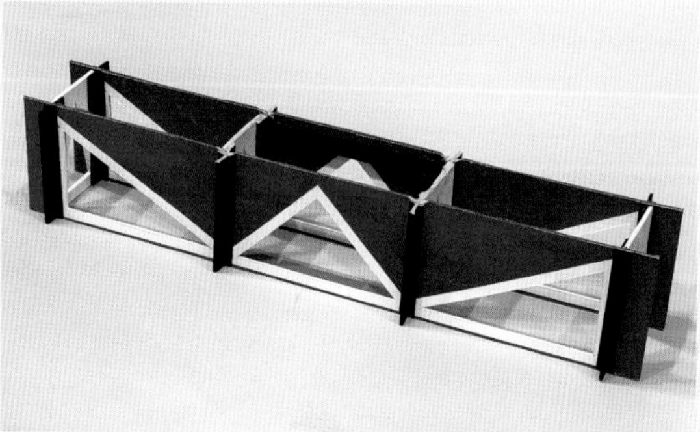

㉞ 近畿大学高専

質量：409.4g　総得点：63.50

paper strength

◎中田 征伸、池田 拓真［総合システム工学科都市環境コース土木系5年］
担当教員：松岡 良智［総合システム工学科都市環境コース］

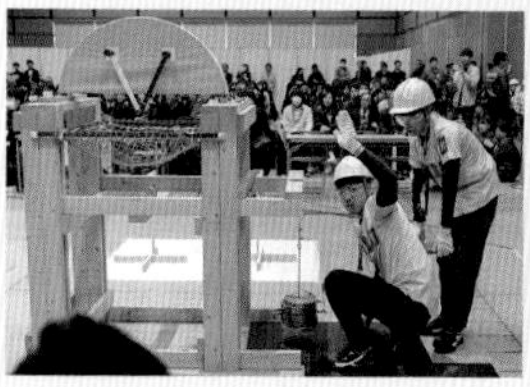

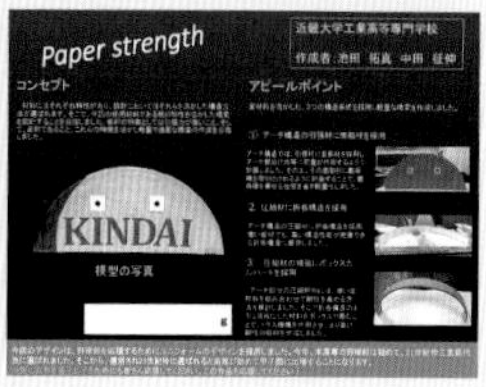

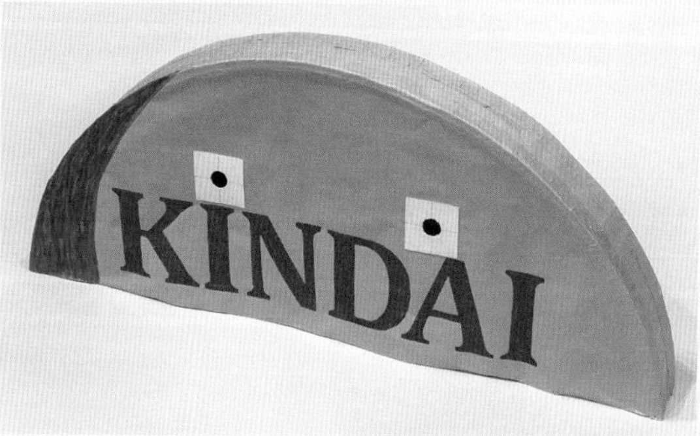

(60) サレジオ高専

質量：1502.4g　総得点：62.75

+PLUS

◎佐藤 玄弥、小山 享佑、櫻井 詠大［デザイン学科4年］／古田 友木［電気工学科4年］
担当教員：谷上 欣也［デザイン学科］

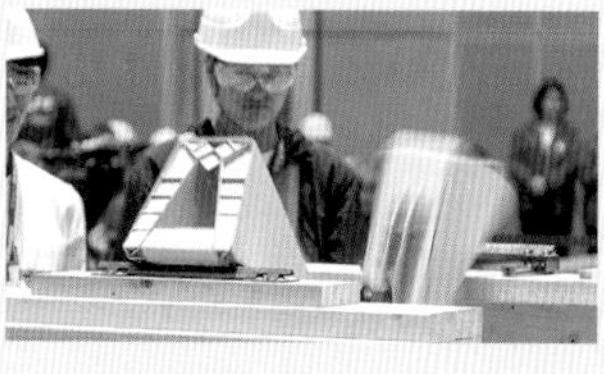

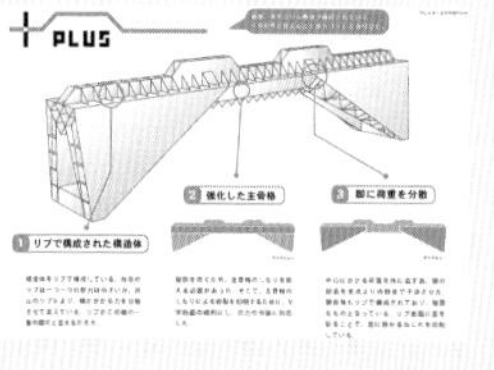

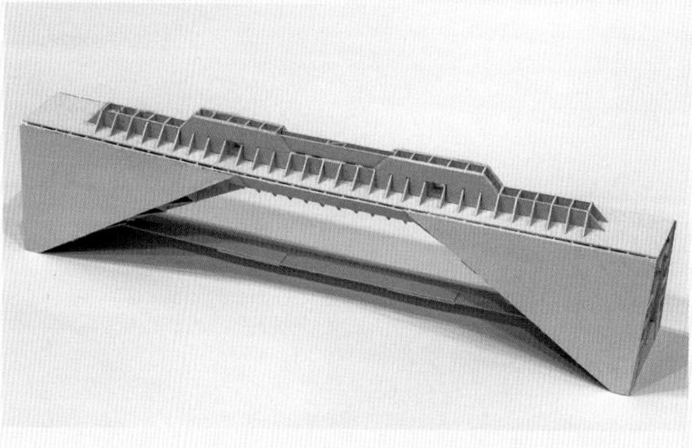

⑫ 岐阜高専

Layer Bridge

質量：1045.9g　総得点：62.50

◎大平 航己、小林 祐也、河村 優明［先端融合開発専攻専攻科1年］
担当教員：廣瀬 康之［環境都市工学科］

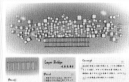
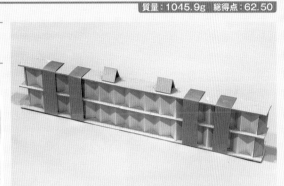

㉓ 香川高専（高松）

Resilience Bridge

質量：1065.9g　総得点：59.75

◎宮下 捺美（4年）、片山 大意、重成 陽生、平井 陸（3年）、牛久保 直輝、
齋藤 謙汰（1年）［建設環境工学科］
担当教員：高橋 直己［建設環境工学科］

㊵ 神戸市立高専

紐

質量：1646.1g　総得点：57.75

清水 葉平、佐伯 勇輔、木佐貫 康貴（5年）、◎仲原 恒太、貝澤 啓太（3年）［都市
工学科］
担当教員：上中 宏二郎［都市工学科］

⑩ 豊田高専

OR橋 —— Onigiri Rahmen Bridge

質量：601.2g　総得点：56.00

◎林 大瑚、米川 尚希、石崎 晴也［建設工学専攻専攻科1年］
担当教員：川西 直樹［環境都市工学科］

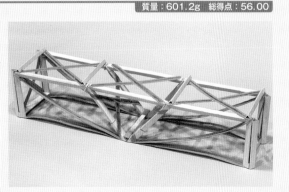

04 有明高専

質量：324.3g　総得点：55.00

TOTHM'S ARCH── トムズアーチ

◎田島 やよい[建築学科5年]／大村 龍平（4年）、髙岡 紅、廣瀬 舞南、武藤 光輝（3年）[創造工学科建築コース]
担当教員：岩下 勉[創造工学科建築コース]

58 釧路高専

質量：300.0g　総得点：54.00

Gambrel
ギャンブレル

◎佐々木 祥、伊地知 香月、花田 蘭[創造工学科建築デザインコース建築学分野4年]
担当教員：西澤 岳夫[創造工学科建築デザインコース建築学分野]

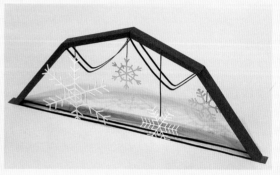

35 近畿大学高専

質量：251.1g　総得点：52.15

紆余委蛇
うよいだ

◎杉本 万純、橋本 秀斗、山﨑 由葉[総合システム工学科都市環境コース建築系5年]
担当教員：松岡 良智[総合システム工学科都市環境コース]

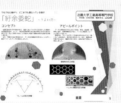

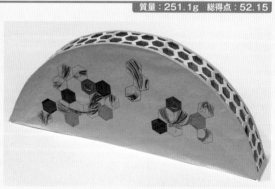

59 大阪府立大学高専

質量：695.6g　総得点：52.00

Cool Poko── 荷重もちもち吸収パンツ
くーるポコ

◎井上 龍之介、長尾 潤、安部 成輝、岡本 悠利、数田 智大、森 成諒[総合工学システム学科都市環境コース4年]
担当教員：岩本 いづみ[総合工学システム学科都市環境コース]

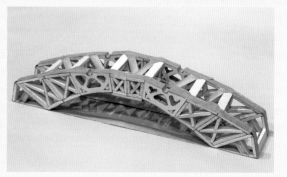

㉗ 都城高専

質量：279.1g　総得点：49.30

橋持つかんな！！

◎脇山 爽太、青井 優奈、井手ヶ原 彩杏、稲丸 知世（5年）、宇崎 紘心（4年）［建築学科］
担当教員：奥野 守人［技術支援センター］

㉝ 松江高専

質量：192.0g　総得点：49.00

ウリエルノース橋

伊藤 大悟（5年）、◎小竹 勇平（3年）、蓮岡 慶行（1年）［環境・建設工学科］
担当教員：周藤 将司［環境・建設工学科］

⑦ 長岡高専

質量：1311.7g　総得点：46.25

TRI∆NGLE

◎神子島 百香、小林 桃子、木歩士 碧海［環境都市工学科4年］
担当教員：宮嵜 靖大［環境都市工学科］

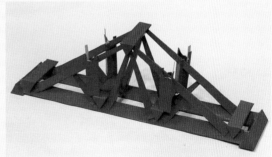

㉛ 松江高専

質量：715.2g　総得点：40.00

アッセンブリッジ —— 組み立て可能な橋

中川 景太［機械工学科5年］／◎山崎 勝大郎、山本 皓成（3年）、野田 悠斗（2年）
［環境・建設工学科］
担当教員：周藤 将司［環境・建設工学科］

構造デザイン

◊ 審査員長

岩崎 英治
いわさき　えいじ

長岡技術科学大学大学院　教授

1962年	北海道生まれ
1985年	長岡技術科学大学工学部建設工学課程卒業
1987年	同大学院工学研究科建設工学専攻修士課程修了
1990年	同大学院工学研究科材料工学専攻博士課程修了　工学博士
1990-98年	同学建設系　助手
1998-2000年	徳山工業高等専門学校土木建築工学科　助教授
2000-07年	長岡技術科学大学環境・建設系　助教授
2007-12年	同　准教授
2012-15年	同　教授
2015年-	同大学院工学研究科環境社会基盤工学専攻　教授

◆主な活動
鋼橋を中心とした土木鋼構造の構造解析法をはじめ、腐食耐久性の向上のため腐食環境評価、防食法、および既設鋼構造の余耐力評価、リダンダンシー評価法などを中心に研究、活動。学会活動として、土木学会構造工学委員会継続教育小委員会　委員長（2012年-）、日本鋼構造協会「土木鋼構造診断士」テキスト改訂小委員会委員長（2013年-）、土木学会鋼構造委員会既設鋼構造物の性能評価と回復のための構造解析技術に関する小委員会　委員長（2015-18年）、日本鋼構造協会「土木鋼構造診断士」専門委員会委員長（2019年-）、土木学会構造工学委員会構造工学論文集編集小委員会　委員長（2019年-）など

◆主な著書、論文
「耐候性鋼橋梁の可能性と新しい技術」（共同執筆、『テクニカルレポート』No.73、2006年、日本鋼構造協会）、「耐候性鋼橋梁の適用性評価と防食予防保全」（共同執筆、『テクニカルレポート』No.86、2009年、日本鋼構造協会）、「既設鋼構造物の性能評価・回復のための構造解析技術」（共同執筆、『鋼構造シリーズ32』、2019年、土木学会）など

◆主な受賞
土木学会構造工学シンポジウム論文賞（2015年）など

中澤 祥二
なかざわ　しょうじ

豊橋技術科学大学　教授

1970年	愛知県豊橋市生まれ
1993年	豊橋技術科学大学建設工学課程卒業
1995年	同大学院工学研究科機械・構造システム工学専攻修士課程修了
1997年	日本学術振興会　特別研究員（DC2）
1998年	豊橋技術科学大学大学院工学研究科機械・構造システム工学専攻博士後期課程修了　博士（工学）
1998年	日本学術振興会　特別研究員（PD）
1999-2007年	豊橋技術科学大学建設工学系　助手
2007-08年	同　助教
2008年	同　准教授
2008-09年	岐阜工業高等専門学校建築学科　准教授
2009-10年	豊橋技術科学大学建設工学系　准教授
2010-14年	同学建築・都市システム学系　准教授
2014年-	同　教授

◆主な活動
学会活動として、日本建築学会シェル空間構造運営委員会　委員（2004年-）、日本建築学会立体骨組小委員会　委員（2012-16年）など

◆主な論文
「シェル・空間構造の減衰と応答制御」（共同執筆、2008年、日本建築学会）、「ラチスシェルの座屈と耐力」（共同執筆、2010年、日本建築学会）、「ラチスシェル屋根構造設計指針」（共同執筆、2016年、日本建築学会）など

◆主な受賞
日本建築学会東海支部東海賞（1998年）、国際シェル・空間構造学会坪井賞（2002年）など

中込 淳
なかごめ　あつし

国土交通省　職員

1965年	神奈川県横浜市生まれ
1990年	北海道大学工学部土木工学科卒業
1992年	同大学院工学研究科土木工学専攻修士課程修了　建設省（現・国土交通省）入省
2000年	同省東北地方建設局河川部河川計画課　課長
2003年	内閣官房副長官補（安全保障・危機管理担当）付　参事官補佐
2008年	国土交通省近畿地方整備局姫路河川国道事務所　所長
2011年	同省同局河川部　河川調査官
2013年	内閣府防災担当　企画官（調査企画担当）
2015年	国土交通省水管理・国土保全局河川環境課水防企画室　室長
2016年	同省同局河川計画課河川計画調整室　室長
2017年	同省近畿地方整備局　河川部長
2019年	同省関東地方整備局　企画部長

◆主な活動
これまで治水事業、河川計画、災害および危機管理対応などを担当し、各種自然災害のオペレーションや南海トラフ、首都直下地震などの巨大地震の被害想定、水防災分野における気候変動適応策の検討などを実施。最近は、建設産業の生産性向上にかかる、新技術の導入やi-constractionの推進などの施策に携わる

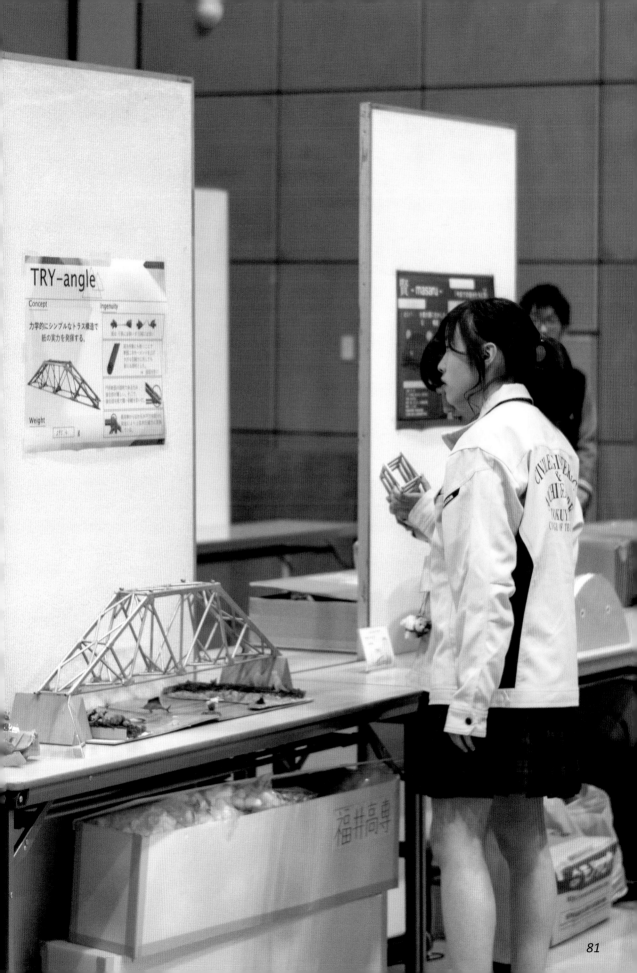

創造
デザイン部門

課題テーマ

彼_かを知り、己を知る
── 未来につながる持続可能な地元創生

日本各地で「地方創生」への取組みが進む中、地元住民が主体となった「自律的」で「持続的」な取組みも生まれている。こうした取組みの根底には「私たちの地元を良くしたい」という地元愛がある。そこで、実地調査をとおして地元の魅力や資源、課題を探り出し、高専の実践的技術を活かした、地元を良くするための「地元創生」のアイディアの提案を求める。地元住民が地元愛と誇りを持ちながら、安心して暮らせる仕組み（アイディアとそのプロセス）を提案してほしい。

▶予選 **39**作品	▶本選 **11**作品	▶受賞 **6**作品

2019.09.02-09.06 予選応募	2019.12.07 ワークショップ01-02	**最優秀賞**（文部科学大臣賞） ㊴米子高専『森になる、私たちの「地元」—— 緑から始まるまちづくり』
2019.09.14 予選審査	2019.12.08 ポスターセッション 講評	**優秀賞** ⑫岐阜高専『"Life" saver 川の家』 ⑳石川高専『公「民宿」館 —— 長町における高齢者のネットワーク支援』 **審査員特別賞** ⑫サレジオ高専『はちめいく —— 八王子をめいくする』 ⑱釧路高専『花のアポイ再生プロジェクト』 **総合資格賞** ㉞明石高専『レンガ映画館 —— 近代化産業遺産のリノベーション』

創造デザイン

最優秀賞
文部科学大臣賞

森になる、私たちの「地元」
── 緑から始まるまちづくり

◎近藤 瑠星、浪花 泰史［建築学科5年］
担当教員：金澤 雄記［建築学科］

提案主旨：
人口減少と超高齢化により衰退した地元の課題に着目した。日本では近年、画一的な都市開発が進んできたが、今後は全国各地の地方都市を独自性のある地方都市として再生させる必要がある。人口減少と超高齢化に向き合い、対症療法ではない課題解決策を見つける必要性を感じた。
この提案では、利用されなくなった建物や土地自体を「地域資源」とし、その場所の「森化」を進める。開発という拡大路線には果てがない。そこで、新しい建物は不要だという考えの下、衰退を逆手に取り、朽ちていく姿に新たな価値を生み出す提案だ。使われなくなった建物は崩壊し、空き地となり、自然に還るべきである。空き地の多くは庭や公園となり、自然が失われていく一方だが、これは地元の人間と自然、双方の生活環境を悪化させていると言える。
森化した地方都市は窮屈感がなく、のびのびと暮らせる居心地の良い空間となる。これまでと全く異なる地元創生案を提案する。

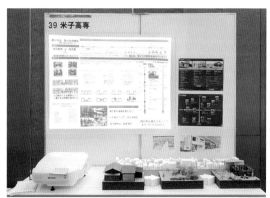

▍審査講評

予選の段階では提案内容が掴みきれず、「ポテンシャル（潜在力）への期待」という位置づけで選出した。しかし、審査過程を経て、大人では残念ながら至れない発想をもった提案であることを確信した。すばらしかった。
日本では、地元創生が叫ばれて久しい昨今、手詰まり感もある中で、「あるものをどう活用するか」に頭を悩ませている。それに対して、「あるものを活かさない」という選択肢を提示した点が特筆すべきおもしろさであった。
鳥取県米子市の中心市街地が森になる日を楽しみにしている。
（西山 佳孝）

＊本書84～92、104～108ページの氏名の前にある◎印は学生代表

00：数字は作品番号（本書84～92、104～108ページ）

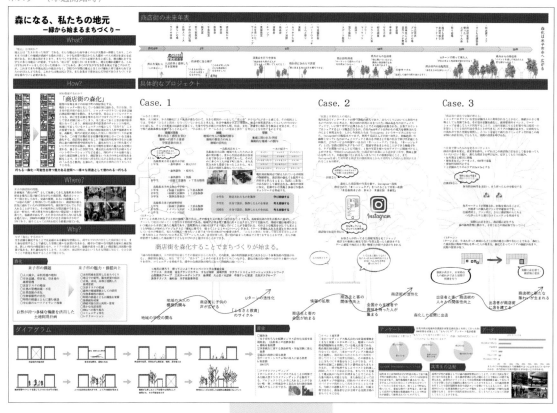

優秀賞

"Life" saver 川の家

長屋 祐美（専攻科2年）、◎宮下 侑莉華（専攻科1年）[先端融合開発専攻]
担当教員：吉村 優治 [環境都市工学科]

創造デザイン

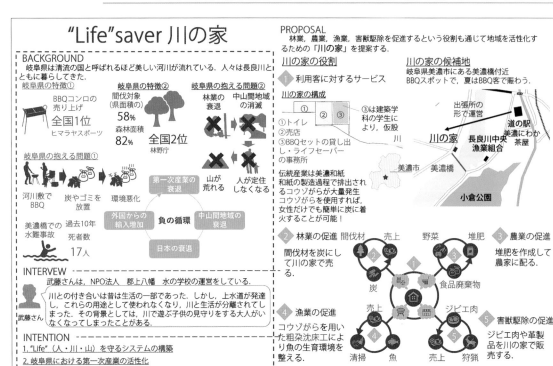

BACKGROUND
岐阜県は清流の国と呼ばれるほど美しい河川が流れている．人々は長良川とともに暮らしてきた．

岐阜県の特徴①
BBQコンロの売り上げ
全国1位
ヒマラヤスポーツ

岐阜県の特徴②
間伐対象（県面積の）
58%
森林面積
82%
全国2位
林野庁

岐阜県の抱える問題②
林業の衰退　中山間地域の消滅
山が荒れる　人が定住しなくなる

岐阜県の抱える問題①
河川敷でBBQ　炭やゴミを放置　環境悪化

負の循環
第一次産業の衰退／外国からの輸入増加／中山間地域の衰退／日本の衰退

美濃橋での水難事故
過去10年死者数
17人

INTERVIEW
武藤さんは，NPO法人　郡上八幡　水の学校の運営をしている．

武藤さん

川との付き合いは昔は生活の一部であった．しかし，上水道が発達し，これらの用途として使われなくなり，川と生活が分離されてしまった．その背景としては，川で遊ぶ子供の見守りをする大人がいなくなってしまったことがある．

INTENTION
1. "Life"（人・川・山）を守るシステムの構築
2. 岐阜県における第一次産業の活性化

高専との関わり
1. 建築学科の学生が授業で川の家を設計，建築する
2. 環境都市工学科の学生が粗朶沈床工の製作，堆肥作りの指導を行う
3. 全学科の学生が河川の生態系保護活動や小中学生に向けた自然学習を行う．

PROPOSAL
林業，農業，漁業，害獣駆除を促進するという役割も通じて地域を活性化するための「川の家」を提案する．

川の家の役割
① 利用客に対するサービス

川の家の構成
①トイレ
②売店
③BBQセットの貸し出し・ライフセーバーの事務所
③は建築学科の学生により，仮設

伝統産業は美濃和紙
和紙の製造過程で排出されるコウゾがらが大量発生
コウゾがらを使用すれば，女性だけでも簡単に炭に着火することが可能！

川の家の候補地
岐阜県美濃市にある美濃橋付近BBQスポットで，夏はBBQ客で賑わう．

出張所の形で運営
道の駅　美濃にわか茶屋
川の家
長良川中央漁業組合
美濃市　美濃橋
小倉公園

② 林業の促進　間伐材
間伐材を炭にして川の家で売る．

③ 農業の促進
堆肥を作成して農家に配る．

④ 漁業の促進
コウゾがらを用いた粗朶沈床工により魚の生育環境を整える．

⑤ 害獣駆除の促進
ジビエ肉や革製品を川の家で販売する．

間伐材／売上／野菜／堆肥／炭／食品廃棄物／売上／ジビエ肉／清掃／魚／売上／狩猟

利用者にここでしかできない体験を提供することで，川の家は持続的に活動を行っていく．

提案主旨：
清流の国と呼ばれるとおり、岐阜県には多くの美しい河川が流れている。そして夏には、その河川敷でバーベキューが盛んに行なわれる。しかし、炭やゴミの放置による河川環境の悪化や、水難事故という問題が発生している。また、岐阜県は森林率が全国2位だが、中山間地域の衰退により、現在、間伐が適切に行なわれていない。
本提案では、これらを地域資源ととらえ、「川の家」において河川敷の見守り、ゴミの回収などを行なうことで、河川と人を守るシステムを構築する。そして「川の家」が漁業、林業、農業に関わる組合と連携することで、地元の魚、野菜、間伐材を積極的に利用し、第1次産業の活性化をめざす。「川の家」を通して、さまざまな産業のつながりができると同時に、新たな観光施設「川の家」の誕生で観光客の増加や雇用の増加が生まれ、さらに地域全体としての活性化が見込める。

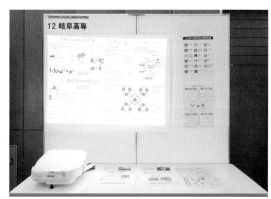

審査講評
長良川流域の強みを積極的に活かした「川の家」は評価できた。特に、「川の家」のハード面に依存することなく、ソフト面での取組みが充実している点で、とても共感が持てる提案となった。また、提案のあちらこちらに高専らしさがちりばめられているところも良かった。
着手できるところから実現に向けて動き出すことを楽しみにしている。　　　　　　　　　　　　　　　　　　　（西山 佳孝）

優秀賞

公「民宿」館 —— 長町における高齢者のネットワーク支援

◎小森 廉太、村田 安理［建築学科5年］
担当教員：道地 慶子［建築学科年］

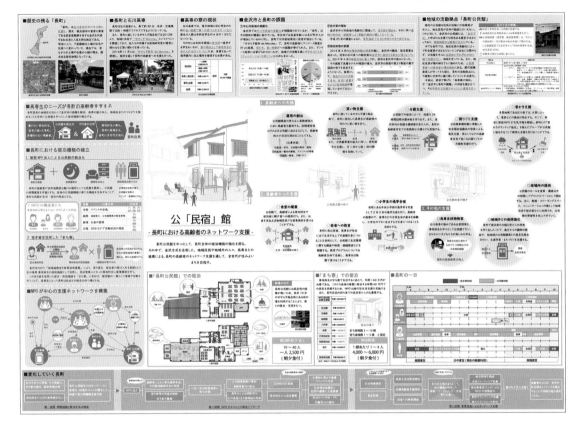

提案主旨：

現在、金沢市でも中心市街地の高齢化が進んでいる。武家屋敷の風情が残る長町には、その傾向が顕著に表れている。

本研究室は長町に接するせせらぎ通り商店街で、地域と協働で地域活性化の活動に取り組んでいる。そこでのアンケート調査の結果、高齢者住民は日々の生活の中でさまざまな困りごとを抱えていることが明らかになり、生活支援を行なう必要性のあることがわかった。また、北陸新幹線開通後の流入人口の増加により、観光客の宿泊先の不足やリピーターへの対応も課題となっている。

そこで、独自の「金沢方式」と呼ばれる小学校区（地域）住民が主体となって運営する公民館に、需要の高い「宿泊機能」を付加し、高齢者支援と観光客の生活体験ができる「公『民宿』館」を計画する。日中は公民館、夜間は民泊所として利用され、地域の小学生や高齢者、公民館職員に留まらず、校区内住民と観光客など、校区外の人々が連携して高齢者の生活を支えるネットワークを構築する。

│審査講評

金沢市の街中において、公民館を核とし、一定のエリア内で空き家などをネットワーク化していく取組みは非常に興味深いものだった。提案自体もよくまとめられていたと思う。

しかし、提案をキレイにまとめるだけでは、地元は創生しない。どうしたら地域の人たちや企画に関わる人たちに共感してもらえて、彼らを提案への協力者へと変えていけるのかが問われる。

提案に留まることなく、ぜひ実現に向けて、もっともっと具体的に考えてみてほしい。　　　　　　　　　　（西山 佳孝）

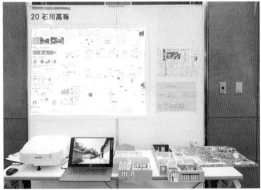

02 サレジオ高専

（審査員特別賞）

はちめいく —— 八王子をめいくする

坂井 隼、深澤 里美、齋藤 由佳（3年）、◎上野 美月（2年）[デザイン学科]
担当教員：谷上 欣也 [デザイン学科]

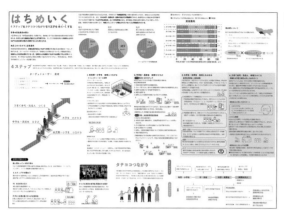

審査講評

東京の八王子市が学園都市であるという特徴をとらえて、タテヨコのつながりを紡いでいくというプランには、高専ならではの特徴がよく出ていた。また、地域と関わるフェーズでは、多摩織とのコラボレーションによる企業連携という取組みに非常に好感が持てた。

そうした文脈においては、日頃の高専での学びも大いに活かされている点に、特に好感を持った。

今後、高専の学生らしい視点を失わずに、デザインなどの強みを活かした実践につなげていってもらうことを期待したい。

（西山 佳孝）

18 釧路高専

（審査員特別賞）

花のアポイ再生プロジェクト

◎髙橋 陸、残間 駿斗、納谷 駿介 [創造工学科建築デザインコース建築学分野4年]
担当教員：西澤 岳夫 [創造工学科建築デザインコース建築学分野]

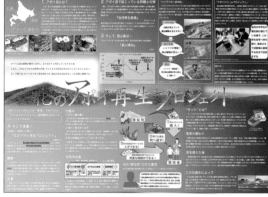

審査講評

北海道の様似町とアポイ岳を大切にしたい、というある種の想いがよく伝わってくる提案だった。

都市部に住まう大人たちにも一定の共感を得られるプロジェクトだと思うので、あとはどうしたら実現できるのかを考えてみてほしい。実現に向けて困難が伴うことは日常だが、上述の想いを忘れずに歩みを前に進めてほしい。

楽しみにしている。

（西山 佳孝）

③④ 明石高専

レンガ映画館 —— 近代化産業遺産のリノベーション

◎高見 優菜、中西 風斗、田中 邑樹、長谷川 和津 [建築学科4年]
担当教員：工藤 和美 [建築学科]

審査講評

兵庫県の淡路島における本提案は、洲本の持つポテンシャル（潜在力）と高専の学生の掛け算により、最終的には共感できるプランとなっていた。

地元創生においては、やはり誰が取り組むのかも大きな要素である。その中で、実現に向けて何ができるのかを、提案した学生たちで改めて考えてほしいと思った。

レンガと映画の街になっている洲本の未来を楽しみにしている。

（西山 佳孝）

ワークショップ01の会場風景

本選作品 ⑥ 岐阜高専

岐阜市中心街の再生 —— 丸窓電車の未来に寄り添って

◎町本 渉、矢箆原 光、西崎 涼真［環境都市工学科5年］
担当教員：廣瀬 康之［環境都市工学科年］

審査講評

提案した学生たちから、丸窓に対する愛といっても過言ではないものを強く感じた。

地元創生というテーマに取り組む上では、冷静に考えたプランも重要である一方で、こうした愛にも近い「これを実現したい」という強い気持ちが周囲を動かし、実現へと向かわせる力を持つのではないか、と改めて認識させてくれたように思う。

具体的な手段としては、まだまだ至らない点はある。しかし、その愛を失わずに、「丸窓電車の保存」という「守り」の姿勢を選ぶのではなく、クリエイティブな活用を通して、ぜひ岐阜の中心市街地を再生してみてほしい。 （西山 佳孝）

本選作品 ⑰ 釧路高専

くじらんど

◎森田 海咲樹［創造工学科建築デザインコース建築学分野4年］／佐藤 陽香［創造工学科スマートメカニクスコース機械工学分野4年］
担当教員：西澤 岳夫［創造工学科建築デザインコース建築学分野］

審査講評

審査のプロセスにおいて「なぜクジラである必要があるのか？」を問うた。

その問いは、ある意味で酷な問いであったかもしれない。しかし、その問いの意図は、意地悪からではなく、提案を否定的にとらえていたからでもない。今回の地元創生という課題テーマでは、「なぜ、そのことに取り組むのか」が非常に重要なポイントであるからだ。

諦めずにクジラをど真ん中に据えて、作品と審査に向き合ってくれた姿勢を非常に評価している。

ぜひ、小さくとも実現してみてほしい。 （西山 佳孝）

本選作品

(21) 石川高専

ついつい便 —— 定期便高専生からはじまる助け合いの町・ツバタ

◎蓮野 拓実、坂口 千陽(5年)、東 笙子(4年)[建築学科]
担当教員:内田 伸[建築学科]

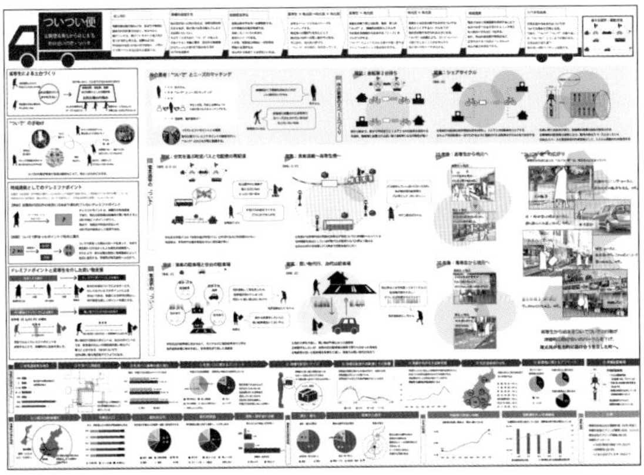

審査講評

今日的な課題を取り上げ、高専の強みを活かした良い提案だと思った。
審査員たちは、大人という既成概念や固定観念などの塊なので、審査のプロセスでは余計なことをいろいろとコメントしてしまったかもしれない。
提案している仕組みを小さな規模でトライ(試行)してみると思わぬ発見と突破口があるかもしれないので、ぜひ、恐れずにチャレンジしてほしい。 (西山 佳孝)

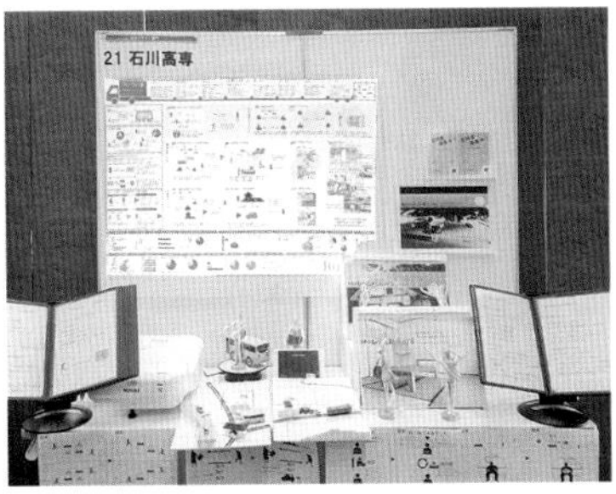

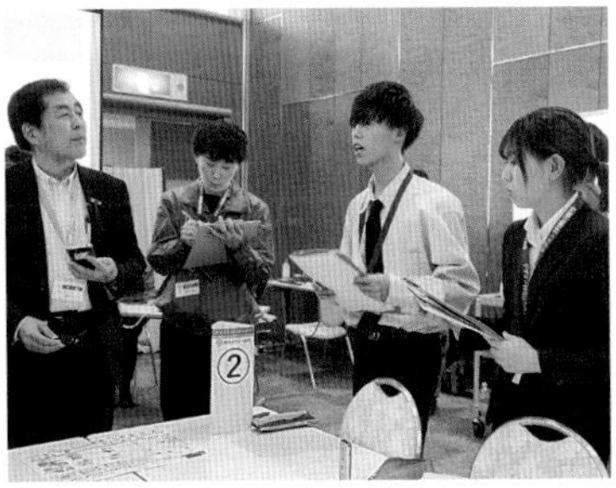

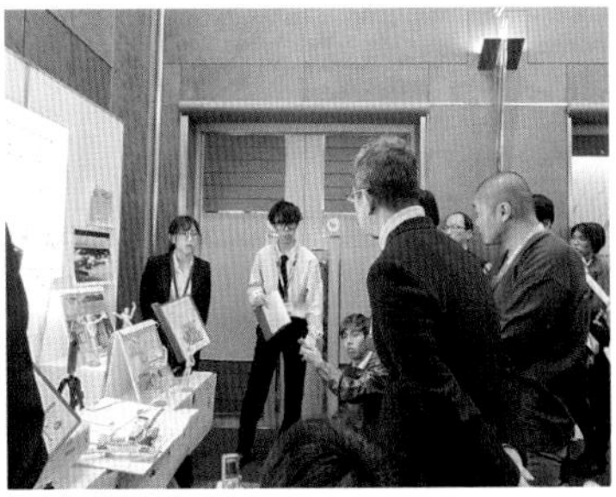

本選作品

(22) 仙台高専(名取)

かける、つながる —— 相馬野馬追のネットワーク

◎坂田 龍之介、今井 松林、岩間 南海、丹野 肇[建築デザイン学科5年]
担当教員:相模 誓雄[総合工学科Ⅲ類建築デザインコース]

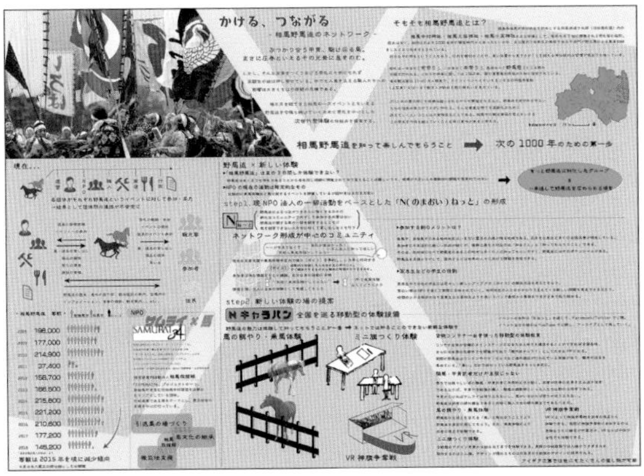

審査講評

大げさに見ると、伝統と創造という困難なテーマに取り組んだ提案であった。
ただ単に、過去からの流れをそのまま残しても、未来に残るものにはならない、という宿命を持つ伝統を、いかに次世代へ積極的に継承していけるのか。同時代性というエッセンスを振りかけることで、伝統的なものを創造的に存在させられるのかは興味深い点である。
福島県の相馬野馬追が、イノベーティブ(革新的)に存在できる未来のあり方とはどういうものなのか。ぜひ諦めず、この課題に向き合ってほしい。 (西山 佳孝)

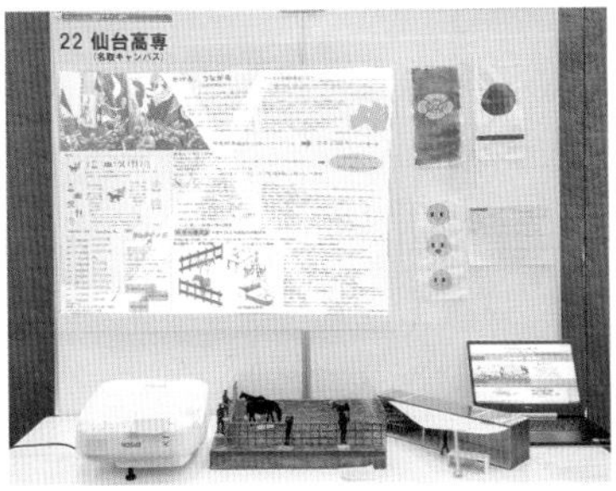

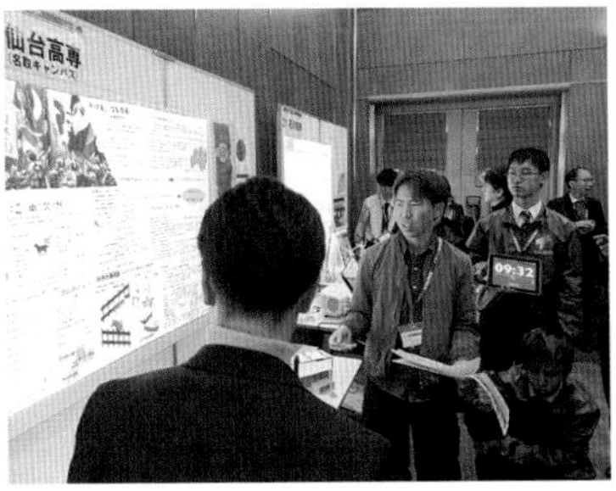

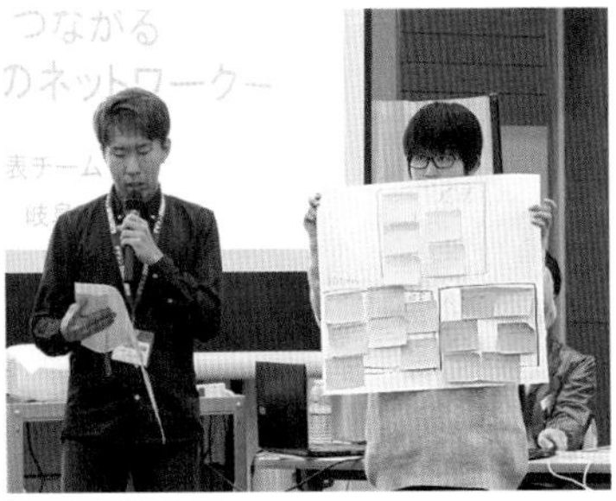

㉟ 明石高専

本選作品

やまのうまや — 上郡町における買い物できるまち計画

◎山本 奈央、上野 美里、茶島 菜々子 [建築学科5年]
担当教員：工藤 和美 [建築学科]

創造デザイン

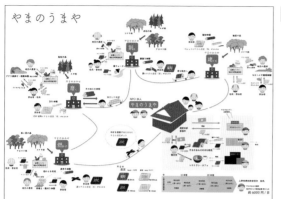

審査講評

山陽道の「駅」に着想を得た構想は、とてもおもしろかった。交流拠点であった古代の駅に人々が行き交う姿をイメージしながら、プレゼンテーションを聞いていた。

林業の問題は日本全体の課題でもある。未来を切り拓く取組みとしてとらえ、兵庫県の上郡町に日常的に通う中で、さらに構想を具体化して、できるところから実現してみてほしい。

（西山 佳孝）

ワークショップ02の会場風景（審査員の質疑応答）

＊文中の作品名は、サブタイトルを省略。高専名（キャンパス名）『作品名』［作品番号］で表示
＊文中の［　］内の2桁数字は作品番号

本選審査総評

未来の地元創生の実現に向けて

西山 佳孝（審査員長）

驚くほど進化した提案たち

　夏に行なわれた予選では紙の上だけでの審査となり、それぞれ提案してくれた作者の顔が見えない中で、ある意味での困難さが伴ったが、夏に選んだ作品の学生たちが今回、想いをもって会してくれたことを非常にうれしく思った。

　想いをもって会してくれた分、最終審査は本当に難しかった。加えて、初日のワークショップでの審査員からコメントを経て、それまでは「ちょっとどうかな？」と評価の低かった提案も含めて、驚くような成長をしてくれたことには眼を見張るものがあった。

　そのことは、「それぞれのアイディアのブラッシュアップ」という「ぺったんこなプロセス」ではなく、確かな成長であったように思う。

まだ見ぬ地元創生の未来

　募集要項でコメントしたとおり、「未来はじぶんたちでつくるんだ」と、各作品を作成した学生たちが気概

をもって踏ん張ってくれた2日間は、何ものにも変えがたい貴重な時間となった。

　そして、最終審査は難しかった一方で、最優秀賞に選定した米子高専『森になる、私たちの「地元」』［39］は、まだ見ぬ地元創生の未来を見せてくれた提案だったと確信している。それは、未来のポジティブな変化を怖れて「残すことの正義」を振りかざす大人たちを一蹴してくれる提案だった。

実現に向けて何ができるのか

　最後に、提案を作成した学生たちを支えた高専の教員諸氏に感謝するとともに、これらのすばらしい提案を提案で終わらせず、実現に向けて進めるよう、審査員長としては何某かの展開を期待している。
今回、審査に関わった審査員はもう各提案に対して他人ごとではないので、実現に向けて必要があれば、必ず協力してくれると思う。今回、関わったみなさんで、ぜひ、未来を一緒につくっていこう。

作品の実現を応援したい気持ち

堀井 秀之（審査員）

地域の課題を「自分ごと」として

　高専の学生のアイディアの質の高さに驚かされた。かなりの時間をかけているのだろうし、情熱を持ってこの課題に取り組んだのだろうと思われた。

　地域の課題を「自分ごと」としてとらえ、自ら課題の解決に主体的に関わる作品には説得力があり、その作品の実現を応援したい気持ちにさせられた。しかし、すべての作品がそのような情熱を感じさせるものだったわけではない。コンペティションという枠組みなので無理もないとは思われるが、コンサルタントの提案のように、内容は論理的にすぐれていても、誰がやるのかという質問をしたくなる作品もあった。

マインドセットを変化させ、モチベーションを高める

　教育効果という観点から考えれば、「自分ごと」として取り組むほうが望ましいことは間違いない。「スキル

セット」「マインドセット」「モチベーション」という教育効果の3要素から考えれば、デザコンのように探究的な学びの場においては、スキルセットの向上、現実への適用ももちろん大切ではあるが、マインドセットを変化させ、学生のモチベーションを高めることが最も重要なのではないだろうか。

　「自分ごと」としてとらえるためには、地域の課題を分析するにあたり、現地調査を行ない、実際に現場の人々の話を直接聞くことが大切であろう。また、行動に関する議論をする時には、常に主語は誰なのか、高専の学生は何ができるのかを問うことも有効であろう。

　ニーズ（必要、需要）とシーズ（種＝独自の材料や技術力、企画力）と分けて考えてみると、高専の学びはシーズに関わるものが中心となっているのであろう。どのようなニーズに応えるために、どのようにシーズが活かされるのかを知ることは極めて重要である。今

回のデザコンはその格好の機会となったはずである。日頃の高専での学びに、このような機会が増えていくことが望ましい。

さらなる知識の収集と分析を

今回の課題テーマでは、普段高専の学生が学んでいるシーズとは種類の異なるシーズが対象となった。それゆえ、社会の仕組み、サービスなどに関する知識の収集と分析が十分だったかという点には疑問が残る。学生が知っている情報に基づいた思いつきに留まって

いたのかもしれない。すでに存在する社会の仕組み、サービスなどの体系的整理や、ICT（Information and Communication Technology＝情報通信技術）やAI（Artificial Intelligence＝人工知能）を活用した新しい手段の探索や分析をもっと行なっていれば、さらに新規性の高いアイディアが提案できたとも思われる。

今回の取組みは、高専の学生にとって有意義な教育の機会であったことは間違いないが、同時に、高専とは何なのかを考え、社会が高専に対して持っているイメージを変えられる契機でもあると考える。

掛け算から生まれる可能性

太田 直樹（審査員）

自由な発想と実装力

さまざまなコンペティションの審査員を務めてきたが、デザコンには他にはない魅力がある。それは「既成概念にとらわれない自由な発想」と「技術力による実装力」の掛け算から生まれる可能性だ。どちらか片方を備えたコンペティションはあるが、両方を掛け算できるのが高専の強みだと思う。

その良い例が、最優秀賞となった米子高専『森になる、私たちの「地元」』［39］だ。シャッターの下りた店舗のスペースを「森に返していく（森化）」という発想と、その空間を市民農園ならぬ市民公園として活用していくプロセスの掛け算になっている。商店街に対する「大人の」アプローチには、かつての賑わいを取り戻そうとするものが多いが、成功例は極めて少ない。

森化された商店街の姿には「懐かしい未来」のような魅力がある。そこに、商店街や近隣の人々が足を運ぶ。よく来る人は自分の区画を持つ。木を育て、時が経つと、その木を使ってカフェができる。世話をしていた街の子供は、その内に家族を持つようになっていて、その子供は街の中の森で遊んでいる。高専の学生は、先輩から後輩へバトンを渡し、建築やランドスケープ・デザインの実習の場として、商店街で活動している。

デザイン思考で言う、視点を変える＝リフレーミングが見事で、そこに至るフィールドのインタビューもしている。商店街の人との対話から、こういう提案が出てくるのかと唸ってしまった。

社会にテクノロジーを広める手法

もう１つ、デザコンの可能性として、社会におけるテクノロジー受容性の拡大にも注目したい。テクノロ

ジー、特にデジタル技術は、取り残される人々をつくっている。たとえば、キャッシュレス化の成功例と言われるイギリスでは、成人の17％が適応できない、というレポートが話題となった。

その観点からおもしろいと思ったのは、石川県津幡町（人口は約37,000人）で、貨客混載のサービスによって、町営バスの活用や買い物の支援、宅配便の再配達問題の解消などを仕掛けていく石川高専『ついつい便』［21］だ。惜しくも入賞は逃したが、個人的に注目したのは、500人の高専の学生が、津幡町の住民との関係性の中から、地域通貨などのテクノロジーを「ゆっくり」広げていく姿だ。

それは、「上から」施策が下ろされる、行政や企業が主導するよくあるパターンではなく、津幡町の住民にとって身近な高専の学生が、何かのついでに荷物を届けるという文脈の中で、対話を通じてテクノロジーを広げていき、いつしか町の住民の行動や意識が変容していくイメージだ。

各所と連携し、提案を実現する場を

創造デザイン部門が発展する可能性について、２つ挙げたい。

まず、地方創生に関わる行政、大学、企業などと積極的に連携し、プロジェクトを実現する場をつくること。今回、本選に参加した作品の中には事業化の検討に値する提案があると思う。

そして、今回のようにワークショップを上手に活用してほしい。最近は効果を測定することもできるので、継続して工夫を重ねてほしい。

互いのアイディアをさらに発展させる

鈴木 諒子（ファシリテータ）

試行錯誤しながらアイディアを改善するプロセスが大事

今回、はじめての試みである本選ワークショップは、他高専の学生が集まる機会を最大限に生かし、高専の学生同士の交流を深め、切磋琢磨しながら互いのアイディアをさらに発展させることを目的に実施された。

重視したのは、新しいアイディアを作品に関わったメンバー内だけで練り上げるのではなく、審査員や他高専の学生からのフィードバックを受けながら、試行錯誤してブラッシュアップするプロセスである。それはアイディアを単なる思いつきに留まらせることなく、地元愛を育てながらイノベーションを興していくために必要なことだと考えたからだ。フィードバックは、提案内容をブラッシュアップする予選から本選までの期間と、本選ワークショップを通じて行なった。

「持続可能性」の3つの観点で再検討

本選ワークショップでは、「持続可能性（サステイナビリティ）」や持続可能な開発目標（SDGs）についてのレクチャーを行ない、その後、他高専の学生との混成チームで、「持続可能性」の3つの観点「環境」「社会」「人間」から各々のアイディアを改めて整理するワーク（ワークショップ01）を行なった。そして、それを混成チーム内で発表し、互いのアイディアに対して改善点や新しい提案などを話し合ってもらった。学生からは、「他高専の学生とのグループワークを通じて、いろいろなアイディアに触れることができて良かった」という声や、「『持続可能性』の3つの視点で考えることで、今までのアイディアに足りない部分を補えた」という意見があった。

ポスターセッションでは、SDGsの各目標に自分たちのアイディアがどう関係しているかといった観点を取り入れた作品が出るなど、短い時間の中でも学生たちの成長が最終アイディアに反映されていたのを感じることができた。

こうした高専間の知の交流は、将来的に地域間の連携を生み、地元創生の鍵になっていくのではないかと思う。

図1　本選ワークショップの資料

＊文中の作品名は、サブタイトルを省略。高専名
（キャンパス名）『作品名』［作品番号］で表示
＊文中の［　］内の2桁数字は作品番号

00 ：数字は作品番号（本書96〜99ページ）

本選審査経過

ワークショップで提案をさらにブラッシュアップ

課題設定：
「地元愛」こそ「地元創生」の原動力

創造デザイン部門のメインテーマは「地方創生」である。「地方創生」は、複雑で複合的な課題であり、その解決には持続的で粘り強い取組みと創造性が求められる。

今年は「地元への想い（地元愛）」をテーマにした。日本各地で自律的、持続的に取り組んでいる「地方創生」の事例では、地元愛が課題解決の起点、原動力となっているからだ。では、「地元愛」はどのように醸成されていくのだろうか？

まずは自分たちが、地元の魅力や価値に気づき、共感することである。そのために、地元に出て、地元の自然環境、それらが育んできた文化や伝統、また地元で頑張る企業や、何よりもそこに暮らす人々のリアルに触れることが重要になる。その上で、地元の課題を「自分ごと」としてとらえた、地元を良くするためのアイディアの提案を期待した。そして、そこに高専の学生らしい「創造性」と「実践的技術」をつなげることで、新たな境地を拓いてほしいと願った。

また、今回は新たな試みとして、本選初日にワークショップを実施。従来のように、提案を作成した学生が一方的にプレゼンテーションするだけでなく、参加する学生間で意見を交換し、議論する場を設けたのだ。予選を勝ち抜いた、さまざまな地域から集まった高専の学生が、一堂に会す本選でしかできないことである。議論を通して、その人、土地、文化を知ることは、地元をより深く理解すること（＝地元愛の醸成）にもつながる。一方で、実際に「地方創生」の現場に携わる審査員と、質疑応答する時間も設定。そこで「新たな視点」を得て、自分たちのアイディアを、さらにブラッシュアップすることに期待した。

この新たなチャレンジは、生身の人間同士が、異なる意見を闘わせる議論を通して、さらに良いものをつくり上げていくプロセスを体験してもらいたいという思いから誕生した。学生諸君には、別の地域の同世代の学生のみならず、大人世代とも同じ土俵で議論し、悩み苦しみながらも自分たちの思いの詰まったアイディアをさらに高め、より良いものをつくり上げていく喜びを体験するきっかけにしてもらいたい。

表1　本選初日午前中　ワークショップ01のチーム分け

チーム	作品番号	高専名（キャンパス名）	氏名
1	02	サレジオ高専	上野 美月
	20	石川高専	村田 安理
	22	仙台高専（名取）	今井 松林
	39	米子高専	近藤 瑠星
2	06	岐阜高専	町本 渉
	18	釧路高専	納谷 駿介
	22	仙台高専（名取）	岩間 南海
	35	明石高専	茶島 菜々子
3	12	岐阜高専	宮下 侑莉華
	17	釧路高専	佐藤 陽香
	22	仙台高専（名取）	丹野 肇
	34	明石高専	中西 風斗
4	17	釧路高専	森田 海咲樹
	21	石川高専	東 笙子
	34	明石高専	長谷川 和津
	02	サレジオ高専	坂井 隼
5	12	岐阜高専	長屋 祐美
	18	釧路高専	髙橋 陸
	21	石川高専	坂口 千陽
	34	明石高専	田中 邑樹
6	35	明石高専	上野 美里
	06	岐阜高専	西﨑 涼真
	20	石川高専	小森 廉太
	02	サレジオ高専	深澤 里美
7	18	釧路高専	残間 駿斗
	06	岐阜高専	矢箆原 光
	21	石川高専	蓮野 拓実
	35	明石高専	山本 奈央
8	02	サレジオ高専	齋藤 由佳
	22	仙台高専（名取）	坂田 龍之介
	34	明石高専	高見 優菜
	39	米子高専	浪花 泰史

01-1
01-2
01-3
01-4
01-5
01-6
01-7
01-8

ワークショップ01
（チーム5）

ワークショップ（初日）：
他からの視点をもとに提案を練り直す

初日は、ワークショップを行なった。午前中は、混成チームによるグループワーク（ワークショップ01）。異なる高専の学生4人1組で編成した8チームだ（表1参照）。ワークショップでは、SDGs（持続可能な開発目標）の17目標（本書95ページ図1-2参照）をベースに、各チーム内で「持続可能性」の3つの視点「環境」「社会」「人間」でアイディアを整理し、共有した。

はじめに、専門のファシリテータが、自身の海外ビジネス・コンテストの経験談を交えながら、本選ワークショップの目的を説明した。学生たちは、本選ではじめて顔を合わせたこともあり、最初は少し緊張している様子であった。しかし、チームメイトの共通点を見つけてそれぞれチーム名を付けるアイスブレイク（緊張感をほぐすきっかけ）もあり、自分たちのアイディアを共有するワークの時には、積極的に作品の説明をしたり、活発な意見交換が行なわれていた。学生からも「自分が思っていなかった新たな視点や考え方を知ることができた」「異なる地域やテーマでも共通点があった」「SDGsの視点により自分たちの作品の良さが深まった」「他の作品を提案した人と話ができたのは得難い経験であった」「他の作品がどんな思いで提案されているかが伝わって

きた」といった感想があった。

午後は、元来の予選通過作品チームに戻ってのグループワーク（ワークショップ02）。午前に他作品の学生から受けたコメントなどを共有し、自作のアイディアの練り直しを進めた。また、並行して、3人の審査員から作品ごとに9分間の質疑応答が行なわれた。審査員からは、「人が来たいと思える魅力的なコンテンツは？」（堀井）、「高専がどのように関わるのか？ やりたい学生はいるのか？」（堀井）、「そもそも、なぜ、この課題を解決しようと思ったのか？ その原体験は？」（西山）、「やりたい理由を、世の中に共感をもって伝えられるか？」（西山）といった質問があり、学生たちは、こうしたやり取りをもとに各作品ごとにさらに議論を深めていった。

最後に、2つのワークショップでの議論を踏まえ、各作品4分でアイディアの概要や変更点などを発表した。短い時間の中でも、それぞれ要点を整理し「持続可能性」の3つの視点からポイントをおさえた説明であった。

17:00頃にワークショップは終わったが、会場は作品をもっと良くしたいと議論を続ける若者たちに21:00まで開放され、随所で熱い議論が交わされていた。

ワークショップ02

創造デザイン

ポスターセッション（2日め）：
ワークショップを経て進化した提案群

2日めのポスターセッションは、前日のワークショップを受け、アイディアをさらに練り込んで仕上げたポスターをもとに行なった。各作品の持ち時間は、発表7分、質疑応答7分である。

今回はワークショップでの議論により、ポスターの変更にも柔軟に対応できるよう、プロジェクターを使ったポスターでのセッションとなった。2日めの朝までに提出した最終版のポスターデータを、各作品ブースごとにプロジェクターからスクリーン（スチレンボードA0判）に投影し、追加の資料は、展示用パネルの空きスペースに掲示可能とした。作品番号順に展示ブースを巡回する3人の審査員に対して、学生たちは、ポスターや追加資料に加えて、実際の製品やジオラマなどの展示物、タブレットなどを使いながら説明していた。

審査員からは、[02] へは「高校生や中学生に、どんな話をするか？」（太田）、[12] へは「その場所で具体的に何が学べるのか？」（堀井）など、多岐にわたる質問が投げられた。

[18] のやり取りでは、「苗のキットはいくらか？」（堀井）の質問に、「最初に体験した時は無料だったが、それほど高額ではないと思う」と学生が答えに窮したものの、「何人ぐらい参加すれば再生できるのか？」（太田）には、学生は具体的なデータを示しながら「14,000人ぐらいを考えている」と明確に回答。[20] では「NPOが学生の支援活動を管理可能か？」（堀井）という質問に、学生は「高齢者の指導の下で雪下ろし作業をするなど、地元の協力を仰ぎたい」としっかり答えた。

[21] への「宅配業者のメリットは？」（堀井）など、提案を実施した場合を想定した具体的な質問が出たが、学生は、これまでの調査結果や議論を踏まえ、真摯に回答していた。その他、[17] への「文化として次の世代に伝えたいことは？」（太田）、[22] への「祭以外の日にもできる魅力的な体験は？」（太田）など、さらに踏み込んだ質問もあった。また、[34] へは「映画を体験する場というのは新しい」（太田）、[39] へは「大人では考えつかないようなアイディア」（西山）など、若い感性のアイディアを評価するコメントがあった。

今回、ワークショップを経験した学生たちは、他の地域の学生の意見や、審査員の意見を聞く中で、新鮮な驚きや「気づき」があったという。いずれの作品も1晩という限られた時間の中で、そうした「気づき」をもとに、さらに仲間同士で議論し、その結果を反映させたアイディアを披露。結果、初日と同じ作品でも、さらに具体化され、新たな側面から光を当てた提案内容になっていた。審査員からも「昨日のフィードバックを受けてプレゼンテーションが良くなった。すごくわかりやすくなった」と好評価を受ける作品が目立った。審査員からの「ぜひ実現してください」というエールに、学生たちが力強く「はい」と答えていた姿が印象的であった。

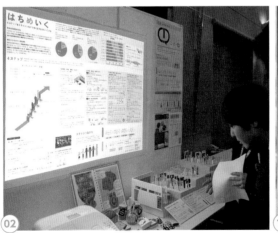

審査および講評：
アイディアの革新性や学生の主体的な関わり

13:00から、審査結果の集計をもとに審議をスタートした（表2参照）。はじめに、各審査員の評価について審査員間で意見を共有。「高専の学生がどのくらい主体的に関与するのか」「さまざまなことを考えて完成度の高いアイディアになっているか」「人の関わりや流れが増える仕組みになっているか」「いろいろな人の意見を聞いて練り上げた創造的なアイディアになっているか」など評価指標が述べられた。

審議の結果、集計結果の順で、最優秀賞に米子高専『森になる、私たちの「地元」』[39]、優秀賞に岐阜高専『"Life" saver 川の家』[12]、石川高専『公「民宿」館』[20]を決定した。西山審査員長からの提案により、審査員特別賞を堀井・太田審査員が、総合資格賞を審査員長が選出することになった。結果、審査員特別賞はサレジオ高専『はちめいく』[02]と釧路高専『花のアポイ再生プロジェクト』[18]、総合資格賞は明石高専『レンガ映画館』[34]に決定した（表2参照）。

惜しくも入賞を逃したものの、「強い愛を感じた」（西山）[06]、「初日の審査員の質問に真剣に向き合った姿勢を評価したい」（西山）[17]、「高専の学生が地域に果たす役割がおもしろい」（太田）[21]なども入賞候補として検討されていた。

14:00から、各入賞作品を順番に発表した。審査員からは「2日めの発表で驚くような成長があった」（西山）という評価や、「アイディアの完成度も高く、ぜひ実現してほしい」（堀井）という期待、「未来への展望が見える作品」（太田）などの講評があった（詳細は、本書93〜94ページ参照）。

本選2日間では、異なる地域の高専の学生同士が、1つの作品について熱く議論する姿や、審査員からのコメントを真摯に受け止める学生の姿が見られた。その姿は、我々にも明るい未来への希望を抱かせてくれるものであった。今後は、彼らが各アイディアを具体的な形として実現し、学生たちの想いが着実に未来につながっていくことを大いに期待したい。

（山本 哲也　東京都立産業技術高専〈品川〉）

表2　本選──得点集計結果

作品番号	作品名	高専名（キャンパス名）	地域性[12点満点]	自立性[12点満点]	創造性[12点満点]	影響力[12点満点]	実現可能性[12点満点]	プレゼン*1[12点満点]	合計[72点満点]	受賞
39	森になる、私たちの「地元」──緑から始まるまちづくり	米子高専	12	9	12	11	11	11	66	最優秀賞*2
20	公「民宿」館──長町における高齢者のネットワーク支援	石川高専	12	11	10	10	10	11	64	優秀賞
12	"Life" saver 川の家	岐阜高専	12	9	10	9	11	11	62	優秀賞
18	花のアポイ再生プロジェクト	釧路高専	11	9	9	11	9	10	59	審査員特別賞
02	はちめいく──八王子をめいくする	サレジオ高専	10	8	9	8	9	11	55	審査員特別賞
34	レンガ映画館──近代化産業遺産のリノベーション	明石高専	12	8	9	9	8	9	55	総合資格賞
06	岐阜市中心街の再生──丸窓電車の未来に寄り添って	岐阜高専	11	7	8	8	9	8	51	
21	ついつい便──定期便高専生からはじまる助け合いの町・ツバタ	石川高専	9	10	7	7	9	8	50	
17	くじらんど	釧路高専	9	8	7	8	8	8	48	
35	やまのうまや──上郡町における買い物できるまち計画	明石高専	11	7	6	7	7	7	45	
22	かける、つながる──相馬野馬追のネットワーク	仙台高専（名取）	10	7	6	7	6	6	42	

註　*1　プレゼン：プレゼンテーション　　*2　最優秀賞：最優秀賞（文部科学大臣賞）
　　*各得点欄の点数は、3人の審査員が評価した点数を合算したもの。各評価指標と評価点数の詳細は、本書100ページ「開催概要」参照

開催概要

創造デザイン部門概要

【課題テーマ】
彼を知り己を知る —— 未来につながる持続可能な地元創生

【課題概要】
現在、わが国では「地方創生」の取組みが推し進められている。その中で、地域住民が主体となり、「自律的」かつ「持続的」な取組みも生まれてきている。こうした取組みの根底にあるのは、「私たちの地元を良くしたい」という想い、地元愛である。創造デザイン部門では、地元を良くするための「地元創生」のアイディアを提案してもらう。

アイディアの提案に際しては、地元が持つ価値は何か、理解を深めることが大切。実際に街に出て、人々の暮らしを観察し、人々の生の声を聴いて、地元の魅力や資源は何か、そして課題は何かを探求することが必要である。

また、提案するアイディアには、高専の強みである実践的技術を活かすこと。地元の魅力や資源に実践的技術を加えることで、経済的に安定して循環する仕組みをつくることも可能だ。地元住民だけでなく、自治体や企業との連携・協働を視野に入れることも必要である。本選では、高専教育の一環として、相互研鑽、「学び合い」の観点から、高専間での情報共有やグループワークを実施する。全国各地の高専の学生が、互いの視点や情報を共有し議論し合うことで、さらなる創造的な「地元創生」のアイディアへと発展していくことを期待したい。

地元愛や誇りを持って、安心して暮らすことができる仕組み（アイディアとそのプロセス）を提案してほしい。

【審査員】
西山 佳孝［審査員長］、堀井 秀之、太田 直樹
ワークショップ・ファシリテータ：鈴木 諒子

【応募条件】
①高等専門学校に在籍する学生
②2〜4人のチームによるもの。1人1作品。複数の高専の連合可
③空間デザイン部門、AMデザイン部門への応募不可。ただし、予選未通過の場合には、構造デザイン部門への応募は可

【応募数】39作品（128人、12高専）

【応募期間】
2019年9月2日（月）〜6日（金）

【提案条件】
①地域資源を生かした地域振興につながる「創造性*1のあるサービス（こと）」の「プロセスデザイン（どのようなストーリーで地域の人を喜ばせるか）」を提案すること。「創造性*1のある製品（もの）」を提案する場合には、その「製品（もの）」がどのような仕掛けで地域振興に関与していくのかという「プロセスデザイン（ストーリー）」も併せて提案すること。本部門では特に「こと」興しを重視していることから、「こと」興しの仕掛けのみに特化する「プロセスデザイン」も含まれる。「もの」のみの提案は不可。
②地域（人、企業、自治体、NPO、住民組織など）が抱えている課題を解決するための「こと」を興すプロセスを提案すること。地域課題をとらえるには「現場の情報に当たる」ことが必要。その方法として、まず仮説を立て、その仮説を検証できるフィールドワーク（観察）、インタビュー調査、データの分析*2などが考えられる。必ず当事者（問題を抱えている人）の声を直接聞き、そして共感（empathy）で問題の本質を探り当てることが大切。
③プロセスデザインは、人（当事者）のニーズから出発し、目標とする地域像を実現するためのプロセスである。プロセスの中には、地域資源と、既存技術、実現可能と思われる技術や知識とをどう融合させるか、地域内外の人々がどうコミュニケート（意思疎通）するか、などを含む。本課題ではこうしたプロセスに高専がいかに関わるか、その役割を示すこと。

本選審査

【日時】2019年12月7日（土）〜8日（日）
【会場】大田区産業プラザPiO　4階　コンベンションホール「鶯」
【本選提出物】
①他の予選通過10作品に対するコメント：クラウドサービスGoogle Formを通じて提出（2019年10月23日〈水〉締切）
②ポスターの画像データ：クラウドサービスGoogle Formを通じて提出（2019年11月14日〈木〉〜21日〈木〉）
③最終発表用ポスターの画像データ：USBメモリに保存して提出（本選2日め）
④投影するポスターや説明に必要な資料など（任意）

【展示スペース】
展示用パネル（衝立：幅900mm×高さ2,100mm）2枚、テーブル（幅1,800mm×奥行600mm×高さ700mm）1台、プロジェクタ1台、スクリーン（A0判スチレンボード）1枚、電源（コンセント4口、最大2A）を提供

【審査過程】
参加数：11作品（32人、7高専）
日時：2019年12月7日（土）
①ワークショップ01　10:30〜12:00
②ワークショップ02　13:00〜17:00
日時：2019年12月8日（日）
①ポスターセッション　9:00〜12:00
②審査（特別会議室）　13:00〜14:00
③講評　14:00〜14:45

【審査基準】
下記の6つの評価指標で審査する
①地域性（地域の実情等を踏まえた施策であること）
　客観的なデータにより各地域の事情や将来性を十分に踏まえた持続可能な提案であること
②自立性（自立を支援する施策であること）
　地域・企業・個人の自立に資するものであること。「ひと」「しごと」の移転・創造を含み、特に外部人材の活用も含め「ひと」づくりにつながる提案であること
③創造性（多様な人々により熟考されていること）
　「創造性」を意識した提案であること。創造性は、多様な人々によるさまざまな視点からアイディアを何度も再構築することにより生まれる。創生事業は、1つの分野だけで解決できるものではない。そこに関係するさまざまな人々を巻き込んで生まれた創造性のある提案であること
④影響力（課題解決に対する影響力）
　提案したアイディアが、課題の解決に対して影響力のある提案であること
⑤実現可能性（10年後までの実現可能性が1%でも見出せればよい）
　万人が納得できる論理的根拠に基づく提案であること
⑥プレゼンテーション
　ワークショップを実施した上で、ポスターセッションでの説明と質疑応答を総合的に評価

【評価点数】（各評価指標を4段階で評価）
4点：特にすぐれている／3点：すぐれている／2点：普通／
1点：劣っている
各作品72点満点＝（4点満点×6指標）×審査員3人
　　　　　　　　＝24点満点×審査員3人
合計得点をもとに、審査員3人による協議の上、各受賞作品を決定

註
*1　創造性：多様な人々によるさまざまな視点からアイディアを何度も再構築することにより生まれる
*2　データの分析：RESAS（リーサス／Regional Economy Society Analyzing System＝地域経済分析システム〈https://resas.go.jp/〉）などがある

創造デザイン

予選審査総評

彼を知り己を知る──未来につながる持続可能な地元創生

西山 佳孝（審査員長）

「未来を知りたければ、じぶんで未来をつくりだせばいい」。今回のデザコンに向けて、高専の学生のみなさんが応募するにあたって確認した募集要項に、小職からのメッセージとしてアラン・ケイ氏の言葉を拝借した。そんなメッセージをみなさんが意識してくれたかどうかは定かではないが、予選審査で応募全39作品を目の当たりにして、潜在的な意味も含め、可能性が無限大の作品たちが一堂に会してくれたことに、審査員全員が率直に喜んでいた。

予選審査当日は、応募作品を作ったのが果たしてどんな人たちだったのか、想像力を最大限に働かせて、未だ見ぬみなさんをイメージしながら侃々諤々議論していた、そんな時間だったように思う。特に審査の過程において、得点が突出した上位の作品を除き、正直に申し上げると審査員間での意見はかなり分かれた。

それが、地元創生や地元愛などをテーマとしたおもしろさでもあるわけだが、予選審査において、審査員間で重要視したのは、定量的な評価だけによらない定性的な評価であった。

そのため、前述した上位の作品群以外で本選に進むべき作品については、活発な議論を展開した。当初10作品が予選通過の目途となっていたところ、潜在的な可能性を踏まえて最終的には11作品となった。

思考のボクシングとも言えるこうした議論は、このような機会＝リングがなければ実現しないため、一方で非常に心地のよい時間であった。

みなさんが応募作品に込めてくれた気持ちに応えるためにも、審査員1人1人がかなり真剣に審査したことをここに残しておきたいと思う。

募集に際しての審査員長からのメッセージ

「未来を知りたければ、じぶんで未来をつくりだせばいい」

🈂️山 佳孝（審査員長）

表題は、パーソナルコンピュータのお父さんとも呼ばれるアラン・ケイ氏が、未来を知るにはどうしたらいいのか、という主旨の質問に回答した際の言葉だと記憶している。

未来は決して、だれかがつくってくれるものではない。

1秒後の未来も、1カ月後の未来も、1年後の未来も、今ここにいる、もしくは、これから生まれてくるみなさんの手でつくっていくものである。

今回の課題テーマである10年後の未来も同様だ。

固定観念にとらわれず、みなさんが「ありたい」と思う未来が表現された提案を期待している。

＊文中の［　］内の2桁数字は、作品番号

予選審査経過

創造デザイン

今年は39作品の応募があった。形式審査、事前審査を経て、2019年9月14日に予選審査を実施した。事前審査では、クラウドを通じてポスターデータおよび審査票を審査員と共有し、3人の審査員に全作品の提案内容を事前に確認してもらった。

予選審査当日、午前の概略審査では、卓上に作品番号順に並ぶ応募作品のA1判ポスターを見ながら審査。各審査員は、評価指標である5つの視点（地域性、自立性、創造性、影響力、持続可能性）について各作品を20点満点（4点満点×5指標）で採点した。審査の公平を期すために、審査結果がホームページに掲載されるまで、審査員には各作品の作者と高専名を知らせていない。

午後の詳細審査では、得点の集計結果をもとに、西山審査員長の主導により3人の審査員で審議を進めた。まずは50点以上の3作品［02］［20］［21］の予選通過を審査員全員一致で決定した（表3参照）。その3作品を除いた上位19作品（32点以上）の中で各審査員が高得点を付けた作品に対して、それぞれの評価理由が述べられた。「買い物が不便であることを逆手にとって地域内外の人との交流をデザインする発想」［35］、「活用するのではなく森に戻すという逆転の発想がおもしろく、ビジョンが魅力的」［39］など、学生ならではの発想が高く評価

された。また「愛やパワーを感じるが経済的にやっていけるのか」［06］、「愛を感じるし仕組みとして実現可能性が高い」［18］など、地域性（地元愛）に加えて実現可能性も論点となった。そして、「祭に対する熱い思いを持った人々とつながり、互いに交流することは、良い学びになる」［22］と学びの視点からの意見もあった。一方で、予選以降の提案のブラッシュアップや本選のワークショップを通じて作品がどれだけ成長するか、その伸び代を期待したいといった発言も出た。

このような審議を経て、最終的に得点率で60点満点の70%以上、42点以上を獲得した上位11作品の本選出場を決定した（表3参照）。

最後に、予選を通過した11作品への「本選に向けたブラッシュアップの要望」（本書104〜105ページ参照）を各審査員に述べてもらい、すべての予選審査過程を終了した。「本選に向けたブラッシュアップの要望」については、本選審査の公平を期すために、各作品への該当コメントのみを各応募作品の担当教員に通知した。また、予選通過11作品には、他の予選通過作品に対するコメントを主管校宛にクラウドを通じて送付してもらい、本選に向けてのブラッシュアップ作業の参考として、該当各作品宛に送付した。

（山本 哲也　東京都立産業技術高専〈品川〉）

表3 予選 —— 得点集計結果

予選通過	作品番号	作品名	高専名（キャンパス名）	地域性[12点満点]	自立性[12点満点]	創造性[12点満点]	影響力[12点満点]	実現可能性[12点満点]	合計得点[60点満点]
☆	20	公「民宿」館	石川高専	11	11	10	10	10	52
☆	21	ついつい便	石川高専	10	12	10	10	9	51
☆	02	はちめいく	サレジオ高専	11	11	9	9	10	50
☆	35	やまのうまや	明石高専	11	9	9	9	9	47
☆	39	森になる、私たちの「地元」	米子高専	10	9	10	9	8	46
☆	12	"Life" saver 川の家	岐阜高専	10	9	9	9	8	45
☆	06	岐阜市中心街の再生	岐阜高専	11	9	8	8	8	44
☆	17	くじらんど	釧路高専	9	9	8	8	9	43
☆	18	花のアポイ再生プロジェクト	釧路高専	9	8	8	9	9	43
☆	22	かける、つながる	仙台高専（名取）	11	8	8	8	8	43
☆	34	レンガ映画館	明石高専	9	8	7	9	9	42
	01	たまゆら	サレジオ高専	10	8	8	7	7	40
	27	サラリーマン×農家	大阪府立大学高専	9	8	7	8	8	40
	33	Hunting Circulation	明石高専	9	8	7	8	8	40
	26	おらほののりはすげぇんだぞ	仙台高専（名取）	9	8	7	7	8	39
	30	みらいレンズ	福井高専	8	8	8	7	7	38
	19	みんなで冬の学園祭	石川高専	8	7	7	8	6	36
	11	獣をもって地域を興す	岐阜高専	9	7	6	6	6	34
	15	アートな街中ぶらり	釧路高専	8	7	6	6	7	34
	24	ノセル	仙台高専（名取）	9	6	6	7	6	34
	14	Recycling Road	釧路高専	8	7	6	6	5	32
	29	SNNI	長野高専	7	7	6	6	6	32
	16	牛、充電させてください。	釧路高専	7	6	7	6	5	31
	23	かまいし・もてなし・まちおこし	仙台高専（名取）	8	6	7	5	5	31
	25	閖上レジャーランド化	仙台高専（名取）	8	6	6	6	5	31
	28	ねこまち	大阪府立大学高専	8	6	5	6	5	30
	08	時をつなぐリニア	岐阜高専	8	7	5	5	5	30
	07	城から城へ　中山どう？	岐阜高専	7	6	5	5	6	29
	04	GRB	岐阜高専	7	6	5	5	5	28
	05	本巣グランドデザイン2030	岐阜高専	6	5	5	6	6	28
	09	NEO根尾村	岐阜高専	7	6	5	5	5	28
	38	真珠で輝け	鈴鹿高専	6	6	5	6	5	28
	13	空飛ぶ宅配便	岐阜高専	6	6	5	5	5	27
	31	ハイブリッド城下町	米子高専	6	6	5	5	5	27
	37	世界と繋がる町おこし	鈴鹿高専	6	6	5	5	5	27
	03	シェアリングエコノミーを活用した廃校利用地域活性化プロジェクト	阿南高専	6	5	5	5	5	26
	32	神戸市西区を盛り上げよう　農業でつながる地域に笑顔	明石高専	6	5	5	5	5	26
	36	循環する林業の構築	明石高専	6	5	5	5	5	26
	10	大垣駅をランドマークに	岐阜高専	6	6	4	5	4	25

11作品

註　＊表中の☆は予選通過　＊表中の作品名はサブタイトルを省略
＊各得点欄の点数は、3人の審査員が評価した点数を合算したもの。各評価指標と評価点数の詳細は、「開催概要（予選）」参照

開催概要（予選）

予選審査準備

応募全39作品の電子データおよび採点表（各審査員1作品について20点満点＝4点×5指標）を、クラウドサービスを通じて3人の審査員と共有

採点表は、高専名と氏名を伏せ、作品番号、作品名、エントリーシートの作品概要のみを記載

予選作品選考基準を審査員に事前に送付

予選審査

【日時】2019年9月14日（土）10:00～17:00

【会場】
東京都立産業技術高等専門学校品川キャンパス
情報センター講義室

【事務担当】
石崎 明男、稲毛 契、岩田 修一、椛沢 栄基、應本 陽子、須藤 真穂、山本 哲也（東京都立産業技術高専〈品川〉）

【予選提出物】
①プレゼンテーションポスター：A1判サイズ（横向きまたは縦向き）1枚、3mm厚程度のスチレンボードに貼りパネル化（応募者の氏名、高専名の記載不可）、裏にエントリーシート貼付け（審査時には上部の作品番号記載部分のみを残して切取り）
②プレゼンテーションポスターの画像データ

【予選通過数】
11作品（32人、7高専）

予選評価指標

①地域性（地域の実情等を踏まえた施策）
　　客観的なデータにより各地域の事情や将来性を十分に踏まえた持続可能な提案であること
②自立性（自立を支援する施策）
　　地域、企業、個人の自立に資するもの。「ひと」「しごと」の移転、創造を含み、特に外部人材の活用も含め「ひと」づくりにつながる提案であること
③創造性（多様な人々により熟考されていること）
　　「創造性」を意識した提案であること。創造性は、多様な人々によるさまざまな視点からアイディアを何度も再構築することにより生まれると言われる。創生事業は1つの分野だけで解決できるものではない。関係するさまざまな人々を巻き込んで生まれた創造性のあるアイディアを提案していること
④影響力（課題解決に対する影響力）
　　応募する原動力となった課題に対して、提案したアイディアがいかにパワフルで影響力がありそうかを評価。一過性のものではなく、深く、強いアイディアを期待
⑤実現可能性（10年後までの実現可能性が1%でも見出せればよい）
　　万人が納得できる論理的根拠に基づく提案であること

【評価点数】（各指標を4段階評価）
4点：特にすぐれている
3点：すぐれている
2点：普通
1点：劣っている
各作品60点満点＝（4点満点×5指標）×審査員3人
　　　　　　　　＝20点満点×審査員3人

予選通過作品講評

本選に向けたブラッシュアップの要望

西山 佳孝（審査員長）、堀井 秀之、太田 直樹

創造デザイン

02 サレジオ高専

はちめいく —— 八王子をめいくする

世代間の交流というコンセプトはとても良い。活動を通して縦（上下世代）のつながりができ、社会が変わっていくというアイディアを高く評価したい。一方、コミュニティルーム、小学校で行なう活動などいろいろなアイディアを提案しているが、それぞれの活動がどんな魅力を備えているかを具体的に示してほしい。そして、この提案がいかに魅力的で誰もが喜んで参加するような教育プログラムであるのかを具体的な活動内容として明確に示してほしい。

06 岐阜高専

岐阜市中心街の再生 —— 丸窓電車の未来に寄り添って

丸窓電車に対するこだわりはとても良いので、こだわり続けてほしい。できれば、丸窓電車を活かした、高専の学生が中心となって行なう魅力的なイベントを具体的に提案してほしい。また、30年後の展望に路線整備とあるが、現実的には疑問が残る。将来まで丸窓電車を残すという思考から離れ、丸窓電車の未来に寄り添って、中心街の再生として何ができるかを具体論として考えてほしい。

12 岐阜高専

"Life" saver 川の家

川沿いの非常に魅力ある空間を有効利用し、併せて林業の促進、漁業の促進、農業の促進、獣害駆除などについて考えているのは良い。また高専の建築学科の学生が授業で川の家を設計、建築するという関わり方も非常に良い。ただし、提案内容がハード面に寄り過ぎているので、たとえば、川の家で全国の高専の学生が一緒に学ぶとか、建築コンペ（設計競技）の実施など、高専の学生が主語になるような活動をデザインできないか。ソフト面で具体的な提案がほしい。

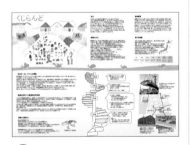

17 釧路高専

くじらんど

環境資源が豊富と言い難い部分もある中、くじらを使って、北海道釧路市ならではの魅力を生み出すという思いは評価したい。くじらに関するイベント、倉庫の再利用、高専の学生が開発する土産という発想もいい。ただし、「くじら祭」で言えば、何が祭の魅力で、どんな人々が祭に参加するために釧路に来るのかが不明瞭。「よさこい祭」など継続しているイベントには、求心力のある発明がある。また、祭体験以外に、日常の中の魅力的な体験も提案できないか。より具体的に「釧路」と一目でわかるような提案がほしい。

18 釧路高専

花のアポイ再生プロジェクト

作品からアポイ岳に対する思いが感じられた。しかし、植林用の苗を地域外の人が育てる、という山岳再生の仕組み自体はよくある。地域外の人の気持ちを「趣味のガーデニング」を超える強さにしてアポイ再生に向けられるキットとは何か。プロトタイピングも含めて、案をブラッシュアップしてほしい。さらに、キットを介して関わり合う、作る人、育てる人、訪れる人にとって魅力的に映る仕組みとして改善の余地がないか、再度検討してほしい。

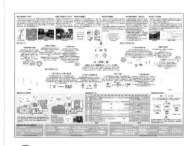

20 石川高専

公「民宿」館 —— 長町における高齢者のネットワーク支援

地域と高専のつながりから、公民館に着目した点は良い。また、公民館という地域に密着した場で、地域の歴史を知る高齢者が関わる形で宿泊体験ができるアイディアはすごくおもしろい。しかし、高専の学生と公「民宿」の関わりが弱い。高専の学生が主催するイベントなど、自分たちが中心のプレイヤーとしてどう関わるのかを考え、宿泊者は「公『民間』」で具体的にどのような体験ができるのかをデザインしてほしい。

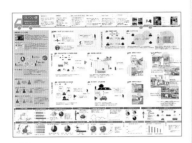

21 石川高専

ついつい便 —— 定期便高専生からはじまる
助け合いの町・ツバタ

石川県の津幡町全体の人と物の流れを考える
という観点は良い。また「助け合いの町」とい
うコンセプトの下、高専の学生が主体となっ
て物事を始める意識で提案している点も評価
できる。ただし、この提案を実際に続けてい
くための経済性を検討してほしい（人は乗車
率、物は積載率といったシステム全体の経済
性を検討）。そのために必要な情報は、関係
する企業や役所に問い合わせること。そして、
具体的にどのぐらいの荷物があり、どんな負
担がかかるのか、高専の学生にどんなインセ
ンティブ（動機付け）が働き、どのぐらいの人
数の学生が活動すればシステムとして回るの
かを示してほしい。

22 仙台高専（名取）

かける、つながる
—— 相馬野馬追のネットワーク

福島県の相馬野馬追という地元のリソース
（資源）が持つ、誇りや伝承への思いは大切に
してほしい。しかし、現体制を新設NPO法
人によって集約するという提案は、リソース
の魅力を引き出すものとは思えず、現実性に
も欠ける。伝統があるリソースはその魅力の
反面、ドラスティック（過激）な変化には弱く、
強行するとどこかに無理を生じやすい。この
リソース主体ではなく、高専の学生を中心に
据えて野馬追のイベントを新生するなど、高
専の学生としてどうデザインするかを提案し
てほしい。

34 明石高専

レンガ映画館
—— 近代化産業遺産のリノベーション

この作品については、最後まで議論が続いた。
さまざまな意見が出たが、淡路島の「洲本レ
ンガエリア」、それを構成するリソース（資源）
に魅力を感じることは確かである。しかし、
そのリソースはハード面のみであって、ソフ
ト面となるリソース活用方法の提案には具体
性がない。このリソースを使って、たとえば、
どのようなイベントを行ない、高専の学生は
そこにどのように関わるのか。豊かなリソー
スと高専を活用した、魅力的なソフト面の計
画を見てみたい。

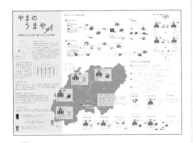

35 明石高専

やまのうまや
—— 上郡町における買い物できるまち計画

買い物が不便であることを逆手に取って、地
域内外の人との交流をデザインしていくのは
おもしろい。しかし、山の通貨を交換するこ
とが、具体的にどのような体験なのかが示さ
れていない。山の通貨を誰との間でどのよう
に使うのか、それによってどんな感情や関係、
魅力的な商品が生まれるのかを具体的に考え
てほしい。また、山の通貨を使って食事をする、
何かを買うだけでは人の行動は誘導できない
のではないか。その地域を活性化しようとす
る気持ちを高めることが重要である。

39 米子高専

森になる、私たちの「地元」
—— 緑から始まるまちづくり

作品名や「朽ち果てていく姿に価値を見出す」
という文言が非常に魅力的。ただし、朽ち果
てていく姿から生み出される価値が本当にあ
るのか。「朽ち果てていく」より、むしろ「自
然に還っていく」「自然と融合していく」とい
う変化から生まれる価値に相応しいビジネス
モデルを検討してほしい。また、分散して植
えるシステムは良いが、加工を分散させる技
術に高専がどのような役割を果たすのか、ま
で野心的に考えて動いてみてほしい。

予選 28 作品

たまゆら

01 サレジオ高専

◎沼倉 美羽、上野 心、剱持 蓮（3年）、渡辺 良生（2年）［デザイン学科］

シェアリングエコノミーを活用した廃校利用地域活性化プロジェクト

03 阿南高専

◎赤松 瑛夏［創造技術工学科化学コース4年］／品川 裕依菜［創造技術工学科情報コース4年］／二宮 碧斗［創造技術工学科機械コース4年］／喜田 晃礼［創造技術工学科建設コース4年］

GRB —— ゴミをエネルギーに

04 岐阜高専

◎大平 尚輝、澁谷 真由、守谷 日菜、バスカラン・スリーシャミン［環境都市工学科5年］

本巣グランドデザイン2030 —— 地域防災力の向上

05 岐阜高専

◎棚橋 悠希、宮川 大和、若原 巧実、アリフ［環境都市工学科5年］

城から城へ 中山どう？

07 岐阜高専

◎藤原 悠真、丹下 賢人、藤垣 颯太、松岡 圭太［環境都市工学科5年］

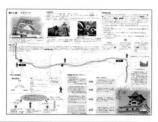

時をつなぐリニア —— 魅せる中山道

08 岐阜高専

◎児島 有紀、柴 彩夏、高嶋 理彩、堀 綾那［環境都市工学科5年］

NEO根尾村 —— つなぐ廃校・変わる生活

09 岐阜高専

◎田中 真尋、安藤 寛太、大橋 弘暉、河村 将和［環境都市工学科5年］

大垣駅をランドマークに

10 岐阜高専

◎長澤 弘樹、大倉野 傑、藤村 颯飛、宮崎 将多［環境都市工学科5年］

獣をもって地域を興す —— 有害を有益に

11 岐阜高専

◎中村 有紀憲、井上 雄太、大石 裕翔、本杉 蓮［環境都市工学科5年］

空飛ぶ宅配便 —— ドローンで農業をビジネスへ

13 岐阜高専

◎秋吉 宏哉、榎本 紘之［先端融合開発専攻専攻科1年］

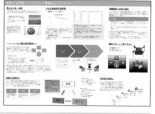

Recycling Road

14 釧路高専

◎山本 凌歌、長尾 ほのか［建築学科5年］／伊藤 拓未（4年）、小椋 悠加（2年）［創造工学科建築デザインコース建築学分野］

アートな街中ぶらり

15 釧路高専

◎石田 貫［創造工学科スマートメカニクスコース機械工学分野4年］／猪口 翔太［創造工学科エレクトロニクスコース電気工学分野4年］

牛、充電させてください。

⑯ 釧路高専

◎石丸 桃歌、荒井 樹奈［建築学科
5年］

かまいし・もてなし・まちおこし

㉓ 仙台高専（名取）

◎仲村 拓馬［生産システムデザイ
ン工学専攻建築デザイン学コース
専攻科2年］／阿部 智也、
早坂 大進［建築デザイン学科5年］

閖上レジャーランド化 ── 一日、手ぶらで過ごせる環境づくり

㉕ 仙台高専（名取）

◎佐藤 琴乃（5年）、今石 美早紀、
相澤 星龍（4年）［建築デザイン学
科］／草野 美有［総合工学科Ⅲ類
建築デザインコース3年］

サラリーマン×農家

㉗ 大阪府立大学高専

◎中村 龍威、安部 成輝、
丸山 聖哉［総合工学システム学科
都市環境コース4年］

SNNI ── 素晴らしい長野のなからいい篠ノ井

㉙ 長野高専

◎林 龍之介、神宮 樹、原田 優哉、
堀内 優美奈［環境都市工学科5年］

ハイブリッド城下町 ── 3Dを用いた町興し

㉛ 米子高専

◎岸川 陽紀、花田 光佑、
ヤーン・ソンパット［建築学科5年］

みんなで冬の学園祭 ── 歴史と伝統を紡ぐ

⑲ 石川高専

◎礒野 実友、笠置 拓未、
藤井 菜摘、宮本 沙稀［建築学科4
年］

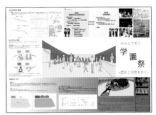

ノセル

㉔ 仙台高専（名取）

◎中西 静、川村 成優、
菅野 みなみ、鈴木 佑奈［建築デザ
イン学科5年］

おらほののりはすげぇんだぞ

㉖ 仙台高専（名取）

◎佐竹 皓基［生産システムデザイ
ン工学専攻建築デザイン学コース
専攻科1年］／阿部 百恵、
岡戸 誠斗［建築デザイン学科5年］／
大谷 しずく［総合工学科Ⅲ類建築
デザインコース2年］

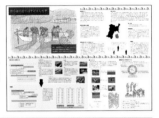

ねこまち ── 地域猫から始まる新たなコミュニティ

㉘ 大阪府立大学高専

◎森 成諒、八木 美帆、藤村 瑞希
［総合工学システム学科都市環境
コース4年］

みらいレンズ

㉚ 福井高専

◎吉川 航平、山田 晴輝［環境都市
工学科4年］

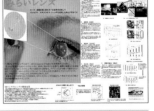

神戸市西区を盛り上げよう 農業でつながる地域に笑顔

㉜ 明石高専

◎前田 武志、中村 佳祐［建築学科
4年］

Hunting Circulation —— 狩猟から広がる新たな観光資源

㉝ 明石高専

◎高橋 響、近藤 颯亮、米田 碧［建築学科4年］

循環する林業の構築
—— 丹波市・市島町を発として

㊱ 明石高専

◎朝比奈 哲平、山村 大嘉、山田 風太、鳴瀧 康佑［建築学科4年］

世界と繋がる町おこし
—— 四日市とオリンピック

㊲ 鈴鹿高専

◎坪井 未来（2年）、川村 碧葵（1年）［電子情報工学科］／荒島 未琴［生物応用化学科1年］／鳥羽 真綾［材料工学科1年］

真珠で輝け —— 伊勢志摩活性化プロジェクト

㊳ 鈴鹿高専

◎河村 陽香、川合 涼水、丸太 佳奈［生物応用化学科1年］

創造デザイン

§ 審査員長

西山 佳孝
にしやま　よしたか

起業アドバイザー、
株式会社タウンキッチン　取締役

1981年　京都府京都市生まれ
2000年　東京都立田園調布高等学校卒業
2001年　個人事業主　開業
2013年　タウンキッチン　参画
2014年　東シナ海の小さな島ブランド　参画
2019年　Encounter Japan（メキシコ）　参画
　　　　東京ガスコミュニケーションズ
　　　　パートナー

◆主な活動
経済産業省の専門家をはじめとして、鹿児島県
の観光アドバイザー、鹿児島県庁で共生協働の
地域社会づくり会議の座長、東京都東村山市役
所で空家対策推進協議会の委員など、全国の自
治体で専門家として各種活動に携わる

◆主なプロジェクト
医療的ケアの必要な子供と家族の小児在宅地域
連携ハブ拠点の立上げ（沖縄、2016年-）、公
民館の立上げ（エジプト、2018年-）、日墨ソー
シャル・アントレプレナー交流事業（メキシコ、
2019年-）など

審査員

堀井 秀之
ほりい　ひでゆき

イノベーション教育実践者、
東京大学　名誉教授、
一般社団法人日本社会イノベーションセン
ター　代表理事、
i.school　エグゼクティブ・ディレクター

1958年　東京都生まれ
1980年　東京大学工学部土木工学科卒業
1981年　ノースウェスタン大学大学院土木工
　　　　学専攻修士課程修了（アメリカ合衆
　　　　国イリノイ州）
1982年　同、博士課程修了
1985-86年　東京大学工学部土木工学科　専
　　　　任講師
1986-96年　同、助教授
1996-2018年　東京大学大学院工学系研究科
　　　　社会基盤学専攻　教授
2009年-　i.school　エグゼクティブディレク
　　　　ター
2016年-　日本社会イノベーションセンターを
　　　　設立、代表理事
2018年-　東京大学　名誉教授

◆主な活動
2009年よりイノベーション教育プログラム
「i.school」をエグゼクティブ・ディレクターと
して運営し、新しい製品、サービス、ビジネス
モデル、社会システムなどのアイディアを生み
出すことのできる人材を育成。2016年に日本
社会イノベーションセンター（Japan Social
Innovation Center, JSIC）を設立。政府、企
業とi.schoolの学生・修了生が協働して社会イ
ノベーションを推進する活動を通じて、実践的
な教育機会を提供することを目指している

◆主な著書
『問題解決のための「社会技術」──分野を超え
た知の協働』（2004年、中央公論新社）、『社
会技術論──問題解決のデザイン』（2012年、
東京大学出版会）など

審査員

太田 直樹
おおた　なおき

事業共創プロデューサー、
株式会社New Stories　代表取締役

1967年　大阪府高槻市生まれ
1991年　東京大学文学部心理学科卒業
1991-95年　モニターグループに在籍
1997年　ロンドン大学大学院経営学専攻修士
　　　　課程修了（イギリス）
1997-2015年　ボストンコンサルティンググ
　　　　ループに在籍
2015-17年　総務省　大臣補佐官
2018年-　New Stories　代表取締役
2019年　総務省　政策アドバイザー

◆主な活動
地方都市を「生きたラボ」として行政、企業、
大学、ソーシャルが共創する「未来のまちづく
り」を企画し、運営している。ボストンコンサ
ルティンググループでアジアのテクノロジーグ
ループを統括した後、2015年から2017年ま
で、総務省大臣補佐官としてSociety5.0の策
定と地方の活性化に従事。
Code for Japan理事、コクリ！プロジェクト
ディレクター、i.schoolエグゼクティブフェロー
など、オープンイノベーションの活動に広く関
わる。また、地域・教育魅力化プラットフォー
ム評議員、みんなのコード理事などの活動を通
じて、未来の教育づくりにも関わっている

ファシリテータ

鈴木 諒子
すずき りょうこ

事業開発アクセラレーター、
東京大学大学院博士課程在籍

1982年	岩手県大船渡市生まれ
2005年	早稲田大学政治経済学部政治学科卒業
2005-14年	JALUX（日本航空グループ）に勤務
2011年	東京大学大学院新領域創成科学研究科サステイナビリティ学教育プログラム修了
2014年-	ICMG　コンサルタント
2015年-	Japan Innovation Network（JIN）マネージャー
2018年-	東京大学大学院総合文化研究科国際社会科学専攻相関社会科学コース「人間の安全保障プログラム」博士課程に在籍
2019年-	i.school　プロジェクト・アシスタントミラツク　非常勤研究員

◆主な活動
専門は、サステイナビリティとイノベーション分野。東京大学大学院にて「企業の持続可能性」について研究中。
また、東京大学発のイノベーション教育プログラム「i.school」、社会イノベーション事業の推進や支援を通じて社会的課題の解決を目指す「日本社会イノベーションセンター＝JSIC（Japan Social Innovation Center）」、独自のリサーチをベースに組織のオープンイノベーションを支援しているNPO法人ミラツクなどに携わる

◆主な論文
「Strategic Corporate Social Responsibility for Millennium Development Goals:Planning Projects for Business Opportunities and Sustainability」（修士論文、2011年、2010年度研究科長賞）など

◆主な受賞
持続可能な開発目標（SDGs）を達成するため、革新的な解決策を創造するイノベーションラボ＆ビジネスコンテスト「UNLEASH」にて部門優勝、Most Impact Potential Award（2017年、デンマーク）

AM
（Additive Manufacturing）
デザイン部門

課題テーマ

社会的弱者に向けた
スポーツ支援アイテム開発

　2020年に、東京2020オリンピック・パラリンピック競技大会が開催されることになっていた。オリンピック・パラリンピックは、人種、性別、障がいの有無などの多様性を互いに認め受け入れる、平和を象徴する世界的祭典である。この理念と同様に、これからの技術者には、社会的弱者や、地域、年齢、性別、障がいの有無などにより社会的に不利になっている人たちのさまざまな問題を技術的に解決することが求められている。

　そこで今回は、生涯スポーツを含めた各種スポーツを支援する新たなアイテムを、3Dプリンタによる造形技術を活用して開発してもらいたい。

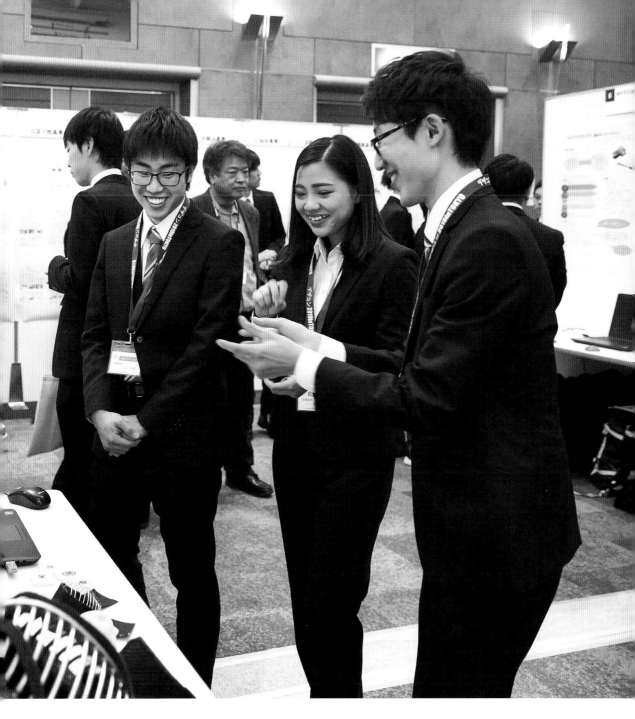

| ▶予選 | **20** 作品 | ▶本選 | **11** 作品 | ▶受賞 | **4** 作品 |

2019.09.02-09.06
予選応募

2019.09.13
予選審査

2019.12.07
プレゼンテーション

2019.12.08
ポスターセッション
審査結果発表、審査員総評

最優秀賞 (経済産業大臣賞)
⑧ 神戸市立高専『剣道防具型』

優秀賞
⑥ 神戸市立高専『オリジナルディスク』

審査員特別賞
⑨ 福井高専『Fitoss——Fit＋Toss トス上げ用義手』
⑲ 鶴岡高専『AnySkate』

最優秀賞
経済産業大臣賞

剣道防具型

菊岡 樹［機械工学科5年］
担当教員：早稲田 一嘉［機械工学科］

審査講評

まず、何を作るかという対象の選定において、本質的に個人の体格に合わせることが求められ、高付加価値を生み出せるパーツに着眼した点が評価された。さらに、付加製造（AM＝3Dプリンタ）技術自体の可能性が広がる点として、減少傾向にある防具職人が独自にもっている文化や伝統の匠の技を、現代的な方法で吸収、保存できることも評価された。社会的弱者という対象についても、広くユニバーサルにとらえており、プロから老若男女すべてに適用できる点でメリットが大きい。将来的に3Dプリンタでしかできない内部構造や機能を組み込むことで、より高付加価値にすることも考えられる。
（今井 公太郎）

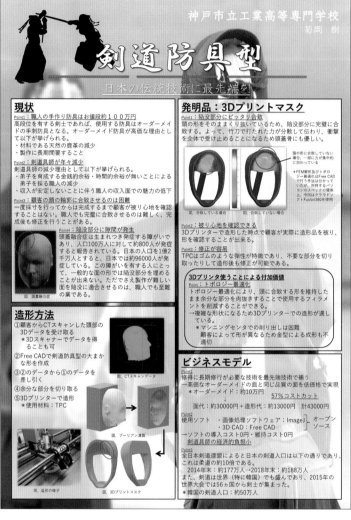

神戸市立工業高等専門学校
菊岡 樹

剣道防具型
日本の伝統技術に最先端を！

現状

Point1：職人の手作り防具はお値段約100万円

高段位を有する剣士であれば、使用する防具はオーダーメイドの手刺防具となる。オーダーメイド防具が高価な理由として以下が挙げられる。
・材料である天然の鹿革の減少
・製作に長期間要すること

Point2：剣道具師が年々減少

剣道具師の減少理由として以下が挙げられる。
・弟子を育成する金銭的余裕・時間的余裕が無いことによる弟子を採る職人の減少
・収入が安定しないことに伴う職人の収入面での魅力の低下

Point3：顧客の顔の輪郭に合致させるのは困難

一度採寸を行ってからは完成するまで顧客が被り心地を確認することはない。職人でも完璧に合致させるのは難しく、完成後に修正を行うことがある。

Point4：陥没部分に隙間が発生

頭蓋癒合症は生まれつき発症する障がいであり、人口100万人に対して約800人が発症すると報告されている。日本の人口を1億2千万人とすると、日本では約96000人が発症している。この障がいを有する人にとって、一般的な面の形では陥没部分を埋めることが出来ない。ただでさえ製作が難しい面を陥没に適合させるのは、職人でも至難の業である。

図, 頭蓋癒合症

造形方法

①顧客からCTスキャンした頭部の3Dデータを受け取る
　＊3Dスキャナーでデータを得ることも可
②Free CADで剣道防具型の大まかな形を作成
③②のデータから①のデータを差し引く
④余分な部分を切り取る
⑤3Dプリンターで造形
　＊使用材料：TPC

図, CTスキャンデータ

図, ブーリアン演算

図, 造形の様子

図, 3Dプリントマスク

発明品：3Dプリントマスク

Point1：陥没部分にピッタリ合致

頭の形をそのままくり抜いているため、陥没部分に完璧に合致する。よって、竹刀で打たれた力が分散して伝わり、衝撃を全体で受け止めることになるため頭蓋骨にも優しい。

図, 合致している場合　　図, 合致していない場合

頭の形に合致していない場合、一部に力が集中的に加わっている

＊FEM解析及びトポロジー最適化はFree CADで行う予定分かっていたが、所持するパソコンのスペックの関係上、今回はクラウドドンのFusion360を使用

Point2：被り心地を確認できる

3Dプリンターで造形した時点で顧客が実際に造形品を被り、形を確認することが出来る。

Point3：修正が容易

TPCはゴムのような弾性が特徴であり、不要な部分を切り取ったりして造形後も修正が可能である。

3Dプリンタ使うことによる付加価値

Point1：トポロジー最適化

トポロジー最適化により、頭に合致する形を維持したまま余分な部分を肉抜きすることで使用するフィラメントを削減することができる。
→複雑な形状になるため3Dプリンターでの造形が適している。

＊マシニングセンタでの削り出しは困難
顧客によって形が異なるため金型による成形も不適切

ビジネスモデル

Point1

修得に長期修行が必要な技術を最先端技術で補う
→高価なオーダーメイドの面と同じ品質の面を低価格で実現
　＊オーダーメイド：約10万円

57%コストカット

面代：約30000円＋造形代：約13000円　　計43000円

Point2

使用ソフト　・画像処理ソフトウェア：ImageJ　　オープンソース
　　　　　　・3D CAD：Free CAD
→ソフトの導入コスト0円・維持コスト0円
剣道具師の経済的負担小

Point3

全日本剣道連盟によると日本の剣道人口は以下の通りであり、これは柔道の約10倍である。
2014年末：約1777万人→2018年末：約188万人
また、剣道は世界（特に韓国）でも盛んであり、2015年の世界大会では56ヵ国から剣士が集まった。
＊韓国の剣道人口：約50万人

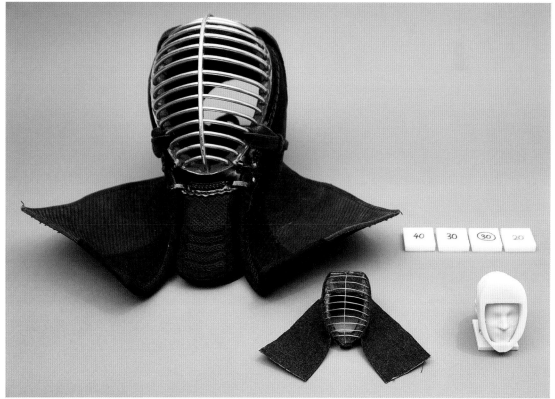

優秀賞 オリジナルディスク

◎谷 悠希、高橋 温生、田中 勝利、橋田 翔［機械工学科4年］
担当教員：宮本 猛［機械工学科］

ＡＭデザイン

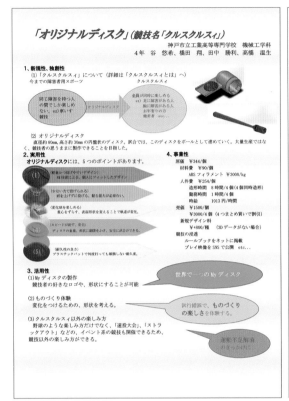

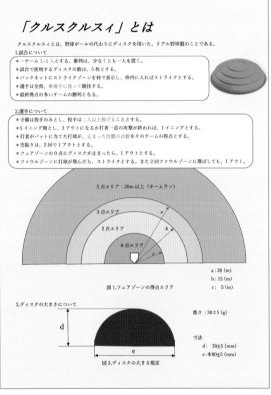

審査講評

3Dプリンタで作成したディスクそのものが、スポーツ種目として結果に響くようにデザインされているというアイディアが高く評価された。また、社会的弱者だけでなく、誰でも楽しめる点もこの案の良いところである。ただし、予選審査の時点からの展開がなかったのが残念で、スポーツとしてもっと本格的に楽しめるゲーム・デザインに進化させてほしかった。3Dプリンタのハイコストに見合うハイエンドなデザインを行なえば、事業性も期待できたかもしれない。　　　　　　　（今井 公太郎）

審査員特別賞

Fitoss —— Fit + Toss トス上げ用義手

◎渡辺 虎生太、松村 大輝、三池 寧弥、檜木 泰宏［生産システム工学専攻専攻科1年］
担当教員：佐藤 匡、吉田 雅穂、斉藤 徹［電子情報工学科］

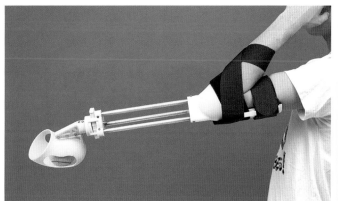

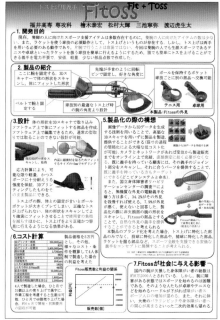

審査講評

シンプルなアイディアだが、これまでゲームに参加できなかった人が参加できるようになるという大きな価値が生まれることを、プロトタイプで実証できた点と合わせて高く評価した。一方、AM技術を活用しているものの、技術利用の独自性や必然性にやや乏しい点が惜しい。また、製品の外観に問題意識を持った点は評価したい一方、AM技術の利用による人の手の形の模倣という解決法だけでなく、他にもさまざまな外観デザインの可能性があることを知ってほしい。

（田中 尚）

審査員特別賞

AnySkate

◎佐藤 建［創造工学科電気・電子コースメカトロニクス分野5年］／冨田 渓介［創造工学科機械コース3年］／渋谷 優貴、佐藤 将太［創造工学科1年］　担当教員：和田 真人［創造工学科機械コースデザイン工学分野］

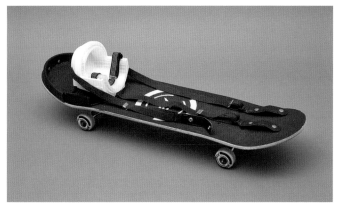

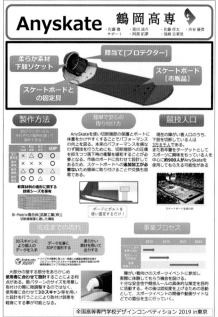

審査講評

プレゼンテーションの審査では説明不足の部分があったが、ポスターセッションでの説明で評価を上げた。ただし、活用性については、個別対応のカスタマイズだけではなく、スケートボードとの固定具も、3Dプリンタの特長を生かしたデザインにするなど、まだ工夫の余地があるのではないか。事業性については、もう少し具体的な数字を示してほしかったが、説明を聞いていく内に、可能性を感じた。実際に試してみて、安全性の検証までできていればもっと良かった。

（松田 均）

本選作品 ② 弓削商船高専 ゴルフ

GRIP

◎村上 敬太、若田 泰希（5年）、村上 芽衣、藤本 厘（4年）［電子機械工学科］
担当教員：瀬濤 喜信［電子機械工学科］

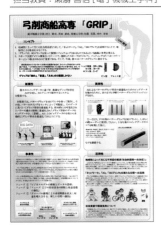

審査講評

新しい技術を積極的に取り入れようとする姿勢は良い。しかし、それらの技術を利用した具体的なプロセスの策定や技術検証ができていないため、アイディアに留まっている。現段階では、この作品が実際にどれだけの価値を生むのか、評価は難しい。効果を検証できるスコープ（範囲）を絞ると実りがあると思う。

（田中 尚）

本選作品 ③ 群馬高専 プロテクタ

feat —— 指を守るプロテクタ

◎朝戸 拓望、代 悠人［機械工学科4年］
担当教員：黒瀬 雅詞［機械工学科］

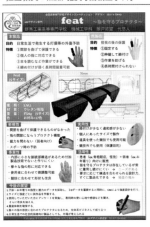

審査講評

実際に使用できそうなレベルまでモノができていたことは評価できる。ただし、個人に合わせるカスタマイズについては、S、M、L、XL程度のバリエーションがあれば、十分に対応できそうに思われた。また、3Dプリンタよりも安価な方法で製造できそうな点について、審査員の疑問に対する十分な答えは得られなかった。ケガや突き指防止といった消極的な目的だけでなく、別の高度な機能をさらに付加できれば、AM技術を用いる必要性を説明できたかもしれない。（今井 公太郎）

本選作品 ④ 奈良高専 自転車補助輪

動く補助輪

◎三浦 大、山本 凛、渡邊 加菜、山﨑 心［情報工学科4年］
担当教員：岩田 大志［情報工学科］

審査講評

着想は良いと思ったが、システムの全体像がわかりにくかった。
また、「3Dプリンタありき」ではなく、他の方法と比較した際の優位性や、ターゲットを絞った事業化などについて説明があると良かったのではないか。

（松田 均）

07 神戸市立高専 ボッチャ

Foot Boccia — フットボッチャ

◎有馬 朋希、東 悠月 [機械工学科1年]
担当教員：宮本 猛 [機械工学科]

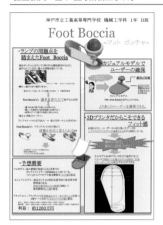

審査講評

実際に競技にできそうな道具になるまで、デザインを真剣に検討した点は評価できる。ただし、カスタマイゼーション（個別対応）の必要性がなく、AM技術ではない、より簡単な方法で制作できると考えられた。さらに検討を進めてBocciaとは別の新しい競技になるような可能性を提案しても良かったかもしれない。

（今井 公太郎）

---

12 明石高専 ラケット競技

ラケット握る君

◎石原 寛太、井阪 優希、浦田 龍図、大里 拓巳 [機械工学科5年]
担当教員：松塚 直樹 [機械工学科]

審査講評

AM技術を利用する必然性が乏しいため、高く評価しにくかった。しかし、上肢障害のあるユーザという想定がアイディアの発端でありつつも、それに限らず多くの人が利用でき、実際にプレイした時に、手でラケットを握る動きとは違ったおもしろさをつくり出せている点は良かった。 （田中 尚）

---

13 苫小牧高専 くちピンポン（新競技）

くちピンポン支援器具「カチッとさん」

舩木 優大、三上 隼人 [電子・生産システム工学専攻専攻科1年] ／◎田中 響、瀧澤 巧人 [機械工学科5年]
担当教員：高澤 幸治 [創造工学科機械系]

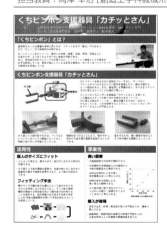

審査講評

3Dプリンタを使っての「事業性」をうまく説明できなかったために、「事業性」「活用性」の点数が低くなった。「安く、手軽に」という戦略ならば、卓球人口を拡大させる新しいルールなどの提案があっても良かったのではないか。

（松田 均）

HANA

◎千田 望美、大清水 空、本谷 澪佳、小玉 聡吾［生産システム工学科機械コース3年］
担当教員：山田 誠［生産システム工学科］

AMデザイン

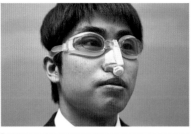

審査講評

ユニークなデザインや絵の美しさ、アイディアは高く評価され、審査員も他の参加学生もみんなが気に入った（学生相互投票で3位）。

しかしながら、フィージビリティ（実現の可能性）がなく、会期中に技術的な難点を解決することができなかった。現実に使えるものにしてほしかった。

（今井 公太郎）

＊文中の作品名は、サブタイトルを省略。高専名（キャンパス名）『作品名』［作品番号］で表示

本選審査総評

3Dプリンタのメリットをもっと有効活用しよう

今井 公太郎（審査員長）

「社会的弱者」と「事業性」の両立

　「社会的弱者」のためのデザインという今回の課題テーマの審査は非常に難しかった。審査の観点には、社会的弱者を対象とすることと、ある意味で矛盾する「事業性」の観点があったからである。事業が存続できるのかどうかが事業性のポイントであり、この点については、何を作るにせよ、デザイナーにもエンジニアにも常に考える責任がある。

　神戸市立高専『剣道防具型』［08］は、元来、付加価値の高い製品が対象であり、これを選択した点で優位性があった。また、社会的弱者だけでなく、一般の人々へ広く普及させることも併せて考えられていた。今回の難題に対して、いわゆるユニバーサル・デザインが事業性を担保するための作戦として有効に用いられている。

トライアル・アンド・エラーの繰り返し

　より良いアイディアにするためのトライアル・アンド・エラーの繰り返しがどれほどできるのか、というのが、コンペティション（設計競技）を勝ち抜く上でポイントになるが、それをどれほどの作品ができていたのか。予選審査後の「本選に向けたブラッシュアップの要望」（本書131ページ〜参照）で、案が変わってもいいから発展させてほしいという趣旨を述べたが、それが響くことなく、案があまり発展していない作品の多かったことは大変残念である。素早くプロトタイプを作る「ラピッド・プロトタイピング」ができるというのが、3Dプリンタのメリットの1つであり、そのことがトライアル・アンド・エラーの繰り返しを可能にする。そこをもっと有効に活用してほしかった。

　この結果を最終結果として終わりにしてしまわず、全く別のアイディアでも構わないので、新しいものづくりに向けて、引き続きトライアル・アンド・エラーを続けて、良いアイディアを出していただきたい。次回に期待する。がんばってほしい。

AMデザイン

難題にはスコープ（範囲）を
絞って取り組む

田中 尚（審査員）

ブラッシュアップする

　さまざまな提案があり、楽しいコンペティション（設計競技）だった。今回のようなコンペティション同様、デザイナーやエンジニアにとって大切なことは、①デザインをブラッシュアップする（向上させる）、②作品を完成させる、の2つを守ることだと伝えたい。これができないと良い成果は出せない。今回は、これら2つの点において満足できる作品がなかったため、ぜひ今回の感覚に慣れずにさらに精進することをおすすめしたい。

　①デザインのブラッシュアップは、たとえば、計画→実行→評価→改善をどれだけ繰り返せるかが重要である。特に人が使うハードウエアの場合は、そこにユーザが体験するプロセスも必ず含めたい。実際に使ってみて、遊んでみてどうだったかを評価して、その結果をもとに課題点を改善する。「できた」だけでなく、最初の構想をもとに、いかに改善できたかを見せてほしい。もしブラッシュアップがない場合は、提案がアイディア止まりになってしまい、めざす機能や効果、質の向上が見込めない。

作品を完成させる

　②「作品を完成させる」というのは、実際に最終製品と同様の体験ができる、あるいは第三者が直感的にそれをイメージできる状態を提示することである。たとえば、最終製品と同じように仕上げたプロトタイプやビジュアル（写真や図を使った完成イメージがわかる資料）を作ることも有効である。これが重要な理由は、提案者が製品の完成イメージを持っていたとしても第三者にはそれがないことが前提であるため、完成していない作品では、他者は提案そのものを正しく認知、評価できないからである。

　今回は、AM技術を活用し、社会的弱者を対象としたアイテムを事業性を示しながら提案するという極めて難しい課題テーマであった。そのため、全体を通して、高いレベルの成果を出せずに参加者が苦悩していた、という印象があった。このような場合には、自らが上記の①②を守ることを見込めるスコープ（範囲）を絞って取り組む、という観点も重要である。今回の最優秀賞を獲得した神戸市立高専『剣道防具型』[08]は、この絞り込みがうまくできていたため、良い成果が生まれたのだろう。

実現性が高く、
説得力のあるデザインを

松田 均（審査員）

「3Dプリンタありき」で考えない

　AMデザイン部門では、「活用性」を重要視している。難しい課題テーマの下で、思いついたアイディアについて、「3Dプリンタありき」で考えてしまったために無理が生じてしまった作品への評価は低くなり、他の方法との比較の上で、3Dプリンタの特徴を生かした検討を行なってきた作品の評価が高くなった。

　また、「プレゼンテーション力」によって説得力に差が出てしまう面はある。「事業化」については、ターゲットを絞るのか拡げるのかを明確にした上で、実現性の高いコスト計算を行なうことが重要であり、3Dプリンタ製品の特徴である高付加価値化や少量生産、カスタマイズに着目した作品への評価点が高くなった。

十分に磨けばアイディアは光る

　今回の課題テーマは、3Dプリンタによる造形技術を使った新しいアイテムによって、もっと多くの人がスポーツにチャレンジできることをめざしたものである。そのためには、新しいアイテムと、3Dプリンタの活用をどのようにうまく組み合わせるかがポイントだった。予選では、磨けば光る良いアイディアがたくさんあって、本選までのブラッシュアップに期待していた。

　本選では、その中で、課題を正しく認識して、欠点を克服してきた作品が高評価となった。今回、受賞できなかった作品には、どこか足りない点があったということだ。3Dプリンタで作る意味があったか、実際にスポーツとして成り立つのかどうかを十分に検証したか、事業としてのイメージが明確であったのか、など、どのような改善が必要であったかをもう一度考えてほしい。

　今回の経験を活かして、単なるアイディアではなく、実現性が高く、説得力のあるデザインにまでまとめあげて提案できる力を身に付け、再チャレンジしてほしい。

本選審査経過

昨年から格段にグレードアップした本選作品

会場設営、オリエンテーション：
慎重にそれぞれの展示を準備

　会場の設営は、本選前日の8:30より開始した。会場となったコンベンションホール「梅」は、2018年の会場より狭いことや、本選参加作品が増加したことから、作品展示のレイアウトには工夫が必要であった。

　予選に応募された全20作品のエントリーシートを会場内に掲示して、本選に進めなかった作品も本選参加者や来場者が見られるように配慮した。本選に参加した各作品の展示ブースには、A1判サイズのポスター2枚分が貼れる幅を確保した。ポスター手前に作品展示のためのテーブルを配置し、100V電源1口を用意した。

　初日の9:00から、AMデザイン部門会場の入口で受付を開始した。受付では、参加作品ごとにプレゼンテーションで使用する口頭発表用資料とポスターの各電子データを受け取り、実行委員会のPCに保存した。受付を終了した作品から随時、学生たちはポスターセッション会場の各作品に割り当てられた展示ブースに、ポスターと作品の展示を始めた。各作品ごとに、卓上に小さな展示物を慎重に設置したり、大きな展示品の配置を検討したり、パソコンやタブレットの設定や動作確認をするなど、学生たちにはやや緊張した表情が見られた。

　開会式の後のオリエンテーションでは、今井公太郎審査員長、田中尚審査員、松田均審査員から順に挨拶があった。最後に、本選参加の学生がくじ引きでプレゼンテーションでの発表順を決め、オリエンテーションを終了した。

　昼食時間を挟み、12:00～12:40の間で、作品ごとにプレゼンテーションの審査で使用するパソコンとプロジェクタの接続確認を行なった。

（04）

（18）

プレゼンテーション（口頭発表）：
質疑応答では、審査員と学生との活発なやりとりが

プレゼンテーション（口頭発表）は、12:45より開始した。今年は、学生が作品を説明する発表を7分、質疑応答を13分に延長し、1作品20分で実施した。

プレゼンテーションでは、くじで決まった発表順に、まず、予選からの4つの審査基準である「新規性・独創性」「実用性」「事業性」「活用性」を中心に作品の提案説明があり、続く質疑応答では、審査員と学生との間で活発なやりとりが行なわれた。

苫小牧高専『くちピンポン支援器具「カチッとさん」』[13]では、「健常者とは違うスポーツであるため、新しいルールが必要ではないか」（今井）という質問に対して、「これから調査が必要」と学生。「3Dプリンタで作る利点は？」「コスト設計に具体的な数字が出ていないが」（松田）には「詳しく考えていない」と回答に窮した。神戸市立高専『剣道防具型』[08]へは「弱者だけでなく、健常者も対象としている点が評価できる」（今井）とのコメントに続き、「減少する防具職人の技術をソフトに置き換えた場合、細かい形状修正のための機能やスキルが新たに必要になるのでは？」（松田）という質問に、学生は「個別対応できることが必要」と返答した。群馬高専『feat』[03]への「設計の際は、データ測定から3次元データ化が高価になるのでは」（今井）の問いに、学生は「オープン・プラットフォームを使い、ユーザ拡大を狙って解決していく」と堂々と回答した。神戸市立高専『オリジナルディスク』[06]では、「フルイニングやった後で、もう一度やりたくなるようなゲームになるといい」（田中）とのコメントがあった。鶴岡高専『AnySkate』[19]では、「足の切断面をどのように測定するのか」（田中）の問いに対し、学生たちは「義肢装具士と連携しながら進める」との回答があった。神戸市立高専『Foot Boccia』[07]では、「プロモデルとカジュアルモデルでの形状の違いは、性能の違いにつながってしまうのではないか」（田中）との問いに、学生たちが返答に窮する場面もあった。

函館高専『HANA』[18]では、鼻や顔への固定方法についての質問に対し、学生から「鼻に不快感のない装着方法をめざして設計した」との説明があった。弓削商船高専『GRIP』[02]では、「他人のデータ（ビッグデータ）から自分に最適のフィッティングが可能なのか」（松田）との質問に、学生たちは窮しつつも「テストモデルを作り、徐々に改良していきたい」と返答。福井高専『Fitoss』[09]では、「いくらで作っていくらで売るのか」（松田）の問いに、学生たちはさまざまなパラメータを提示して説明。明石高専『ラケット握る君』[12]では、「実際に使った印象は？」（田中）との問いには、「飛距離が出るので、競技にできる」と、学生から映像を使っての説明があり、奈良高専『動く補助輪』[04]への「補助輪を付けることによる事故減少との因果関係は？」（今井）に対しては、「曲がる状況で効果が期待できる」との回答があった。

ポスターセッション：
説明不足を補う学生に、事業展開へのアドバイスも

　本選2日めは9:00からポスターセッションを行なった。3人の審査員はそれぞれ分かれて展示ブースを回り、作品を見ながら前日のプレゼンテーションで明確にならなかった点を中心に、学生との質疑応答を通して審査した。参加学生は、作品の使用状況がわかるように実演をしながら、プレゼンテーションで不十分だった点を説明し、審査員から改善のアドバイスを受けるなど、終始、活発な議論が行なわれた。

　神戸市立高専『Foot Boccia』[07]では、学生が作品を足に装着して、実際のプレイを説明し、審査員と形状や素材についても議論していた。福井高専『Fitoss』[09]に対しては、「高付加価値で高価格帯に意識を向けて開発することで、さまざまなスポーツへの展開も考えられる」（今井）とのコメントがあった。神戸市立高専『オリジナルディスク』[06]は、ディスクの重量と速度についてや、新しいスポーツとしてのルールに関して議論していた。苫小牧高専『くちピンポン支援器具「カチッとさん」』[13]では、学生の具体的な製作コストの数値説明に対して、「事業性を担保するには社会性が必要であり、社会に展開できるかどうかがポイントである」（今井）とアドバイス。群馬高専『feat』[03]では、「実際に野球で使ってブラッシュアップすることで、日常用モデルと野球用モデルの違いが明確になる。また、類似品との比較から作品の優位性が見つかる」（田中）とのコメントがあった。神戸市立高専『剣道防具型』[08]には、「汗を吸い上げるような機能を追加すると価値が上がるのでは」（今井）と指摘。さらに、今後の事業展開に関する具体的なアドバイスもあった。明石高専『ラケット握る君』[12]では、松田審査員が、学生が実際にプレイしている動

画をチェックしたり、ラケットを器具に装着したりするなど、使い心地を熱心に確認していた。函館高専『HANA』[18]では、ゴーグルに取り付ける際の力のかかる方向と身体へのフィットについて、審査員と学生の間で活発な議論が交わされていた。

　審査員による審査終了後、参加学生が自作以外で評価した作品に投票する、学生相互投票（審査の得点に加算、本書128ページ「開催概要」参照）があり、互いの作品や作品製作についての情報交換など、学生間での交流も行なわれた。

審査員総評：
4つの審査基準とプレゼンテーション力を総合的に評価

審査結果発表と審査員講評を、昼食時間後に行なった。審査結果は、予選の4つの審査基準に「プレゼンテーション力」を加えて総合的に評価されたものである。

はじめに、学生投票の集計結果と得点がスクリーンに映し出された。続いて、審査員特別賞、優秀賞、最優秀賞（経済産業大臣賞）の順で発表された（表1参照）。そして、本選5つの審査基準である「①新規性・独創性」「②実用性」「③事業性」「④活用性」「⑤プレゼンテーション力」それぞれの点数、学生相互投票の点数および総合点数の一覧表が映し出された。

最後に、審査員から審査結果について総評と講評があった。まず、今井審査員長から「今年のAMデザイン部門は、社会的弱者のサポートと事業性を両立させる難しいテーマだった。この『事業性』は、デザイナーとエンジニアにとってとても重要であり、両立させないと社会には受け入れられない。今年の入賞作品は、実際に作って検討を繰り返している点が評価できる」と総評があった。また、最優秀賞の神戸市立高専『剣道防具型』[08]、優秀賞の神戸市立高専『オリジナルディスク』[06]に講評があった。

田中審査員から「今回のコンペティションを通して2つのことを伝えたい。1つめは、仮説を形にした後にPDCA（計画→実行→評価→改善）を実施すること。特に人が使う道具では、実際に使った上で繰り返し「改善」を行なってほしい。2つめは、最終商品と同じ体験を得られる状態をめざして、作品を完成させてほしい」との講評があった。

松田審査員からは「3Dプリンタだけでなく、他の方法との比較などの見直しも必要である。また来年もトライしてほしい」との講評があった（本書121～122ページ「本選審査総評」参照）。

（三隅 雅彦　東京都立産業技術高専〈品川〉）

表1　本選——審査結果

作品番号	作品名	高専名	受賞
08	剣道防具型	神戸市立高専	最優秀賞（経済産業大臣賞）
06	オリジナルディスク	神戸市立高専	優秀賞
09	Fitoss——Fit＋Toss トス上げ用義手	福井高専	審査員特別賞
19	AnySkate	鶴岡高専	審査員特別賞
02	GRIP	弓削商船高専	
03	feat——指を守るプロテクタ	群馬高専	
04	動く補助輪	奈良高専	
07	Foot Boccia——フットボッチャ	神戸市立高専	
12	ラケット握る君	明石高専	
13	くちピンポン支援器具「カチッとさん」	苫小牧高専	
18	HANA	函館高専	

註
＊優秀賞1作品は、該当なし
＊各審査員の持ち点、各審査基準、学生相互投票と得点、審査方法と総合得点の詳細は、本書128ページ「開催概要」を参照

開催概要

AMデザイン部門概要

【課題テーマ】社会的弱者に向けたスポーツ支援アイテム開発

【課題概要】

2020年に、東京2020オリンピック・パラリンピック競技大会が開催されることになっていた。オリンピック・パラリンピックは、人種、性別、障がいの有無などの多様性を互いに認め受け入れる、平和を象徴する世界的祭典である。このオリンピック・パラリンピックの考え方は、これからの技術者に求められていることと類似している。すなわち、これからの技術者には社会的弱者や、地域、年齢、性別、障がいの有無などによって社会的に不利になっている人たちの多様性に伴うさまざまな問題をグローバルな視点で技術的に解決することが求められているということである。

そこで、今回のAMデザイン部門の課題テーマを「社会的弱者に向けたスポーツ支援アイテム開発」とし、競技スポーツだけでなく、生涯スポーツも含めた各種スポーツを支援する新たなアイテムを、3Dプリンタによる造形技術を活用して開発してもらいたい。

1964年開催のオリンピック・パラリンピック東京大会が、日本にとって、グローバル化を意識し、技術立国へと大きく飛躍するきっかけとなったように、今回の取組みを、参加学生全員が技術者として大きく飛躍するきっかけにしてもらいたい。

【審査員】今井 公太郎（審査員長）、田中 尚、松田 均

【応募条件】

①高等専門学校に在籍する学生

②4人までのチームによるもの。1人1作品

③空間デザイン部門、創造デザイン部門には応募不可。ただし、予選未通過の場合には、構造デザイン部門への応募は可

【応募数】20作品（67人、13高専）

【応募期間】2019年9月2日（月）～6日（金）

【提案条件】

①社会的弱者がスポーツに用いる装具や器具を「アイテム」とし、3Dプリンタによる造形技術を活用して主要部品を製作したものを「作品」として用意すること

②作品の主要部品を3Dプリンタによる造形技術を活用して製作していれば、3Dプリンタによる造形物または造形技術のみで実現する必要はない。一例として、部品を鋳込みにより製作する場合、その型や型の元となる原型を3Dプリンタにより製作する方法など。3Dプリンタによる造形物や造形技術を活用していれば、他の工作技術の利用を含んでも可。3Dプリンタによる造形物や造形技術の活用の詳細は、「本選審査」の「審査基準」の④を参照

③例外として、作品の部品の内、ボルトなどのネジ類、バネ類、ゴム類は作品の主要部品に含めず、市販品の使用可。また、電池ボックスを含めた電装品類も市販品の使用可。部品を接合する用途に限り接着剤の使用可。緩衝材としての用途に限りスポンジ類と発泡スチロール類の使用可

④既存技術を前提とする必要はない。ただし、その場合には、解決すべき技術的課題などを具体的に示すこと

⑤提案の背景を客観的なデータなどを用いて示し、その実用化が社会にもたらすと期待される効果を具体的に示すこと

⑥3Dプリンタで用いる原材料の種類は不問。また、提案で想定される装具や器具の原材料と、作品（説明用の造形物）に用いる原材料を一致させる必要はない

⑦提案内容が特許などの知的財産権に関係する場合は、必要な手続きを提案者の責任で実行すること。また、既存特許への抵触、他の作品や商品の流用などがないことを、特許検索などにより提案者が責任をもって確認し、エントリーシート提出前に担当教員が再度確認すること

⑧現状の法令等との適合度は不問。ただし、その適合度を示すことで、提案の実用化をより具体的に示すことになり、評価が上がる可能性がある

本選審査

【日時】2019年12月7日（土）、8日（日）

【会場】大田区産業プラザPiO　4階　コンベンションホール「梅」

【本選提出物】

①ポスター：A1判サイズ（縦向き）1枚

②作品：3Dプリンタによる造形物

③補助ポスター：A1判サイズ（縦向き）1枚 [任意]

④プレゼンテーション（口頭発表）用データ

⑤ポスターの画像データ

【展示スペース】

展示用パネル（幅1,800mm〈900mm×2枚分〉×高さ2,100mm、テーブル背面に設置）1枚、

テーブル（幅1,800mm×奥行600mm×高さ700mm）1台、電源（100Vのコンセント1口、総電力300W以内）を提供

①ポスター：展示用パネルに展示、②作品：テーブルに展示、③ノートパソコンやDVDプレイヤなどの使用、その他 [任意]

【審査過程】

参加数：11作品（37人、9高専）

日時（実績）：

2019年12月7日（土）

①プレゼンテーション　12:45～17:00

2019年12月8日（日）

②ポスターセッション　9:00～12:00

③講評　13:45～14:30

【審査基準】

①新規性・独創性：現状での社会問題や技術的問題などの解決を前提としたアイディアの新規性や独創性

　新しさ、驚き、ときめき、感動、楽しさを感じさせるアイディアを提示すること

②実用性：製品化する上での技術的課題の解決、アイテムの有効性と有用性

　客観的あるいは定量的に評価した結果を提示すること

③事業性：実用化あるいは製品化した際に予想される事業効果

　収益、ユーザニーズへのマッチング、生産性とコスト、ブランド化などについて提示すること

④活用性：付加製造技術（3Dプリンティング）を使うことで、はじめて生み出される付加価値があるかどうか、他の技術では実現できないか。3Dプリンタならではの、3Dプリンタがないと実現できない付加価値を持った製品やサービスを提示すること

⑤プレゼンテーション力：内容と構成、スライドやポスターの見やすさ、発表者の声や態度（プレゼンテーション、ポスターセッション）

【評価点数】

各審査員の持ち点は、「④活用性」15点満点、その他の4審査基準各5点満点、合計35点満点

　各作品105点満点

＝{(15点満点×1審査基準)＋(5点満点×4審査基準)}×審査員3人

＝35点満点×審査員3人

【学生相互投票と得点】

ポスターセッションで3人の審査員への対応終了後、本選参加作品の制作メンバー（学生）が、自作以外で最も評価する作品に投票（各作品ごとの持ち点4票。票の配分は自由）。得票数の多い上位5作品に以下のように配点

1位：5点／2位：4点／3位：3点／4位：2点／5位：1点／6位以下：0点

【審査方法】

審査員による審査の得点と学生投票の得点を合算した総合得点（110点満点）をもとに、審査員3人による協議の上、各賞を決定

予選

デザインの価値を育てること

今井 公太郎（審査員長）

応募作品の多くには、未来のアイディアの種になりそうなものが散見された。一方で、事業性や活用性の点では「まだまだ、これから」という作品が多かった。現時点では、AM（付加製造＝3Dプリンタ）技術は手間ひまのかかる方法で、決して安い技術ではない。だから、単に安さを売りにするのではなく、高いコストに見合う、デザインの新たな価値を見出すような提案にする必要がある。

多くの応募作品に「カスタマイズ」というキーワードが頻出していたが、その可能性を提案するのであれば、なぜカスタマイズすることで製品の価値を高められるのかについて、もっと深く具体的に考える必要があろう。予選通過作品は、本選までに、予選に応募した提案を大きく発展させ、より魅力的に育ててほしい。本選では、実現の可能性を誰もが信じるに足る裏付けのある提案内容と、デザインの新しい価値が伝わるプレゼンテーションを期待している。

AM技術の優位性があるか

田中 尚

今回の課題テーマでは、「社会的弱者が用いるスポーツのアイテムをAM技術を活用して作る」といった条件下で、事業性を示すことが求められ、特に「AM以外の技術では実現できない」提案であるかどうかが評価される。これは相当な難題であろう。そこで、みなさんが「AM以外の技術では実現できない」という条件を満たそうとするあまり、本来実現したい製品の機能としては必ずしも必要のない造形をアイテムに与えるような方向に進んでしまわないように、AM以外の技術で実現できたとしても、他の技術と比較して「AM技術の利用に優位性が認められる」提案は評価したいと思う。

また、AMは形を作る技術なので、スポーツのシーンにおいて提案する価値が発揮できるかどうかを判断するためには、ほとんどの作品で作品全体の外観やフィジカル（物理的）な完成度も高いレベルに仕上げる必要があるだろう。本選でのプレゼンテーション（提案説明）を楽しみにしている。

事業化に向けたコスト計算を

松田 均

今回の応募作品には、おもしろい着眼点からのアイディアで、さらに具体的な検討を進めると良い提案になるのではないかと思えるものが多数あった。しかし、3Dプリンタの特長を踏まえた上で、事業化が成立するかどうか、という視点からコスト計算をきちんと考えている作品はほとんどなかった。予選通過作品は、事業性や活用性についても、高得点が取れるように検討してほしい。

予選審査経過

2019年9月13日（金）、AMデザイン部門の予選審査が行なわれた。応募全20作品は、今年の課題テーマである「社会的弱者に向けたスポーツ支援アイテム開発」の下、趣旨に沿った作品であることを前提条件として、エントリーシートに記入された①新規性・独創性、②実用性、③事業性、④活用性を評価軸として審査された。また、AM技術を用いることで製品にどのような付加価値が生まれるのかも評価の重要な要素となった。

審査員には、予選審査前に全応募作品のエントリーシートを配布し、応募作品の内容を把握してもらうとともに各作品に評価点を付けてもらった。

予選審査では、審査員全員の事前評価点を集計し、高評価であったものから順番に審査が進められた。審査員たちは、エントリーシートの内容を再確認しながら、本選に出場した場合の発展性や期待を話し合うなど、各応募作品にコメントを付けながら予選通過作品を選出していった。本選における発表時間を考慮し、最終的に11作品が予選通過作品として決定した（表2参照）。予選通過作品には、審査員からの本選に向けたブラッシュアップの要望と合わせて予選結果を通知した。

予選通過作品はいずれも、エントリーシートに記載された説明がわかりやすく、4つの審査基準についてしっかりと説明されていた。また、審査基準以外の面も含めて発展性の高い提案が多かった。

一方、予選未通過となった作品は、新規性や活用性が乏しい、構造的に実現の可能性が低い、説明が不十分、AM技術を用いる必要性が不明瞭といった理由で落選するものが多かった。

なお、応募された全20作品のエントリーシートは、本選の会期中、AMデザイン部門の会場内に展示された（下写真参照）。　　　　（福永 堅吾　東京都立産業技術高専〈品川〉）

開催概要（予選）

予選審査

【日時】2019年9月13日（金）13:00〜17:00
【会場】東京大学 生産技術研究所
【事務担当】
三隅 雅彦、福永 堅吾（東京都立産業技術高専〈品川〉）
【予選提出物】
エントリーシート：
①学校名、作品名、メンバー氏名など
②概要：何を提案しているかわかるように、図や表、写真、図面などを用いて、Ａ４判サイズ１ページ以内にまとめる
③詳細：提案の詳細がわかるように、図や表、写真、図面などを用いて、①新規性・独創性、②実用性、③事業性、④活用性をそれぞれＡ４判サイズ１ページ（合計４ページ）以内にまとめる
【予選通過数】
11作品（37人、9高専）
【予選審査基準】
①新規性・独創性、②実用性、③事業性、④活用性
（詳細は、本書128ページ開催概要の審査基準①〜④参照）
【評価点数】
各審査員の持ち点は、「④活用性」15点満点、その他の3審査基準各5点満点、合計30点満点
各作品90点満点＝30点満点×審査員3人

表2：予選 —— 選出結果

予選通過	作品番号	作品名	高専名（キャンパス名）
	01	With Me	国際高専
☆	02	GRIP	弓削商船高専
☆	03	feat—— 指を守るプロテクタ	群馬高専
☆	04	動く補助輪	奈良高専
	05	マルチプレイヤー —— 監督！ 私を使ってください！	弓削商船高専
☆	06	オリジナルディスク	神戸市立高専
☆	07	Foot Boccia—— フットボッチャ	神戸市立高専
☆	08	剣道防具型	神戸市立高専
☆	09	Fitoss—— Fit + Toss トス上げ用義手	福井高専
	10	SEFEWKU	仙台高専（名取）
	11	跳ねソール	明石高専
☆	12	ラケット握る君	明石高専
☆	13	くちピンポン支援器具「カチッとさん」	苫小牧高専
	14	スポウトボトル	岐阜高専
	15	ひやまきまいまい	仙台高専（名取）
	16	リムーバルアイシェード	旭川高専
	17	手にはめるラケットグリップ	仙台高専（名取）
☆	18	HANA	函館高専
☆	19	AnySkate	鶴岡高専
	20	障がい者水泳における3Dプリンタを使ったパドルの製作システム	鶴岡高専
11作品		合計	

註 ＊表中の☆は予選通過
　＊各審査基準の詳細は、本書128ページ「開催概要」の審査基準①〜④参照
　＊評価点数は、「開催概要（予選）」参照

予選通過作品講評

本選に向けたブラッシュアップの要望

今井 公太郎（審査員長）

全予選通過作品への共通の要望

本選のプレゼンテーションの審査では、次の4つの審査基準（本書128ページ「開催概要」を参照）について、スライドや作品（製作物）を用いて説明すること。また、「デザコン2019 in TOKYO」公式ホームページで公開中の「本選通過者」の記載事項も参考にしてほしい。

①**新規性・独創性**：現状での社会問題や技術的問題などの解決を前提としたアイディアの新規性と独創性について審査、評価する。新しさ、驚き、ときめき、感動、楽しさを感じさせるアイディアを提示してほしい。また、既存特許への抵触、他の作品や商品の流用などがないこと、類似商品との違いなどを特許検索の結果などを用いて具体的に示してほしい。

②**実用性**：そのプロダクトが実際に機能して、設定した問題を解決できるのか、有効性を審査する。客観的あるいは定量的に評価した結果を提示してほしい。

③**事業性**：実用化あるいは製品化した際に予想される事業効果について審査、評価する。予選審査の時点では、提案内容は全体的に認識が甘いと言わざるを得ない。デザイン・コストや3Dプリンタを運用するためのコストなど、いわゆる事業を進めるための人件費、その人たちが働くための場所にかかるコスト、宣伝費、そして利益に対する理解と認識がない。

本選のプレゼンテーションでは、実用化や製品化した場合の収益、ユーザのニーズへのマッチング、生産性とコスト、ブランド化について提示してほしい。

④**活用性**：AM（付加製造＝3Dプリンタ）技術を使うことではじめて生まれる付加価値があるかどうか、3Dプリンタならではのメリットを提示すること。3Dプリンタでないと実現できない付加価値を持った製品やサービスを提示しほしい。

提案の中には、3Dプリンタで成形することを前提として設計した形状を指して「これは3Dプリンタでなければ実現できない」というような説明が散見される。しかし、求めているのは、目的とする機能を果たす同様の製品設計が3Dプリンタ以外の方法でも可能か否か、という観点である。そのためには、3Dプリンタ以外のさまざまな成型や加工方法についての知識も、ある程度、必要になる。

---

02 弓削商船高専

GRIP

ユーザに応じたゴルフクラブのグリップが選べるというのは、良いアイディアである。しかし、太さを選べたり、テーパー（手元より先端を細くする構造）を付けたりするだけでは、バリエーションは数えるほどしかできない。手袋で3次元計測をする方法は方向性として良いが、それを最終的なアウトプット（製品）形状にどのようにつなげるかについて検討が必要。また、手の形に合わせたグリップにすることが、直接、打ちやすさに結び付くかどうかには疑問が残る。ビジネスの観点では、得られたデータをどのように活かすかがポイントになるだろう。

社会的弱者に関する回答では「ネットワーク、AI、3Dプリンタで地域性による格差を少なくすること」という抽象的な設定に委ねているが、今回の独自のグリップ製作システムだからこそ、弱者にとってうれしい結果をもたらすという点をしっかり提案に含めてほしい。

---

03 群馬高専

図1. 人差し指を伸ばした状態での後屈時のモデル

feat――指を守るプロテクタ

指の関節を守る機構については可能性がある。しかし、機構の強度のコントロールをどのように設定するのかには疑問が残る。強く締め過ぎると運動性が悪くなるし、弱くし過ぎるとプロテクション（防護具）にならない。材料を改善したとあるが、今の形状では、指とプロテクタの間が擦れて痛いのではないかと心配である。またその前に、提案している機構が、どの方向からの外力に抵抗するのかをはっきりさせる必要がある。これまで、こうしたスポーツ・プロテクタにどのような工夫が施されてきたか、前例を調べることを勧める。

収益についてだが、300円の価格設定では、開発費やオーダーメイドに対応するコスト、デザイン費（人件費）、販路の開拓のための広告費などは賄えない。

また、内部に設けたスライダー機構は、必ずしもAM技術でなくても同様の機能を果たす製品を製造できるのではないか。スライダーの移動やベルトの伸縮で関節の曲がりに対応する構造なので、いくつかのサイズ展開があればほとんどのユーザの指をカバーできそうである。個別のサイズ作成と3Dプリンタ技術の必然性については、さらなる説得材料がほしい。

---

04 奈良高専

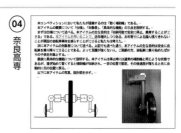

動く補助輪

補助輪にモーターを付けてコントロールするというのは、おもしろいアイディアである。ただし、このシステムをコントロールするためには、速度センサーとそれに連動して補助輪の上げ下げを判断するコンピュータの設置が必要なはずだが、どう制御するかについて具体的な提案がない。また、3Dプリンタでつくる付加価値が一体何なのか、説得力に欠ける。サイズや強度の変更、色の変更、刻印作成程度ならば、従来からある、より安価な射出成形方法などでも十分にラインナップを作ることが可能だ。

「独創性」に記載された「固定するもの・練習用・子供が使うものという固定概念（観念）の払拭」は、社会的弱者に関する問題提起として良いと思う。しかし、提案の補助輪が実際にそうしたイメージを払拭できるものになるかには疑問が残る。従来の補助器具と同じように見えないデザインに仕上げる工夫も重要なポイントとなる。

AMデザイン

---

06 神戸市立高専

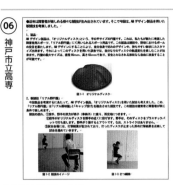

図1-1 オリジナルディスク

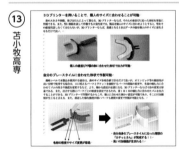

図1-3 競技のイメージ　図1-4 打つ動作

オリジナルディスク

プロダクトのデザインがスポーツ種目自体のデザインにつながっているところは、この提案のおもしろさである。また、ディスクに溝を入れることが、ディスクの球筋に変化を与えるところもおもしろい。ただし、溝の付け方によって、実際にどのような球筋に変化するのか、もう少し説明がほしい。さらに、こうした道具の開発とスポーツの関係についてもっと考察してほしい。そういう意味で、作品名は『オリジナルディスク』ではなく、スポーツ種目名にするのが良いだろう。

ディスクの溝形状を作るというプロセスがスポーツの一部になっているため、フィジカル（身体的）に立場の弱いユーザがスポーツに参加するというストーリーに強引さがないという点で、すぐれた提案である。一方で、ユーザがディスクのデザインを作成する手法について、より具体的な説明がほしい。デザインのスキルがなくとも作成できる仕組みの提案があると良い。

また、販売価格が安過ぎる。ルールに反するかどうかを判断しながら、こうしたオーダーメイドの球を1つ1つ作るには、多額の人件費がかかるだろう。提案内容には可能性を感じるものの、エントリーシートでは事業性の検討が不足している。カスタマージャーニー（顧客が購入に至る過程）の可視化など、ビジネスモデルを構築するつもりで取り組んでみるのも良いのではないか。

---

13 苫小牧高専

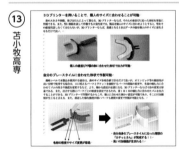

くちピンポン支援器具「カチッとさん」

「くちピンポン」の道具として有用なもので、良いアイディアである。口腔の形状に合わせて製造できるところは、3Dプリンタの利点である。しかし、健全な口腔の形状を計測するというのは、義手を作るために障がいのある腕を計測するのとは違い、いささか間接的な印象を受ける。健全な口腔にフィットする器具であれば、ある程度標準化できるように思える。また、口に咥えた時の快適性を考えると、ゴムではなく、口の中に入れても不快にならない素材を選定する必要がある。これについては、シリコン製のマウスピースなどの既製品が参考になるだろう。いずれにしても口腔の形状にフィットさせるためのデザインのポイントを明らかにしてほしい。計測したデータは「くちピンポン」以外にも有効利用ができそうである。

---

07 神戸市立高専

〈提案するアイテム〉

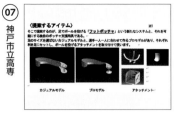

カジュアルモデル　プロモデル　アタッチメント

Foot Boccia —— フットボッチャ

ボッチャがパラリンピックのスポーツ種目であることは知られるようになってきたが、下肢を使っても行なえるようになれば、さらに可能性が広がる。こうした道具の開発で、競技自体がおもしろくなるのは良いし、リアリティも感じられる。ボッチャに詳しくない人にもわかるように、競技にどのような有効性や実用性があるかを具体的、客観的に示してほしい。

オーダーメイド・デザインの価格設定が安価すぎる。200円では人件費やデザイン費が捻出できない。精度の高い調整によりユーザに合った用具にするためには、精度の高いデザイン（高い人件費）が必要になる。

---

09 福井高専

図4 実際に使用している様子

Fitoss —— Fit + Toss トス上げ用義手

片腕でトスを上げサーブを打つ動作が難しいがゆえに、テニスや卓球を楽しめない人がいる。そうした問題を解決するために有用な義手であり、良いアイディアである。「どこびたシステム」と名付けた手法は、新しくはないが有効な考え方であり、方向性は良い。しかし、義足の接合部などと違い、それほど力はいらない「トスを上げる」という動作にとって、どこまで用具を身体にフィットさせることが求められるのかに疑問がある。身体にフィットさせることのメリットを具体的に明示してほしい。

コストに計上したのは材料費だけで、人件費や開発コスト、デザイン費、利益が入っていないので事業として成り立っていない。

提案には「欠損していない側の腕や手の形状を反転することで見た目の悪さを改善する」とあるが、本当に人間の腕の形でないから見た目が悪いのか、3Dプリンタを使うための口実づくりになっていないか、よく検討した上で提案してほしい。

---

18 函館高専

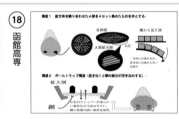

HANA

鼻に装着する新しい水泳器具で、ユニークなアイディアである。スポーツ器具以外への発展の可能性もある。問題は、フィージビリティ（実現可能性）であろう。実際に機能させるには、もう一工夫が必要そうである。鼻孔の機構のデザインだけでなく、鼻への固定方法のデザインも課題。また、実際に機能するかどうかを確認するテストが不可欠である。

---

08 神戸市立高専

剣道防具型

職人の経験不足を3Dプリンタの技術で補うのは良いアイディアである。また、剣道の防具がもともと高額なものであることにも可能性を感じる。企画としてはおもしろいが、どのように具体的なデザインに結び付けるのかや、最終的なプロダクトのイメージを示せていないのが残念。身体を3Dスキャンした後、そのデータをどのように防具の形にするのか。防具は身体の形にぴったりというわけではないので、隙間をどのようにデザインするのかに職人の技があると考えられる。

---

12 明石高専

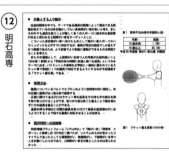

図1 ラケット握る君取り付け例

ラケット握る君

障がい者が健常者と同様のスポーツをするための道具は有用で、良いアイディアである。『ラケット握る君』にテニスラケットを挿して使用することを想定した場合、通常の腕とラケットを合わせた回転半径による遠心力を使うのではなく、腰から上の身体の回転でラケットを操作することになる。しかし、ある程度の長さの回転半径を確保し、身体への固定方法を工夫しないと、球にスピードが出ず、ゲームが成り立たない恐れがあるので検証が必要である。現状の案では、ベルトで身体に固定する方法なので、3Dプリンタである必要性は、あまりないように見える。ラケットのバリエーションには機械的に対応できるので、身体への固定方法がポイントになるだろう。

---

19 鶴岡高専

AnySkate

スケートボードの補助器具という新しい分野を開拓する良いアイディアである。下肢障害者でも楽しめる新たなスケートボード種目の誕生とともに新しいルールもつくられることになる。スケートボードに膝当てを取り付けた形状は、固定器具の付いているスノーボードを連想させるが、従来のスケートボードはスノーボードと異なり、ボードから人が離れるアクション（動作）の多いスポーツである。そのあたりの違いがデザインやルールにどのように反映されるのかが課題である。

予選9作品

(01) 国際高専　With Me
バドミントン

◎飯森 愛桜、井上 航［機械工学科3年］

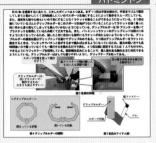

審査講評

道具に付けるグリップを3Dプリンタでカスタマイズする必要はないのでは。金属との比較は不適当で、これで解決できる問題の範囲が狭いのは残念。コスト計算をし、完成形を明確に示せると良くなる。

(10) 仙台高専（名取）　SEFEWKU
テーピング

◎渡辺 結衣［総合工学科Ⅲ類建築デザインコース3年］／白田 陽彩人［総合工学科Ⅱ類マテリアル環境コース3年］／吉田 陽［総合工学科Ⅱ類ロボティクスコース3年］

審査講評

この部門でなければおもしろい提案だ。構造が不明で、片手で使えないのではないか。3Dプリンタ以外で大量生産でき、製作物が同じ高専の作品番号15と似ているのも気になった。コスト計算がほしい。

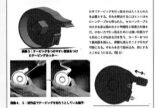

(14) 岐阜高専　スポウトボトル
水筒

◎山下 達也、梅田 佳歩、大野 勇介、越野 翔也［機械工学科5年］

審査講評

オーダーメイドの利点が少なく、3Dプリンタである必然性もないのでは。コスト計算も不十分。企画意図がスポーツの本質から外れている。ストローの具体的な形状やカスタマイズを示せれば良かった。

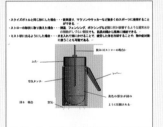

(16) 旭川高専　リムーバルアイシェード
ゴールボール

◎田原 奨真、佐々木 拓樹、山本 大泰［機械システム工学科3年］

審査講評

3Dプリンタで製作する必然性を感じられなかったので、その点を示せれば良かった。これからは、コスト計算を忘れずに企画を進めてほしい。

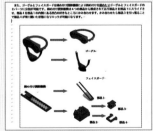

(20) 鶴岡高専　障がい者水泳における3Dプリンタを使ったパドルの製作システム
水泳

◎佐藤 大拓（3年）、尾崎 日茉里（2年）［創造工学科情報コース］／阿部 拓夢［創造工学科電気・電子コース2年］

審査講評

3Dプリンタである必然性を感じなかった。スイミングスクールでの製作には無理があるのではないか。安価で製作できるのか、疑問が残る。効果と安全性、障がい者用という特徴が明確に示せれば良かった。

(05) 弓削商船高専　マルチプレイヤー——監督！私を使ってください！
戦略検討用の模擬選手フィギュア

◎福井 璃玖、石川 敬太、清水 十夢、田邊 隆一［電子機械工学科5年］

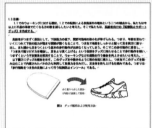

審査講評

あえて立体にせずに写真でもいいのでは。提案にまとまりがなく、スポーツを趣旨としているように思えない。健康器具のようにロハスな提案だと感じる。コスト計算しつつ、新規性を追求してほしい。

(11) 明石高専　跳ねソール
ウォーキング

◎白川雅也、尾上 舞、土本 大貴［機械工学科5年］

審査講評

新規性がなく、コスト計算も不十分。3Dプリンタの必然性には疑問が残る。製作の意図は伝わるものの、3次元形状がどれだけ効果を発揮するのかわからないので、そこを明確に示せるよう検討してほしい。

(15) 仙台高専（名取）　ひやまきまいまい
テーピング

◎赤間 祐人、熊本 玲、小谷 真、戸叶 翔汰［機械システム工学科4年］

審査講評

この部門でなければおもしろい提案だ。ただし、大量生産が可能なので、3Dプリンタである必然性のないのが残念。今後は、十分なコスト計算をもとに案を練ってほしい。

(17) 仙台高専（名取）　手にはめるラケットグリップ
ラケット競技

◎川端 日和、Low Jing Chong、長尾 晃二郎、尾田 佑斗［機械システム工学科4年］

審査講評

コスト計算がなく、デザイン以前の構想段階に留まっているのが残念。もっと的を絞り、具体性を伴って進めると良さそう。何をしたいのかをきちんと伝える工夫が必要だ。

◊ 審査員長

AMデザイン

今井 公太郎
いまい こうたろう

建築家、東京大学生産技術研究所　教授

1967年　兵庫県生まれ
1990年　京都大学工学部建築学科卒業
1992年　東京大学大学院工学系研究科建築学
　　　　専攻修了
1994-2007年　東京大学生産技術研究所　助手
　　　　　　　東京大学キャンパス計画室　助手
2010年　博士（工学）取得
2010-13年　東京大学生産技術研究所　准教授
2013年-　同　教授

◆主な建築など
建築に、『東京大学生産技術研究所アニヴァーサ
リーホール』（2013年／日本建築学会作品選集
2014）、『東京大学生産技術研究所千葉実験所』
（2017年）、『東京大学生産技術研究所千葉実験
所研究実験棟Ⅰ』（2019年／2018年度日本建
築家協会優秀建築選100選、日本建築学会作品
選集2019）など
最新作は、『PENTA：3Dプリント技術を用いた
セルフビルド実験住宅』（2018年-）

◆主な著書
『建築のデザイン・コンセプト』（共著、2013
年、彰国社）、『14歳からのケンチク学』（共著、
2015年、彰国社）など

◆主な活動
建築計画の基礎理論に関する研究、価値創造デ
ザインの活動、教育活動を行なう。東京都葛飾
区「浸水に対応した街づくり検討会」委員

田中 尚
たなか しょう

デザイナー

1983年　埼玉県所沢市生まれ
2008年　東京藝術大学美術学部デザイン科卒業
2010年　同大学院美術研究科デザイン専攻修士
　　　　課程修了
2010年-　下宮比デザインオフィスを設立、主宰
2015年-　Takram　在籍

◆主なデザイン作品
『TAMRON 一眼レフ交換レンズ』プロダクト・
デザイン（2016年）、『HAKUTO ローバー フラ
イトモデル』スタイリング・デザイン（2016年）
など

◆その他の主な実績
『TOYOTA e-Palette Concept』プレゼンテー
ション・サポート（2018年）など

◆主な活動
生活領域のハードウエアのデザイン（プロダク
ト・デザイン）を中核に、自動車メーカー、光学
機器メーカー、食品メーカー、ベンチャーなど、
さまざまな企業における事業のビジョン構築や
新規事業立ち上げ、プロダクトの企画、開発、
UX（ユーザーエクスペリエンス）、スタイリン
グなどをデザインでサポートしている

松田 均
まつだ ひとし

経済産業省　職員

1986年　通商産業省（現・経済産業省）入省
2007-09年　新エネルギー・産業技術総合開発
　　　　　　機構　主任研究員
2009-11年　経済産業省地域経済産業グルー
　　　　　　プ地域技術課　課長補佐
2011-12年　同省製造産業局産業機械課
　　　　　　課長補佐
2012-14年　環境省水・大気環境局総務課
　　　　　　課長補佐
2014-15年　経済産業省商務情報政策局ヘル
　　　　　　スケア産業課　課長補佐
2015-16年　日本医療研究開発機構情報シス
　　　　　　テムグループ　グループ長
2016年-　経済産業省製造産業局素形材産業室
　　　　　室長補佐

◆主な活動
次世代型産業用3Dプリンタ技術の開発を進め
る国家プロジェクトの担当など

プレデザコン

部門

課題テーマ

気になる「もの」

　応募は高専の3年生以下の学生限定で、既成概念にとらわれない自由な発想による幅広いデザインを求める。デザコンの従来の4部門の内の3部門に連動して、3つのフィールドに分け、それぞれに以下の課題テーマを設定する。

①空間デザイン・フィールド
　現存するか、または過去に実在した構造物や風景の着彩した透視図。一般的に人の目では見られず、写真で撮ることもできない構図とする。大胆で、かつ構造物の特徴や魅力が伝わるように工夫すること

②創造デザイン・フィールド
　次回、2020年名取大会で使用するエコバッグのデザイン。大会のメインテーマ（予定）は、この地で自然による試練を乗り越える力となった人と人とのつながりを、次代へと継承していくこと。それにふさわしいデザインを求める

③AMデザイン・フィールド
　3Dプリンタで作成する「落下時の衝撃を吸収するシェルター」。製作したシェルターを自由落下させる競技により、測定した衝撃力が小さいほど上位とする

▶本選　㊶
作品

① 24作品
② 12作品
③ 5作品

2019.11.11-11.15
応募
2019.12.07
作品展示、投票（①、②）
2019.12.08
作品展示、競技（③）、結果掲示

▶受賞　⑧
作品

① 空間デザイン・フィールド
最優秀賞（科学技術振興機構〈JST〉理事長賞）（空間-19）仙台高専（名取）『最期の記憶 銀山温泉』
優秀賞（全国高等専門学校連合会会長賞）（空間-23）小山高専『一期一会』
特別賞（全国高等専門学校デザインコンペティション実行委員会会長賞）（空間-21）岐阜高専『ハイタウン北方』

② 創造デザイン・フィールド
最優秀賞（科学技術振興機構〈JST〉理事長賞）（創造-04）サレジオ高専『mind connection sendai』
優秀賞（全国高等専門学校連合会会長賞）（創造-02）サレジオ高専『ずーっと、わせねーっちゃ』
特別賞（全国高等専門学校デザインコンペティション実行委員会会長賞）（創造-08）国際高専『co-op hope』

③ AMデザイン・フィールド
最優秀賞（科学技術振興機構〈JST〉理事長賞）（AM-01）津山高専『Collon』
特別賞（全国高等専門学校デザインコンペティション実行委員会会長賞）（AM-02）津山高専『発条の奴』

最優秀賞
科学技術振興機構〈JST〉理事長賞

空間-19 仙台高専（名取）　　　得点：99

最期の記憶 銀山温泉

菅野 瑞七［総合工学科Ⅲ類建築デザインコース 3年］
担当教員：塚田 由佳里［総合工学科Ⅲ類建築デザインコース］

投票者コメント（抜粋）

幻想的で美しい。／大正ロマンの空気感がある。街のもつ独特な雰囲気を色、ディテール、構図でしっかりとらえている。／近代性と日本固有のデザインをうまくマッチさせている。／空間構成の表現がすばらしい。（企業）
奥行の広がりと木の質感が伝わる。／こんな素敵な街並を残したい。／懐かしさやはかなさ、情趣を感じた。／空間の全容がよく理解できる。／圧倒的な雰囲気。／作者の世界観が伝わってくる。／日本の奥ゆかしさを感じた。／現在から過去に遡るような奥行。／ノスタルジックなタッチ。／自分がこの場にいるかのような構図。／少し妖しげだが、古風であたたかみを感じる。／渋い。／『えんとつ町のプペル』（にしのあきひろ著）を思わせる絵のタッチが良い。／奥に引き込まれそうな空間の表現に、ついつい見とれてしまう。／ゆがめた時空と雰囲気がマッチして、1つの世界を演出。（来場者）

提案主旨： 山形県の銀山温泉には、大正ロマンの郷愁を感じさせるノスタルジックな街並みが今もなお残っている。洋風木造多層の旅館が銀山川の両岸に沿って軒を並べ、昔ながらの独特な景観を味わえる。豪雪地帯ならではの雪景色もまた趣がある。私自身、2年前に家族で訪れた。父と最後に過ごした場所であり、とても思い出深い最期の記憶だ。父と見た風景がこれからも続きますように、家族を照らす灯りがこの先ずっと愛されますように、という想いを1枚の絵に宿した。

優秀賞
全国高等専門学校連合会会長賞

空間-23 小山高専　　　得点：70

一期一会

竹中 美裕［建築学科 3年］
担当教員：崔 熙元［建築学科］

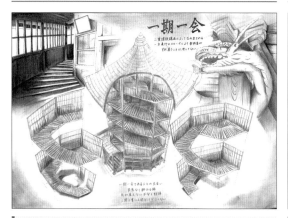

投票者コメント（抜粋）

高い表現力。／建物の特徴をうまくとらえ、空間の魅力が伝わる。／表現、空間の意味づけ、建物デザインが統合され、魅力的。／細部まで描かれ、雰囲気や要素の選択が良い。（企業）
絵の迫力に圧倒された。／構図がおもしろい。／建物からテーマを見出した構成が良い。／建物の特徴と人の心を重ねた空間的な表現がおもしろい。／二重らせん構造を分解して「一期一会」という言葉で説明。（来場者）

特別賞
全国高等専門学校デザインコンペティション実行委員会会長賞

空間-21 岐阜高専　　　得点：16

ハイタウン北方

◎河村 知香、千原 早織、中村 比乙［建築学科 3年］
担当教員：今田 太一郎［建築学科］

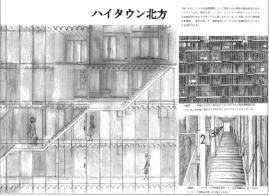

投票者コメント（抜粋）

白黒の濃淡で質感を表現できているのがすばらしい。／ぜひ行ってみたくなった。（企業）
美しく描かれていて、その場所に行ってみたい。／実物を見てみたい。色合いが美しく、統一感がある。／新しい住居のデザインがおもしろい。／ガラス窓の濃淡が上手に描かれ、建物の微妙な様子まで表現できている。（来場者）

フィールド名-00：作品番号（本書138～140、143～145ページ）

＊本書138～140、143～145ページの氏名の前にある◎印は学生代表
＊作品番号の「空間」は空間デザイン・フィールド、「創造」は創造デザイン・フィールド、「AM」はAMデザイン・フィールドを示す
＊「投票者コメント」の（企業）は、協賛企業を示す

最優秀賞
科学技術振興機構
〈JST〉理事長賞

創造-04　**サレジオ高専**　　　得点：84

mind connection sendai

安西 夏緒［デザイン学科1年］
担当教員：谷上 欣也［デザイン学科］

投票者コメント（抜粋）
円を描くデザインが良い。／仙台のイメージに深く同化し、未来に羽ばたく高専の学生へのメッセージ性を感じた。／シンプルで、男女どちらも使いやすい。／緑と流れる形がバランス良く、さわやか。／笹飾りが美しい。　　　　　（企業）
七夕祭というコンセプトがわかりやすい。／笹飾りの中に筆や鉛筆を描いたデザインが秀逸。／七夕祭から人と人との輪を表現するアイディアに感心。／一目で仙台らしさがわかる。／七夕祭のダイナミズムをしっかりと表現。／立体的な表現と平面的な表現をうまく組み合わせた。球体の境界を輪で結んだ表現が良い。／仙台とデザコンの要素を入れた、躍動感のあるデザイン。／歴史、名産、コンセプトに一体感があり「ゆい」にもつながる。／シンプルな色遣いと図形で、仙台の多様な魅力をアピール。／震災後の復興に向けた息吹を感じた。　　　　　　　　　　　　　（来場者）

提案主旨：課題テーマの「自然がもたらした試練」から思い浮かべたのは、昔から仙台の人々を周期的に襲う「やませによる冷害」だった。そこで、冷害による悲惨な過去を乗り越えようと祈った祭でもある「仙台七夕まつり」を象徴する笹飾りをイメージしたデザインにした。仙台七夕まつりを選んだもう1つの理由は、祭の歴史と、試練を乗り越えようという想いや願いが、人から人へ継承されていくことが、課題テーマの「人と人とのつながりを次代へと継承してゆく」に重なったからだ。

優秀賞
全国高等専門学校
連合会会長賞

創造-02　**サレジオ高専**　　得点：52

ずーっと、わせねーっちゃ

◎太田 亜衣［デザイン学科1年］／渕脇 蒼矢［機械電子工学科1年］　　担当教員：谷上 欣也［デザイン学科］

投票者コメント（抜粋）
色も柄も万人受けする印象。／コンセプトがわかりやすく、シンプルなデザインなのが良い。
　　　　　　　　　　　　　　　　　　（企業）
三日月のデザインがかっこ良くてオシャレ。／「ずっと忘れない……」にぐっときた。色と絵のバランスがいい。／美しくまとまりのある構成。／モチーフの形を抽象化し、うまくまとめた。／図形1つ1つに仙台を感じるものが詰まっている。／震災被災者への思いが伝わる作品名。／地域の人々のあたたかみを感じる。　　　　　　　　　　　　　　（来場者）

特別賞
全国高等専門学校
デザインコンペティション
実行委員会会長賞

創造-08　**国際高専**　　　得点：36

co-op hope

鷺島 悠人［国際理工学科2年］
担当教員：伊藤 周［国際理工学科］

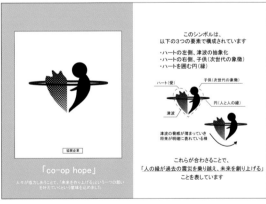

投票者コメント（抜粋）
明確なコンセプトを上手に表現。／かわいい。　（企業）
シンプルだが、忘れることで東日本大震災を乗り越えていくという想いが伝わる。／震災への思いが伝わるやさしいデザイン。／他と違い開催地の名取市らしさが出ている。／命のつながりを上手に表現している。／つらい過去から明るい未来への希望を込めている。／未来をつくり上げるというコンセプトがうまく表現されている。　　　　　　　　（来場者）

最優秀賞
科学技術振興機構〈JST〉理事長賞

(AM-01) 津山高専　　　質量：25.3g　衝撃力：0.06N

Collon

福見 結［総合理工学科情報システム系3年］
担当教員：塩田 祐久［総合理工学科機械システム系］

提案主旨：円柱の中を分銅の入った容れ物が回りながら落ちることで落下のエネルギーを回転のエネルギーに変換し、落下する速度を緩やかに減速させる仕組みを考えた。減速した結果、おもりによる衝撃が減ると予測し、このような形となった。アピールポイントは、バネや緩衝材などを使わない衝撃の吸収方法の発想であること。

作品名：Collon
作品の特徴：円柱の中を分銅の入った入れ物が回りながら落ちることで落下のエネルギーを回転のエネルギーに変換し、落下する速度を緩やかに減速させ衝撃を減らす。
作品の取り扱い方

手順1.分銅ホルダーに矢印の方向に分銅を入れる

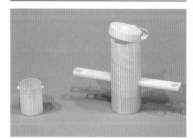
左から：シェルター,分銅ホルダー,蓋

作品名：Collon
作品の特徴：円柱の中を分銅の入った入れ物が回りながら落ちることで落下のエネルギーを回転のエネルギーに変換し、落下する速度を緩やかに減速させ衝撃を減らす。
作品の取り扱い方

手順2.分銅の入った分銅ホルダーを図のようにシェルターに収める　手順3.シェルターに蓋をする

特別賞
全国高等専門学校デザインコンペティション実行委員会会長賞

(AM-02) 津山高専　　　質量：265.8g　衝撃力：記録なし*1

発条の奴（ばね）

前田 晃菜［総合理工学科電気電子システム系3年］
担当教員：塩田 祐久［総合理工学科機械システム系］

作品名：発条の奴　（1/2ページ）
作品の特徴：落下した作品は、まずボタン部分がロードセル突起部に接触し押し込まれる。これに連動し、装置内部でばねを引っ張っているストッパーが外れ、ばねが分銅に上向きの運動を与える。これにより、本体がロードセルに衝突する瞬間の衝撃荷重を小さくする。

作品名：発条の奴　（2/2ページ）

註　*1　記録なし：構造体が評価され、激励の意味での受賞
　　*優秀賞は該当なし

＊文中に登場する作品名は、高専名（キャンパス名）『作品名』［フィールド名-数字］、で表示。サブタイトルは省略
＊［フィールド名-数字］は作品番号。『空間』は空間デザイン・フィールド、「創造」は創造デザイン・フィールド、「AM」はAMデザイン・フィールドを示す

本選審査経過／総評

参加することに意義がある

フィールド別に各賞を授与

　1〜3年生だけで成果を発表する機会を与え、彼らの主体性を育むべく設置されたプレデザコン部門は、デザコンの中心的役割を担う4年生以上の学生たちや、デザコン自体に関わりを持つことで、デザインへの関心を高く保ち、将来、他の4部門に参加するための前哨戦となるものである。課題テーマは今年も「気になる『もの』」。継続して高専の学生らしい、既成概念にとらわれない自由な発想による幅広いデザインを募集した。

　4回めとなる2019年東京大会でも「空間デザイン・フィールド（以下、［空間］）」「創造デザイン・フィールド（以下、［創造］）」「AMデザイン・フィールド（以下、［AM］）」の3フィールドで実施した。今回は、12の高専より昨年の倍となる41作品の応募があった。内訳は、［空間］24作品、［創造］12作品、［AM］5作品である。これまで全フィールドを総合して賞を与えていたが、各フィールドの趣旨が異なることを鑑み、今回はフィールド別に「最優秀賞」「優秀賞」「特別賞」を授与することとした。

　［空間］［創造］は、例年同様、展示作品への投票により順位を決めた。今回は、従来の投票の区分を変更。教職員、学生、一般来場者を合わせて「来場者」（1票）とし、「審査員」（10票）、「協賛企業」（5票）と合わせた3種類とした。

「エッグドロップ」競技を採用

　［AM］は、新たな試みとして、競技の結果により順位を決めることとした。競技に選んだのは、卵を空中から落としても割れないケース（シェルター）を3Dプリンタで作成し、それを実際に落として試験する、いわゆる「エッグドロップ」。今回は、卵の代わりに200gの分銅をシェルターに入れ、そのまま落とすのではなく、ガイド付きの競技装置を使い落下させた。そして、卵が割れたかどうかではなく、ロードセル＊1で衝撃力を計測。衝撃力が小さいほど、すぐれた作品と判断した。

　新たな競技の実施に伴い、その準備に教職員と手伝いの学生が奔走した。手伝いの学生には、夏休みから作品の試作を依頼。何度も競技シミュレーションを行ない、当日の競技進行がスムーズになるよう準備した。

　プレデザコン部門は、応募作品数が伸び悩んでおり、そのことを残念に思っていた。見やすい展示によって投票する人が増えれば、応募を検討している学生たちの励みになるとともに、低学年の学生がデザコンに親しむきっかけとなる本部門を周知できる。その結果、次の大会には数多くの作品が応募されるのではないか。それを期待して、展示スペースを1階メイン会場の比較的目立つ場所にした。

　審査当日は、手伝いの学生が入場者に投票の依頼をして回った。「協賛企業」「来場者」合わせて292人に投票をしてもらい、投票数は2018年を大きく上回った。また、「審査員」としての投票は、空間デザイン部門のみとなった。これは、今年の［創造］の課題内容が、創造デザイン部門の課題テー

マの内容と合致しなかったため、創造デザイン部門の審査員には積極的な投票の依頼を控えたからである。

エッグドロップでは「記録なし」が続出

　結果は、以下のとおりである。

　［空間］では、仙台高専（名取）『最期の記憶 銀山温泉』［空間-19］が「審査員」と「来場者」でトップの票数を獲得し、最優秀賞（科学技術振興機構〈JST〉理事長賞）となった。また小山高専『一期一会』［空間-23］が「協賛企業」でトップの票数を獲得し、優秀賞（全国高等専門学校連合会会長賞）となった。さらに、岐阜高専『ハイタウン 北方』［空間-21］が「審査員」から多くの票数を獲得し、専門家の評価が高いとして特別賞（全国高等専門学校デザインコンペティション実行委員会会長賞）となった。

　［創造］では、サレジオ高専『mind connection sendai』［創造-04］が、1年生ながら「協賛企業」「来場者」のいずれでもトップの票数を獲得し、最優秀賞（科学技術振興機構〈JST〉理事長賞）となった。また、サレジオ高専『ずーっと、わせねーっちゃ』［創造-02］が2番めの得票数を獲得し、優秀賞（全国高等専門学校連合会会長賞）に。さまざまな観点から審査した結果、実行委員会で総合的に高く評価された国際高専『co-op hope』［創造-08］が、特別賞（全国高等専門学校デザインコンペティション実行委員会会長賞）になった。

　［AM］では、唯一ルールに則り、衝撃力を計測することができた津山高専『Collon』［AM-01］が、最優秀賞（科学技術振興機構〈JST〉理事長賞）となった。それ以外の作品は「作品が大きく壊れる」「ロードセルの突起部以外の競技装置に作品が接触する」ことで「記録なし」という結果に。その中で、津山高専『発条の奴』［AM-02］は、計測時点で作品が壊れたものの、大きく壊れたかどうかをすぐに判断できずに審議となった。競技終了後の審査の結果、大きく壊れたという判定で「記録なし」となったが、構造体としては評価に値するとして、奨励の意を込めて特別賞（全国高等専門学校デザインコンペティション実行委員会会長賞）とした。

『五輪書』の本質に立ち返る

　今回は前回と比べて応募作品数が倍増し、わずかではあるが、プレデザコン部門がデザコンの1部門として定着することへの光明が見えてきた。デザコンは単なる展覧会ではなく、出展作品が評価される場である。作品への投票数が少なければショックを受けるかもしれない。だが、作品の完成までに費やした努力は、必ず将来の糧となる。そして、他人から評価されることは、次のステップへ上るために必要な体験でもあるから、審査されることを恐れずに「参加することに意義がある」の精神で、来年もぜひ多くの応募を期待したい。

　2019年東京大会のメインテーマ『五輪書』は、宮本武蔵が「初心者のための」兵法書として書かれたとも言われている。プレデザコン部門は正にデザインの初心者のための部門であり、また各フィールドも「構造物や風景のデッサン」「エコバッグのデザイン」「新しい構造体の創造」と、デザコン（デザイン）の基礎、基本となるものである。これを足がかりとして、それぞれの『新五輪書』を完成させてほしい。

（黒木 啓之　東京都立産業技術高専〈品川〉）

註　＊1　ロードセル：荷重を電気信号に変換し力を測定する装置

プレデザコン

表1　投票集計結果

作品番号	作品名	高専名（キャンパス名）	審査員*1	企業*2	来場者	合計点	フィールド別順位	受賞
空間-19	最期の記憶 銀山温泉	仙台高専（名取）	9	22	68	99	1	最優秀賞*3
空間-23	一期一会	小山高専	1	31	38	70	2	優秀賞*4
空間-21	ハイタウン北方	岐阜高専	7	3	6	16	9	特別賞*5
空間-08	Fallingwater	サレジオ高専	0	14	24	38	3	
空間-04	日本科学未来館	サレジオ高専	0	5	24	29	4	
空間-01	雲の上の図書館	高知高専	2	10	11	23	5	
空間-05	東京駅	サレジオ高専	1	13	7	21	6	
空間-22	Relaxing and Bustling Museum of Art	秋田高専	0	4	17	21	6	
空間-13	牛方宿	長野高専	2	9	9	20	8	
空間-11	Dessert de Timetrip	長野高専	3	3	9	15	10	
空間-12	絵本の森美術館	長野高専	0	6	7	13	11	
空間-14	RIBBON CHAPEL	仙台高専（名取）	2	2	7	11	12	
空間-02	うみがたり	長岡高専	3	0	6	9	13	
空間-10	富山県美術館	石川高専	0	2	6	8	14	
空間-24	カンポ・インペラトーレ	岐阜高専	0	1	6	7	15	
空間-09	雪月風花	高知高専	0	2	3	5	16	
空間-15	多賀城市立図書館	仙台高専（名取）	0	3	2	5	16	
空間-07	ルーテル教会	サレジオ高専	0	1	2	3	18	
空間-17	FACTORY CAFE	仙台高専（名取）	0	2	1	3	18	
空間-18	IGOONE ARAI	仙台高専（名取）	0	1	2	3	18	
空間-20	花と鳳凰堂	岐阜高専	0	1	1	2	21	
空間-03	映	長野高専	0	0	1	1	22	
空間-06	ARTE PIAZZA BIBAI	釧路高専	0	0	0	0	23	
空間-16	ヴェルサイユ宮殿の水車小屋	仙台高専（名取）	0	0	0	0	23	
創造-04	mind connection sendai	サレジオ高専		24	60	84	1	最優秀賞*3
創造-02	ずーっと、わせねーっちゃ	サレジオ高専		17	35	52	2	優秀賞*4
創造-08	co-op hope	国際高専		17	19	36	7	特別賞*5
創造-03	yousoro Sendai	サレジオ高専		24	20	44	3	
創造-12	Layers of Times	岐阜高専		19	23	42	4	
創造-09	羽空輪久バッグ	長野高専		12	29	41	5	
創造-05	CONNECTION SENDAI	サレジオ高専		10	28	38	6	
創造-07	Sendai Of Sky	サレジオ高専		5	10	15	8	
創造-06	Crecent Moon	サレジオ高専		0	13	13	9	
創造-01	バトンパス	長岡高専		4	2	6	10	
創造-11	人つ人な人が人り	岐阜高専		1	5	6	10	
創造-10	私達のクローバー	岐阜高専		0	2	2	12	

註　＊1　審査員：関連する部門の審査員（今年は空間デザイン部門のみ）　　＊2　企業：協賛企業
　　＊3　最優秀賞：科学技術振興機構（JST）理事長賞　　＊4　優秀賞：全国高等専門学校連合会会長賞
　　＊5　特別賞：全国高等専門学校デザインコンペティション実行委員会会長賞
　　＊表中の作品名はサブタイトルを省略
　　＊関連する部門の審査員は担当部門と連動するフィールドに投票（「構造デザイン部門」「創造デザイン部門」
　　　「AMデザイン部門」審査員は、来場者と同じ）。その他の人は持ち点の範囲内でどのフィールドのどの作品
　　　に何点票を入れても可
　　＊作品番号の「空間」は空間デザイン・フィールド、「創造」は創造デザイン・フィールドを示す

持ち点：審査員（関連する部門の審査員）＝1人10点
　　　　企業（協賛企業）＝1人5点
　　　　来場者（高専教職員、高専の学生、一般来場者）＝1人1点

表2　AMデザイン・フィールド競技結果（順位表）

作品番号	作品名	高専名（キャンパス名）	質量 [g]	衝撃力 [N]	順位	受賞
AM-01	Collon	津山高専	25.3	0.06	1	最優秀賞（科学技術振興機構〈JST〉理事長賞）
AM-02	発条の奴	津山高専	265.8	記録なし	—	特別賞（全国高等専門学校デザインコンペティション実行委員会会長賞）
AM-03	とりかご	石川高専	74.1	記録なし	—	
AM-04	tilting box	石川高専	131.0	記録なし	—	
AM-05	衝撃吸収カプセル	国際高専	164.2	記録なし	—	

註　＊優秀賞（全国高等専門学校連合会会長賞）は該当なし
　　＊特別賞は、構造体が評価され、奨励の意味での受与
　　＊衝撃力の小さいものほど上位
　　＊作品番号の「AM」はAMデザイン・フィールドを示す

AM-02

*氏名の前にある◎印は学生代表
*作品番号の「空間」は空間デザイン・フィールド、「創造」は創造デザイン・フィールド、「AM」はAMデザイン・フィールドを示す
*AMデザイン・フィールドの優秀賞は該当なし
*AMデザイン・フィールドは、衝撃力の小さいものほど上位

フィールド名-00 ：作品番号（本書143〜145ページ）

Fallingwater —— 落水荘　　得点：38

空間-08　サレジオ高専

多和田 風夏［デザイン学科1年］
担当教員：谷上 欣也［デザイン学科］

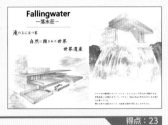

日本科学未来館 —— 見て触れて学べる博物館　　得点：29

空間-04　サレジオ高専

谷本 璃［デザイン学科1年］
担当教員：谷上 欣也［デザイン学科］

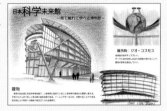

雲の上の図書館　　得点：23

空間-01　高知高専

別役 明音［ソーシャルデザイン工学科まちづくり・防災コース3年］
担当教員：北山 めぐみ［ソーシャルデザイン工学科］

東京駅　　得点：21

空間-05　サレジオ高専

渡邊 絵梨［デザイン学科1年］
担当教員：谷上 欣也［デザイン学科］

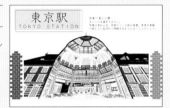

Relaxing and Bustling Museum of Art —— 秋田県立美術館の体験と想像を描く　　得点：21

空間-22　秋田高専

◎佐藤 圭太、佐藤 芽吹［創造システム工学科土木・建築系2年］
担当教員：鎌田 光明［創造システム工学科土木・建築系］

牛方宿　　得点：20

空間-13　長野高専

松本 詩季菜［環境都市工学科2年］
担当教員：西川 嘉雄［環境都市工学科］

Dessert de Timetrip　　得点：15

空間-11　長野高専

◎矢島 満衣、塚原 治美［環境都市工学科2年］
担当教員：西川 嘉雄［環境都市工学科］

絵本の森美術館　　得点：13

空間-12　長野高専

腰原 萌［環境都市工学科2年］
担当教員：西川 嘉雄［環境都市工学科］

RIBBON CHAPEL　　得点：11

空間-14　仙台高専（名取）

殿岡 フィアン［総合工学科Ⅲ類建築デザインコース3年］
担当教員：塚田 由佳里［総合工学科Ⅲ類建築デザインコース］

うみがたり　　得点：9

空間-02　長岡高専

◎今井 彩乃［環境都市工学科2年］／吉田 知世［物質工学科2年］
担当教員：宮嵜 靖大［環境都市工学科］

富山県美術館　　得点：8

空間-10　石川高専

◎丸岡 鳴（3年）、吉澤 実紗（2年）、斎藤 千紗、関 桜空（1年）［建築学科］
担当教員：内田 伸［建築学科］

カンポ・インペラトーレ　　得点：7

空間-24　岐阜高専

◎金城 光咲、廣瀬 天海［環境都市工学科1年］
担当教員：菅 菜穂美［一般科目（自然）］

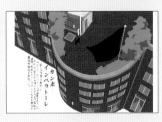

プレデザコン

雪月風花

得点：5

(空間-09) 高知高専

◎石井 美緒、溝渕 春帆［ソーシャルデザイン工学科2年］
担当教員：北山 めぐみ［ソーシャルデザイン工学科］

多賀城市立図書館

得点：5

(空間-15) 仙台高専（名取）

丹野 きみ香［総合工学科Ⅲ類建築デザインコース3年］
担当教員：塚田 由佳里［総合工学科Ⅲ類建築デザインコース］

ルーテル教会

得点：3

(空間-07) サレジオ高専

藤木 礼［デザイン学科1年］
担当教員：谷上 欣也［デザイン学科］

FACTORY CAFE

得点：3

(空間-17) 仙台高専（名取）

菊池 帆七海［総合工学科Ⅲ類建築デザインコース3年］
担当教員：塚田 由佳里［総合工学科Ⅲ類建築デザインコース］

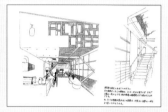

IGOONE ARAI

得点：3

(空間-18) 仙台高専（名取）

鈴木 香澄［総合工学科Ⅲ類建築デザインコース3年］
担当教員：塚田 由佳里［総合工学科Ⅲ類建築デザインコース］

花と鳳凰堂

得点：2

(空間-20) 岐阜高専

山坂 未央［電気情報工学科1年］
担当教員：菅 菜穂美［一般科目（自然）］

映

得点：1

(空間-03) 長野高専

◎小林 かんろ、松野 恵実［環境都市工学科2年］
担当教員：西川 嘉雄［環境都市工学科］

ARTE PIAZZA BIBAI

得点：0

(空間-06) 釧路高専

小林 愛里［創造工学科建築デザインコース建築学分野2年］
担当教員：西澤 岳夫［創造工学科建築デザインコース建築学分野］

ヴェルサイユ宮殿の水車小屋

得点：0

(空間-16) 仙台高専（名取）

今井 なつこ［総合工学科Ⅲ類建築デザインコース3年］
担当教員：塚田 由佳里［総合工学科Ⅲ類建築デザインコース］

yousoro Sendai

得点：44

(創造-03) サレジオ高専

遠藤 菜月［デザイン学科1年］
担当教員：谷上 欣也［デザイン学科］

Layers of Times

得点：42

(創造-12) 岐阜高専

◎渡邊 凛、岩島 ちひろ、中山 優那［建築学科3年］
担当教員：今田 太一郎［建築学科］

羽空輪久バッグ

得点：41

創造-09 **長野高専**

松本 詩季菜［環境都市工学科2年］

担当教員：西川 嘉雄［環境都市工学科］

CONNECTION SENDAI

得点：38

創造-05 **サレジオ高専**

三木 亮輔、保坂 嶺斗［デザイン学科1年］

担当教員：谷上 欣也［デザイン学科］

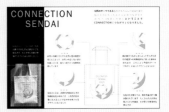

Sendai Of Sky

得点：15

創造-07 **サレジオ高専**

下河邉 千里［デザイン学科1年］

担当教員：谷上 欣也［デザイン学科］

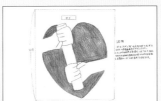

Crecent Moon

得点：13

創造-06 **サレジオ高専**

◎西村 岳、湊 尚己、半澤 龍大［デザイン学科1年］

担当教員：谷上 欣也［デザイン学科］

バトンパス

得点：6

創造-01 **長岡高専**

行方 一真［環境都市工学科1年］

担当教員：宮嵜 靖大［環境都市工学科］

人つ人な人が人り

得点：6

創造-11 **岐阜高専**

◎小澤 悠里、大林 千紘［建築学科2年］

担当教員：今田 太一郎［建築学科］

私達のクローバー

得点：2

創造-10 **岐阜高専**

◎柴田 珠奈［建築学科1年］／西﨑 菜月美［環境都市工学科1年］

担当教員：菅 菜穂美［一般科目（自然）］

とりかご

質量：74.1g　衝撃力：記録なし

AM-03 **石川高専**

◎丸岡 鳴、東出 虎汰郎、石崎 那帆、池田 華梨［建築学科3年］

担当教員：豊島 祐樹［建築学科］

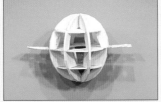

tilting box

質量：131.0g　衝撃力：記録なし

AM-04 **石川高専**

◎關谷 陸、東 智也（3年）、佐々木 海人、奈良 妃夏（1年）［建築学科］

担当教員：内田 伸［建築学科］

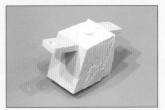

衝撃吸収カプセル

質量：164.2g　衝撃力：記録なし

AM-05 **国際高専**

◎畝森 愛桜、井上 航［機械工学科3年］

担当教員：坂井 仁美［機械工学科］

開催概要

プレデザコン部門概要

【課題テーマ】気になる「もの」

【課題概要】
高専3年生までを対象とした部門。高専の学生らしい「学術とものづくりとを巧みに結び付けるすぐれたセンスと、そこから生まれるアイディアを実践する力に裏打ちされた技術者魂」を胸に、既成概念にとらわれない自由な発想による幅広いデザインを求める。デザコンの従来の4部門の内の3部門（空間デザイン部門、創造デザイン部門、AMデザイン部門）をもとにした3つのフィールドに分け、それぞれに提案条件を設定。今回のAMデザイン・フィールドは競技による審査となった。

【提案条件】
①空間デザイン・フィールド
　現存する、または過去に実在した構造物や風景の透視図を描き、着色すること。構図は、一般的に人の目では見られず、写真でも撮ることのできないものとする。大胆で、構造物の特徴や魅力が伝わるように工夫すること

②創造デザイン・フィールド
　2020年名取大会で使用するエコバッグのデザイン。名取大会では、この地において自然がもたらした試練を乗り越える力となった人と人とのつながりを、次代へと継承していくことをテーマの根幹に据える予定。大会テーマにふさわしいデザインを提案すること

デザイン条件：
1)エコバッグの寸法は、縦380mm×横330mm程度
2)表面のみにデザインを印刷する仕様
3)余白などを考慮の上、デザインの配置まで提案すること
4)使用できる色は1色、エコバッグの色は白系または黒系
5)デザコン公式ロゴをどこかに配置すること。大きさの制限なし
6)縦15mm×横60mm程度の大きさの協賛企業のロゴの位置を指定すること
7)デザインの意図、コンセプトがわかる説明文を記入すること
8)手書きでもかまわないが、大会で用いる最終デザインを決定する際に、デジタル的な処理をするかどうかは作者と打ち合わせる
9)最終デザインを決定する際、作者の確認を取った上で、その意図を汲んだ多少の変更を了承すること

③AMデザイン・フィールド
　落下時の衝撃を吸収するシェルターを3Dプリンタで作成すること。大きさは、幅100mm×奥行100mm×高さ100mm以内

【応募条件】
①高等専門学校に在籍する本科3年生以下
②4人までのチームによるもの
③同一フィールドに応募できるのは1人1作品
④同一高専（キャンパス）からの応募は、合計12作品以内、同一フィールドで6作品以内
⑤他のコンテストなどに応募していない未発表の作品

【応募数】
41作品（67人、12高専）＝
空間デザイン・フィールド：24作品（35人、10高専）
創造デザイン・フィールド：12作品（20人、5高専）
AMデザイン・フィールド：5作品（12人、3高専）

【応募期間】
2019年11月11日（月）〜15日（金）

本選審査

【日時】2019年12月7日（土）〜8日（日）
【会場】大田区産業プラザPiO　1階　大展示ホール
【本選提出物】
●空間デザイン・フィールド、創造デザイン・フィールド
　ポスター：A3判サイズ（横向き）1枚
●AMデザイン・フィールド
　提案条件どおりの製作物、取扱説明書（電子データ）
【審査過程】
参加数：41作品（応募数と同）
①展示：2019年12月7日（土）9:00〜8日（日）16:00
②投票（空間デザイン・フィールド、創造デザイン・フィールド）：
　2019年12月7日（土）9:00〜17:00
③競技（AMデザイン・フィールド）：
　2019年12月8日（日）12:00〜13:00
④結果掲示：2019年12月8日（日）11:00〜16:00
【審査方法】
●空間デザイン・フィールド、創造デザイン・フィールド
　会場に展示された応募作品を見て、入場者が推薦する作品に各持ち点を自主投票し、その合計得点順位に応じて受賞作品を決定。入場者は規定の持ち点の範囲内で複数の作品に配点投票できる
　投票の持ち点＝連動する各部門の審査員（1人10点）、協賛企業（1人5点）、来場者（高専教職員、高専学生、一般来場者／1人1点）
　審査員（今年は空間デザイン部門のみ）は担当部門と連動するフィールドに投票、その他はどのフィールドのどの作品に何点入れても、持ち点内での配点は自由（「空間デザイン部門」以外の審査員の投票は来場者と同じ）
●AMデザイン・フィールド
　3Dプリンタで造形した作品に200gの分銅を載せ、高さ（ロードセル[*1]に接触するまでの距離）1mから自由落下させる競技（衝撃吸収シェルター試験）により審査。ロードセルで測定した最大値（衝撃力のピーク値）の小さいものを上位とする
【賞】
各フィールドごとに、最多得票（空間デザイン・フィールド、創造デザイン・フィールド）と競技1位（AMデザイン・フィールド）の作品を最優秀賞（科学技術振興機構〈JST〉理事長賞）、次点の1作品を優秀賞（全国高等専門学校連合会会長賞）とし、特別賞（全国高等専門学校デザインコンペティション実行委員会会長賞）1作品を、全国高等専門学校デザインコンペティション実行委員会が決定

註
＊1　ロードセル：本書141ページ註1参照

付篇
デザコン2019 in TOKYO

Contents:

デザコン2019 in TOKYO

【開会式】
日　時：2019年12月7日（土）10:00 〜 10:30
会　場：大田区産業プラザPiO　1階　大展示ホール

【学生交流会】
日　時：2019年12月7日（土）17:30 〜 19:00（受付開始17:00）
会　場：大田区産業プラザPiO　3階　特別会議室
第1部：建築・空間デザイン界の異才　落合守征氏と語ろう
第2部：大ビンゴ大会

【情報交換会】
日　時：2019年12月7日（土）18:00 〜 20:00（受付開始17:30）
会　場：大田区産業プラザPiO　4階　レストラン「コルネット」

｜登壇者プロフィール

落合 守征（おちあい　もりゆき）
株式会社落合守征デザインプロジェクト　代表
取締役

1973年東京生まれ。早稲田大学大学院理工学研究科建築学専攻修士課程修了。
世界最高峰のデザイン賞である「iFデザイン賞最高位金賞」（ドイツ）、世界3大デザイン賞の1つ「レッド・ドット・デザイン賞」（ドイツ）、アメリカを代表するデザインメディア主催の国際賞「INTERIOR DESIGIN Best of Year Award最優秀賞」（アメリカ合衆国）を受賞するなど、建築、空間、プロダクト・デザインの分野で世界的に高い評価を受ける。また、星空観察の聖地、岡山県美星町の街興しプロジェクト『星庵／星空を眺める茶室群』（2018年）では「星や自然と、人とを繋ぐ装置／茶室」を提案、国際デザイン賞「A'DESIGN賞」（イタリア）に輝く。
デザイン活動を通じて、人と空間のあり方を探求し、新しい時代の空間創造への挑戦を続けている。

受賞盾── 栄冠は誰の手に

　開催会場のある東京都大田区は「中小企業のまち」として知られ、多種多様で高度な技術が集積されている。今年は、その大田区を代表する金属加工メーカー、大橋製作所の「数楽アート」作品に特注（手作り）の金属製台座を加えて受賞盾とした。

　「数楽アート」とは、数学の2変数関数を金属加工技術の駆使により立体グラフ化した、ステンレス製アート・オブジェ。「$z=axy$」、「$z=a(x^2-y^2)$」などの関数が描く軌跡に沿って切断した数十枚の鋼板を、職人が1枚1枚手作業で格子状に組み合わせることにより、数式を「目に見えるアート」として表現している。見る角度によって表情を変える深遠なフォルム、幾重にもなった幾何学構造が織りなす神秘的な輝き。これらはすべて、たった2つの変数（xとy）からなる数式から導き出されたものである。同社の「この美しさ、

解けますか？」という「数楽アート」のキャッチコピーもなるほど、とうなずける。

　開催場所となった大田区の地域性を反映し、創造的で実践的な技術者をめざす高専の学生にふさわしい受賞盾と言えよう。

空間デザイン部門

構造デザイン部門

創造デザイン部門

AMデザイン部門

プレデザコン部門

製作／協力：
株式会社大橋製作所

【表彰式・閉会式】
日　時：2019年12月8日（日）15:00 ～ 16:00
会　場：大田区産業プラザPiO　1階　大展示ホール

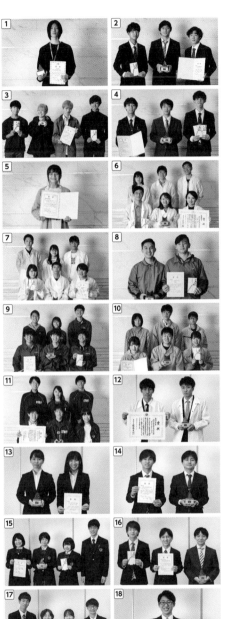

[空間デザイン部門]

最優秀賞（日本建築家協会会長賞）：賞状＋盾＋副賞（日建学院提供他）
　秋田高専：CRUMBLE —— 個と都市をつなぐ線的な集団形成 1

優秀賞：賞状＋盾＋副賞（日建学院提供他）
　石川高専：多様面が囲う宿 2
　仙台高専（名取）：うけたもう —— 継ギ接ギ絢ッテイク 3

審査員特別賞：賞状＋盾＋副賞（日建学院提供他）
　呉高専：共生の躯体 —— 日本で生きる外国人のためのスタートアップ施設 4
　仙台高専（名取）：「いずぬま」テリトーリオ 5

[構造デザイン部門]

最優秀賞（国土交通大臣賞）：賞状＋盾＋副賞（総合資格提供他）
　米子高専：逞弓 6

優秀賞：賞状＋盾＋副賞
　米子高専：金剛扇 7

優秀賞（日本建設業連合会会長賞）：賞状＋盾＋副賞
　モンゴル高専：信憑 8

審査員特別賞：賞状＋盾＋副賞
　呉高専：海凪 —— MINAGI 9
　徳山高専：双穹 10

日刊建設工業新聞社賞：賞状＋企業盾＋副賞
　石川高専：双舞 11

[創造デザイン部門]

最優秀賞（文部科学大臣賞）：賞状＋盾＋副賞（総合資格提供他）
　米子高専：森になる、私たちの「地元」—— 緑から始まるまちづくり 12

優秀賞：賞状＋盾＋副賞
　岐阜高専："Life" saver 川の家 13
　石川高専：公「民宿」館 —— 長町における高齢者のネットワーク支援 14

審査員特別賞：賞状＋盾＋副賞
　サレジオ高専：はちめいく —— 八王子をめいくする 15
　釧路高専：花のアポイ再生プロジェクト 16

総合資格賞：賞状＋副賞
　明石高専：レンガ映画館 —— 近代化産業遺産のリノベーション 17

[AMデザイン部門]

最優秀賞（経済産業大臣賞）：賞状＋盾＋副賞（総合資格提供他）
　神戸市立高専：剣道防具型 18

優秀賞：賞状＋盾＋副賞
　神戸市立高専：オリジナルディスク 19

審査員特別賞：賞状＋盾＋副賞
　福井高専：Fitoss —— Fit ＋ Toss トス上げ用義手 20
　鶴岡高専：AnySkate 21

[プレデザコン部門]

最優秀賞（科学技術機振興機構〈JST〉理事長賞）：賞状＋盾＋副賞
　仙台高専（名取）：最期の記憶 銀山温泉（空間デザイン・フィールド）
　サレジオ高専：mind connection sendai（創造デザイン・フィールド）
　津山高専：Collon（AMデザイン・フィールド）

優秀賞（全国高等専門学校連合会会長賞）：賞状＋盾＋副賞
　小山高専：一期一会（空間デザイン・フィールド）
　サレジオ高専：ずーっと、わせねーっちゃ（創造デザイン・フィールド）

特別賞（全国高等専門学校デザインコンペティション実行委員会会長賞）：賞状＋副賞
　岐阜高専：ハイタウン北方（空間デザイン・フィールド）
　国際高専：co-op hope（創造デザイン・フィールド）
　津山高専：発条の奴（AMデザイン・フィールド）

デザコン2019 in TOKYO

会場と大会スケジュール*1

会場：大田区産業プラザPiO（東京都大田区南蒲田1-20-20　https://www.pio-ota.net/）

各部門会場

部門	空間デザイン部門	構造デザイン部門	創造デザイン部門	AMデザイン部門	プレデザコン部門
会場	2階　小展示ホール	1階　大展示ホール	4階　コンベンションホール「鶯」	4階　コンベンションホール「梅」	1階　大展示ホール

2019年12月7日(土)

時間	空間デザイン部門	構造デザイン部門	創造デザイン部門	AMデザイン部門	プレデザコン部門
9:00〜9:30	受付／作品展示／準備など		受付オリエンテーション	受付／作品展示／準備など	
10:00	開会式（10:00-10:30）				
10:30〜11:00	オリエンテーション		ワークショップ01によるグループワーク	オリエンテーション	空間／創造／AMデザイン・フィールド展示　投票（空間／創造デザイン・フィールド）
11:00〜11:30	プレゼンテーション準備	仕様確認／作品撮影		プレゼンテーション準備	
11:30〜12:00	昼食／休憩			昼食／休憩	
12:30〜13:00	プレゼンテーション	仕様確認／作品撮影	昼食／休憩	プレゼンテーション	
14:30〜15:00		審査員審査	ワークショップ02によるグループワーク		
17:00	学生交流会受付（17:00 〜 17:30）				
17:30	学生交流会　3階「特別会議室」（17:30 〜 19:00）				
18:00	情報交換会　4階　レストラン「コルネット」（18:00 〜 20:00）				

2019年12月8日(日)

時間	空間デザイン部門	構造デザイン部門	創造デザイン部門	AMデザイン部門	プレデザコン部門
9:00		オリエンテーション8:45-9:00			
10:00〜11:00	ポスターセッション	耐荷性能試験	ポスターセッション	ポスターセッション　学生相互投票	集計作業（前半）
11:30					競技会準備
12:00	昼食／休憩				AMデザイン・フィールド競技会
13:00〜13:30	公開審査	学生情報交換会　集計作業	集計作業	集計作業	集計作業（後半）
14:00		審査員講評	審査員講評	審査結果発表審査員総評	
15:00	閉会式（15:00 〜 16:00）				

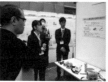

＊1：大会スケジュールは当初の予定のもの。実際には一部時間の変更があった

応募状況

地区	高専名 (キャンパス名)	空間デザイン部門		構造デザイン 部門	創造デザイン部門		AMデザイン部門		プレデザコン 部門
		予選	本選		予選	本選	予選	本選	
北海道	函館高専						1	1	
	苫小牧高専			1			1	1	
	釧路高専	6		2	5	2			1
	旭川高専						1		
東北	八戸高専			1					
	一関高専								
	仙台高専（広瀬）								
	仙台高専（名取）	14	2	2	5	1	3		6
	秋田高専	6	2	2					1
	鶴岡高専						2	1	
	福島高専	1		2					
関東 信越	茨城高専								
	小山高専	2	1	1					1
	群馬高専			2			1	1	
	木更津高専								
	東京高専								
	長岡高専			1					2
	長野高専			2	1				5
	東京都立産業技術高専（品川）			1					
	東京都立産業技術高専（荒川）								
	サレジオ高専	1		1	2	1			10
東海 北陸	富山高専（本郷）								
	富山高専（射水）								
	石川高専	5	2	2	3	2			3
	福井高専	3		2	1		1	1	
	岐阜高専	8		2	10	2	1		6
	沼津高専								
	豊田高専	2		1					
	鳥羽商船高専								
	鈴鹿高専	1			2				
	国際高専			2					2
	近畿大学高専	5		2					
近畿	舞鶴高専	2		2					
	明石高専	14	1	2	5	2	2	1	
	奈良高専						1	1	
	和歌山高専			2					
	大阪府立大学高専	3		2	2				
	神戸市立高専			2			3	3	
中国	米子高専	16		2	2	1			
	松江高専			2					
	津山高専			1					2
	広島商船高専								
	呉高専	6	1	2					
	徳山高専	10		2					
	宇部高専								
	大島商船高専								
四国	阿南高専	1		2	1				
	香川高専（高松）			2					
	香川高専（詫間）								
	新居浜高専			2					
	弓削商船高専						2	1	
	高知高専	11							2
九州 沖縄	久留米高専								
	有明高専	5		2					
	北九州高専								
	佐世保高専								
	熊本高専（八代）	7	1						
	熊本高専（熊本）								
	大分高専								
	都城高専	2		2					
	鹿児島高専			1					
	沖縄高専								
海外	モンゴル高専			1					
	新モンゴル高専			2					
合計	作品数	131	10	62	39	11	20	11	41
	参加学生数（延べ人数）	338	29	305	128	32	67	37	67
	参加高専（キャンパス）数（延べ数）	23	7	36	12	7	13	9	12
	参加高専（キャンパス）総数	44							

デザコンとは？ |「教育の場」「成果を社会に示す場」

デザコン（正式名称：全国高等専門学校デザインコンペティション）は、前身である全国高専建築シンポジウムの目的であった「学生相互の研鑽と理解」をベースに、2004年の第1回石川大会からは「人が生きる生活環境を構成するための総合的技術の習得」が目的に加わり、2013年からは建築や建設系の学科の学生に限らず、電気系、情報系、機械系の学科の学生も参加できる大会として「専門力（＝専門的な知識や技術）とエンジニアリング・デザイン力を育む」ことを目的とする場へと発展してきた。これは、情報や関係性がグローバルに広がる現代社会において、生活にまつわるさまざまな課題の解決のため高専の学生が持つ専門力をいかに生かすか、を考えるためだ。つまり、学生が「社会ニーズに専門力で応える」という課題に取り組む体験を通じて、高専の掲げる「『実践的』で『創造性豊かな』技術者」を育成する「教育の場」を提供すると同時に、社会に対して高専教育の成果を示す場として開催されている。

従来、日本では「デザイン（design）」を「設計」「意匠計画」といった狭義にとらえる傾向にあったが、近年は「エンジニアリング・デザイン（engineering design）」[*1]という言葉がよく使われるようになり、「デザイン」という言葉のもつ幅広い意味が社会的に認知されるようになった。

デザコン第1回の2004年石川大会では、ワークショップ部門と設計競技部門に分かれ、ワークショップ部門では「まちづくりへのチャレンジ」と題した地域交流シンポジウムと、「座ってまちをみつける場所」と題したものづくりワークショップが行なわれた。イベントの内容は設計の領域のみに留まることなく、地域コミュニティ

を扱った企画や実物大のベンチの制作など、多岐にわたっていた。エンジニアリング・デザインという概念が、大会プログラムの「デザコンの意義」の中に明文化されるのは2013年米子大会を待つことになるが、2004年時点で、すでに「創造性教育」「答えのない課題」など、先進的なプログラムに取り組む大会であったのだ。

改めてデザコンの歴史を整理すると、下記の年表のように、誕生は1977年、明石高専と米子高専の学生による設計製図の課題の相互発表会に遡る。この相互発表会に、呉高専、石川高専が参加し、1993年に「四高専建築シンポジウム」と改称した。以降、運営は学生主体となり、4高専の学生たちが共通のテーマの下に意見交換したり、各校の設計課題を中心に学生生活全般について発表する場となった。四高専建築シンポジウムは、学生の「創造性教育」「相互理解」「交流」の場として重要な意味を持つことが全国の高専の間で理解され、1999年に「全国高専建築シンポジウム」と改称し、全高専の建築系の学科の学生が参加できる大会となった。そして、伊東豊雄、小嶋一浩、内藤廣、村上徹、隈研吾など、招聘した著名な建築家から学生が直接指導を受けられる公開設計競技スタイルの大会へと発展した。その後、建設系の学科の学生も参加できる大会として、2004年の第1回全国高等専門学校デザインコンペティション（通称：デザコン）石川大会につながった。

一方、2008年から「高専における設計教育高度化のための産学連携ワークショップ」として「全国高等専門学校3次元ディジタル設計造形コンテスト」（通称：CADコン）がスタートした。これは、当時まだ創生期であった3Dプリンタを造形装置として活用して造形

デザコンの変遷

		CADコン	アイディアコン
1977年	設計製図の課題の相互発表会をスタート（参加：明石高専と米子高専の建築系の学科の学生）		
1989年	第13回から呉高専が参加		
1993年	第17回から石川高専が参加「四高専建築シンポジウム」と改称（運営：学生主体／参加：明石高専、米子高専、呉高専、石川高専の建築系の学科の学生）		
1999年	「全国高専建築シンポジウム」と改称（主催：各高専／参加：全高専の建築系の学科の学生）		
2004年	「全国高等専門学校デザインコンペティション（通称：デザコン）」に改称（主催：一般社団法人全国高等専門学校連合会[*2]／参加：全高専の建築系と建設系の学科の学生）		
2008年		「全国高等専門学校3次元ディジタル設計造形コンテスト」（通称：CADコン）がスタート（主催：独立行政法人国立高等専門学校機構[*3]／参加：全高専の機械系の学科の学生が中心）	
2011年	デザコンとCADコンを同日同会場（釧路）で開催（主催は別々）		
2012年	デザコン（小山）とCADコン（明石）を同日に開催（主催は別々）		
2013年	デザコンとCADコンを同日同会場で開催（主催は別々）		
2014年			「3Dプリンタ・アイディアコンテスト」（通称：アイディアコン）がスタート（主催：独立行政法人国立高等専門学校機構[*3]／参加：全高専の電気系の学科の学生が中心／主管校[*4]：八戸高専と仙台高専を核に東北地区の国立高専）
2015年	CADコンとアイディアコンをデザコンのAM部門として、夏大会（アイディアコン、仙台）と秋大会（CADコン、和歌山）に分けて開催（主催：一般社団法人全国高等専門学校連合会、独立行政法人国立高等専門学校機構／参加：全高専の建築系、建設系、機械系、電気系、情報系の学科の学生）		
2016年	デザコンのAMデザイン部門として、CADコンとアイディアコンが1部門に統合		

物を製作し、造形物を使った競技を通して3D CADによる学生の設計力の向上を目的とした大会である。造形素材の弾性を利用するなど、CADによる設計に加えて構造解析や流体解析などを学生に求める課題であった。2011年北海道大会以降、2013年米子大会、2014年やつしろ大会と、主催は別にするもののデザコンと同一日同会場で開催された。

また、2014年からは、同様に3Dプリンタを使う「3Dプリンタ・アイディアコンテスト」(通称：アイディアコン)が始まった。CADコンの競技に対して、こちらは学生のアイディアや提案を主体とする特色を持った大会であった。この2つの大会は3Dプリンタを使うという共通の特徴を持つことから、関係者の間で協議・検討を重ねた結果、2015年のデザコン和歌山大会では、デザコンのAM(Additive Manufacturing)部門として、夏大会(アイディアコン)と秋大会(CADコン)に分けて開催。2016年デザコン高知大会では、AMデザイン部門として完全に1部門に統合された。これを機に、さらに新たな境地を広げ、内容の充実したデザコンとして進化していくはずだ。

（玉井 孝幸　米子高専）

デザコンの開催地（主管校〈キャンパス〉）*4		
2004年	第 1回	石川大会（石川高専）
2005年	第 2回	明石大会（明石高専）
2006年	第 3回	都城大会（都城高専）
2007年	第 4回	周南大会（徳山高専）
2008年	第 5回	高松大会（高松高専＝現・香川高専〈高松〉）
2009年	第 6回	豊田大会（豊田高専）
2010年	第 7回	八戸大会（八戸高専）
2011年	第 8回	北海道大会（釧路高専）
2012年	第 9回	小山大会（小山高専）
2013年	第10回	米子大会（米子高専）
2014年	第11回	やつしろ大会（熊本高専〈八代〉）
2015年	第12回	和歌山大会（和歌山高専）
2016年	第13回	高知大会（高知高専）
2017年	第14回	岐阜大会（岐阜高専）
2018年	第15回	北海道大会（釧路高専）
2019年	第16回	東京大会（東京都立産業技術高専〈品川〉）

註　*1　エンジニアリング・デザイン：総合的な専門知識を活用してものをつくる力、プロジェクトを推進していく力。そうしたデザイン能力、設計能力のこと。
　　*2　一般社団法人全国高等専門学校連合会：国立、公立（3校4キャンパス）、私立（3校3キャンパス）の高専の連合組織。全国の高専の体育大会やさまざまな文化系クラブ活動の発展を助け、心身ともに健全な学生の育成に寄与することが主な目的。
　　*3　独立行政法人国立高等専門学校機構：全国の国立高専51校55キャンパス（2019年3月末現在）を設置、運営している。目的は、職業に必要な実践的かつ専門的な知識と技術をもつ創造的な人材を育成するとともに、日本の高等教育の水準の向上と均衡ある発展を図ること。
　　*4　主管校：大会運営の主体となる高専。
　　＊文中の人名は、敬称略

大会後記｜「デザコン2019 in TOKYO」を終えて

　デザコン2019 in TOKYOは、東京都立産業技術高専（品川）が主管校*1となり、東京の大田区産業プラザPiOにおいて開催された。まずは、本大会の多くの関係者に深く感謝したい。

　2017年に本校が主管に決まり大会準備を始めるにあたって、いくつかの不安があった。1つは、土木・建築系の学科を持たない本校で、円滑に企画運営できるかということ、そして、デザコン前年の「アイデア対決・全国高等専門学校ロボットコンテスト2018」地区大会の主管校として、その準備も並行して進めなければならないことである。

　デザコンに関しては、まさしく手さぐりの中、5部門と運営部門の教員、職員が協力し、知恵を出し合いながら準備を進め、結果として新しい試みも取り入れることができた。たとえば、エントリーやデータ送付段階でのWeb活用、耐荷性能試験（構造デザイン部門）と衝撃吸収シェルター試験（プレデザコン部門AMデザイン・フィールド）のライブ映像のWeb配信、創造デザイン部門へのワークショップ導入、構造デザイン部門の素材変更、プレデザコン部門AMデザイン・フィールドでの競技導入などである。また、本校と交流の深い大田区中小企業家同友会には、空港と新幹線からのアクセス抜群の会場の確保や、活気ある協賛企業ブースの実現に協力いただいた。

　2つのイベントを無事終了して感じたことは、教員と職員が心1つに取り組むことが、学校の力になるということである。最後に、次年の仙台高専（名取）による大会がすばらしい大会となることを願う。

（富永 一利　デザコン2019 in TOKYO　開催地実施統括委員長）

註　*1　主管校：上記、註4参照

デザコン2019 in TOKYO

協力協賛企業／関連団体

協賛／広告

協力

豊橋技術科学大学建築・都市システム学系、長岡技術科学大学環境社会基盤工学課程・専攻

特別協賛

株式会社総合資格（総合資格学院）、株式会社建築資料研究社（日建学院）、ジー・オー・ピー株式会社、一般社団法人東京中小企業家同友会大田支部高専交流委員会、同窓鮫洲会、一般社団法人日本道路建設業協会、株式会社類設計室

一般協賛

株式会社新井組、株式会社井上製作所、エーアンドエー株式会社、株式会社大橋知創研究所、キヤノンマーケティングジャパン株式会社、株式会社クライム・ワークス、株式会社鴻池組、株式会社芝橋、株式会社伸光製作所、株式会社ティーエヌエス、東京都競馬株式会社、東京都下水道サービス株式会社、株式会社東新製作所、日本オーチス・エレベータ株式会社、日本国土開発株式会社、日本装芸株式会社、富士ソフト企画株式会社、株式会社フジタ、丸紅情報システムズ株式会社、三菱地所コミュニティ株式会社、三菱地所レジデンス株式会社、三和電気株式会社、メディア総研株式会社、株式会社ローヤルエンジニアリング

広告協賛

鹿島クレス株式会社

後援

文部科学省、国土交通省、経済産業省、国立研究開発法人科学技術振興機構、東京都、大田区、大田区教育委員会、品川区、品川区教育委員会、公益財団法人大田区産業振興協会、一般社団法人日本建築学会、公益社団法人土木学会、公益社団法人日本コンクリート工学会、一般社団法人日本機械学会、公益社団法人日本都市計画学会、公益社団法人日本建築家協会、一般社団法人日本建設業連合会、一般社団法人日本建築士事務所協会連合会、公益社団法人日本建築士会連合会、公益社団法人日本技術士会、一般社団法人日本橋梁建設協会、一般社団法人道路建設業協会、一般社団法人建設コンサルタンツ協会、一般社団法人プレストレスト・コンクリート建設業協会、NHK、株式会社日刊建設工業新聞社、株式会社日刊工業新聞社

運営組織

主　催　一般社団法人全国高等専門学校連合会
主管校　東京都立産業技術高等専門学校品川キャンパス

第16回全国高等専門学校デザインコンペティション実行委員会
田原 正夫（委員長、東京都立産業技術高専校長）

○全国高等専門学校デザインコンペティション専門部会
勇 秀憲（部会長、徳山高専校長）、玉井 孝幸（幹事、米子高専）
空間デザイン部門：道地 慶子（石川高専）、森山 学（熊本高専〈八代〉）
構造デザイン部門：玉田 和也（舞鶴高専）、寺本 尚史（秋田高専）
創造デザイン部門：玉井 孝幸（米子高専）、木村 竜士（高知高専）
AMデザイン部門：堀口 勝三（長野高専）、玉井 孝幸（米子高専）
プレデザコン部門：玉井 孝幸（米子高専）
オフィシャルブック担当：玉井 孝幸（米子高専）
開催校委員： 前年度開催校委員＝三森 敏司（釧路高専）
　　　　　　　今年度開催校委員＝高野 光男（東京都立産業技術高専〈品川〉）
　　　　　　　次年度開催校委員＝飯藤 將之（仙台高専〈名取〉）

○全国高等専門学校デザインコンペティション2019 in TOKYO　開催地委員会
委員（東京都立産業技術高専〈品川〉）
田原 正夫（実行委員長）、高野 光男（実行副委員長）、池田 宏（実行副委員長補佐）、富永 一利（実施統括委員長）、黒木 啓之（実施総括副委員長）
空間デザイン部門：松澤 和夫（部門長）、大野 学（副部門長）、小林 弘幸、宮田 尚起、川﨑 憲広
構造デザイン部門：稲村 栄次郎（部門長）、長谷川 収（副部門長）、伊藤 聡史（副部門長）、深津 拡也、吉田 政弘、
　　　　　　　　　坂本 誠、栗田 勝実、伊藤 幸弘、工藤 正樹、伊藤 敦
創造デザイン部門：山本 哲也（部門長）、椛沢 栄基（副部門長）、石崎 明男、稲毛 契、岩田 修一、阿部 晃大
AMデザイン部門：三隅 雅彦（部門長）、福永 堅吾（副部門長）、齋藤 博史、篠原 知子、佐藤 喬
プレデザコン部門：黒木 啓之（部門長）、福永 修一（副部門長）、横井 健
事務局：冨沢 享一、福井 康祥、今野 友裕、古賀 祐奈

2009 中小企業庁長官賞

アルミ製台車 [ヘラクレスキューブ]

2010

簡易作業台 [SG セトー]

2011

平台車 [ヘラクレス CUBE AK-02]

2012 グッドデザイン・ベスト 100
ものづくりデザイン賞

型枠締付金具 [カシオペア]

2014

自動洗浄機 [SG ネイト]

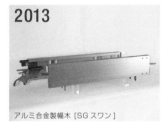

2013

アルミ合金製幅木 [SG スワン]

2014

パレット台車 [ヘラクレスアルゴ]

事故ゼロにするためのデザイン

私たちはメーカーであると同時にレンタルも行っていることから、
現場の声をすぐに製品開発に活かせることが大きな強みです。
そうして現場の声をもとに開発・改良を重ね、事故をおこさない、
直感的な操作や事故を未然に防ぐ機能を備えた安全な製品を追求・
提供しています。

2015

平台車 [ヘラクレス CUBE AK-03]

2019

アルミ製段差解消スロープ [SG ドラゴン]

2018

移動式室内足場 [SG エンジェル]

GOOD DESIGN

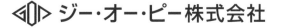

◁◇▷ ジー・オー・ピー株式会社

〒150-0012 東京都渋谷区広尾 1-1-39 恵比寿プライムスクエア
TEL.03-5534-1800 WEB. http://www.gop.co.jp/

IT'S NOTHING SPECIAL.

当たり前をつくる。舗装をつくる。

何気ない日も夢に向かって励む日も
考えたことはないだろう。

道路舗装のことなんて。

でも、それでいい。
私たちは、"当たり前"を作っているのだから。

IT'S NOTHING SPECIAL.

当たり前をつくる。舗装をつくる。

道路舗装で、夢も日常も支える。

ここよりアクセス

 一般社団法人
日本道路建設業協会

 どうろほそう　検索

株式会社類設計室は、第 16 回全国高等専門学校デザインコンペティションを応援します。

「つくる側へ！」

激動の時代、志を同じくする仲間がお互いに手を携えて、
未来の可能性を切り拓く。変革を実現するパートナーとして、
様々な建築プロジェクトに挑戦し続けて参ります。

デザコン
2019
in Tokyo

大田区産業プラザ「Pio」
（設計・監理・営繕：類設計室）

株式
会社 **類設計室** 東京本社：東京都大田区蒲田 5-38-3 蒲田朝日ビル／大阪本社：大阪府大阪市淀川区西中島 4-3-2 類ビル

建築資料研究社／日建学院の出版物

※金額は2020年5月現在の税別本体価格です。

建築基準法関連法令集2020年版
建築資料研究社／日建学院　2800円＋税
定評ある「オレンジ本」の横書き版。建築士試験受験用、建築実務用として、また建築法規学習用として最適。

光の教会─安藤忠雄の現場
平松剛　1900円＋税
名建築はこうして生まれた。ものづくりに賭けた人々の、苦難と感動の物語。大宅壮一ノンフィクション賞受賞。

五重塔のはなし
濱島正士＋坂本功＋「五重塔のはなし」編集委員会　1900円＋税
現代に生きる伝統建築を、研究者・設計者・施工者らが分かりやすく解き明かす。

図解 日本の住まい─知っておきたい住宅設計の基本
中山章　1500円＋税
いま住んでいる家は、どのような歴史を経て今日のような形になったのか。理解のための独自の枠組みを提示。

建築の今─17人の実践と展望
建築の今編集委員会　1900円＋税
建築が今直面している問題に対し、第一線で活躍する専門家たちはどのように思考し行動しているのか?

早稲田建築学報（年刊）
早稲田大学建築学専攻／建築学科＋早稲田大学建築学研究所　1000円＋税
分野横断的な特集掲載のほか、学生の計画・論文優秀作品を紹介し、各研究室の現況を伝える。

建築設計資料（シリーズ全110巻）
3786〜3800円＋税
現代日本のあらゆるビルディングタイプをカバーし、完全特集形式で豊富な実作例を紹介する代表的シリーズ。

住宅建築（隔月刊誌）
2400円＋税
創刊45年、文化としての住まいを考える雑誌。現在、大学研究室のプロジェクト活動を伝える連載を掲載中。

コンフォルト（隔月刊誌）
1800円＋税
建築・インテリアから庭・エクステリアまで、デザインと素材を軸に毎号大型特集を組む、ストック型雑誌。

発行:建築資料研究社(出版部) https://www.kskpub.com/
〒171-0014東京都豊島区池袋2-10-7-6F　Tel:03-3986-3239　Fax:03-3987-3256

建築士資格取得なら、伝統と実績の日建学院へ

開講講座　1級建築士／2級建築士／建築設備士／1級建築施工管理技士／2級建築施工管理技士／1級土木施工管理技士／2級土木施工管理技士／宅建／土地家屋調査士、等　建築・土木・不動産分野を中心に多数開講

合格実績　1級建築士 90,284人　[1級建築士の半分以上が日建学院出身者!　※1989〜2018年度累計　｜　日建学院合格者占有率(全国合格者総数158,307人) **57.0%**]

学生向け [建築士アカデミック講座] 開講　全国200校で約2100名の学生が受講中

お問合せ・資料請求はこちらへ　受付 AM10:00〜PM5:00(土・日・祝日は除きます)　日建学院コールセンター　0120-243-229

みんながんばるを応援する。
みんながんばるをつくる。
みんながんばるを記録する。

**デザコン2018
北海道**
official book

全国高等専門学校連合会　編

やわらかいアタマが、コトとモノを
カタチにする──
釧路で開催された第15回「全国
高専デザコン」の全容を伝える公
式記録集。

定価：本体1600円＋税

**せんだいデザインリーグ2019
卒業設計日本一決定戦**
official book

仙台建築都市学生会議＋
せんだいメディアテーク　編

建築系学生にとって最大のイベン
トの公式記録集。
出展作品全 331 点を掲載するとと
もに、審査過程を克明に再現する。

定価：本体1,800円＋税

**トウキョウ建築コレクション
2019**
official book

トウキョウ建築コレクション
2019実行委員会　編

波及する建築──
修士学生たちの設計／論文の作
品を、たっぷりと掲載する。ここか
ら波及が始まることを期待して。

定価：本体2000円＋税

日建学院

https://www.ksknet.co.jp/nikken/　株式会社建築資料研究社　東京都豊島区池袋2-50-1

デザコン2019 東京　official book
第16回全国高等専門学校デザインコンペティション

Collaborator:
全国高等専門学校デザインコンペティション2019 in TOKYO　開催地委員会
東京都立産業技術高等専門学校品川キャンパス

田原 正夫（実行委員長）、高野 光男（実行副委員長）、池田 宏（実行副委員長補佐）、富永 一利（実施統括委員長）、
黒木 啓之（実施総括副委員長）
空間デザイン部門：松澤 和夫（部門長）、大野 学（副部門長）、小林 弘幸、宮田 尚起、川﨑 憲広
構造デザイン部門：稲村 栄次郎（部門長）、長谷川 収（副部門長）、伊藤 聡史（副部門長）、深津 拡也、吉田 政弘、坂本 誠、
　　　　　　　　　栗田 勝実、伊藤 幸弘、工藤 正樹、伊藤 敦
創造デザイン部門：山本 哲也（部門長）、椛沢 栄基（副部門長）、石崎 明男、稲毛 契、岩田 修一、阿部 晃大
AMデザイン部門：三隅 雅彦（部門長）、福永 堅吾（副部門長）、齋藤 博史、篠原 知子、佐藤 喬
プレデザコン部門：黒木 啓之（部門長）、福永 修一（副部門長）、横井 健
印刷物部門：池田 宏、伊藤 幸弘、宮田 航平、山岸 弘幸
事務部門：冨沢 享一、福井 康祥、今野 友裕、古賀 祐奈
協力学生：デザコン2019 in TOKYO サポートボランティア（東京都立産業技術高専品川キャンパス：専攻科と本科のボ
ランティア登録学生115人）

全国高等専門学校デザインコンペティション専門部会
勇 秀憲（部会長、徳山高専校長）、玉井 孝幸（幹事、米子高専）

一般社団法人全国高等専門学校連合会
会長：佃野 茂（函館高専校長）

Editorial Director: 鶴田 真秀子（あとりえP）
Co-Director: 藤田 知史
Art Director: 狩野 夫二代（来夢来人）
Designer: 坂本 弥穂（来夢来人）
Photographers: 大沢 誠一、坂下 智広、髙橋 菜生、千葉 顕弥、中川 敦玲、畑 拓
Editorial Associates: 髙橋 美樹、戸井 しゅん

Producer: 種橋 恒夫（建築資料研究社／日建学院）
Publisher: 馬場 圭一（建築資料研究社／日建学院）

Special thanks to the persons concerned.

デザコン2019 東京　official book
第16回全国高等専門学校デザインコンペティション

一般社団法人全国高等専門学校連合会 編

2020年6月25日　初版第1刷発行

発行所：株式会社建築資料研究社
〒171-0014　東京都豊島区池袋2-10-7 ビルディングK 6F
Tel.03-3986-3239　Fax.03-3987-3256
https://www.ksknet.co.jp/

印刷・製本：シナノ印刷株式会社

©一般社団法人全国高等専門学校連合会
2020 Printed in Japan

＊本書の無断複写・複製・転載を禁じます
ISBN 978-4-86358-699-4